本书系湖北高校人文社会科学重点研究基地"湖北教师教育研究

教师职业能力训练系列丛书

丛书主　编：张红梅

副主编：刘永存、张和平

八种
典型教学模式及案例

万爱莲　主编

吉林大学出版社

·长春·

图书在版编目（CIP）数据

八种典型教学模式及案例 / 万爱莲主编 . — 长春 ：
吉林大学出版社， 2022.7
ISBN 978-7-5692-9993-9

Ⅰ . ①八… Ⅱ . ①万… Ⅲ . ①教学模式 Ⅳ . ① G42

中国版本图书馆 CIP 数据核字 (2022) 第 131966 号

书　　名：八种典型教学模式及案例
　　　　　BA ZHONG DIANXING JIAOXUE MOSHI JI ANLI

作　　者：万爱莲　主编
策划编辑：邵宇彤
责任编辑：单海霞
责任校对：王寒冰
装帧设计：优盛文化
出版发行：吉林大学出版社
社　　址：长春市人民大街 4059 号
邮政编码：130021
发行电话：0431-89580028/29/21
网　　址：http://www.jlup.com.cn
电子邮箱：jldxcbs@sina.com
印　　刷：定州启航印刷有限公司
成品尺寸：185mm×260mm　　16 开
印　　张：12.25
字　　数：268 千字
版　　次：2022 年 7 月第 1 版
印　　次：2022 年 7 月第 1 次
书　　号：ISBN 978-7-5692-9993-9
定　　价：78.00 元

版权所有　　翻印必究

前　言

　　"国将兴，必贵师而重傅。"当前，中华民族肩负着伟大复兴的光荣使命，我国的教育改革也全面进入提高教育质量、努力办好人民满意的教育的历史新阶段。教师强则教育强，教育强则国家强。[①] 教师是教育工作的中坚力量，没有高质量的教师，就没有高质量的教育。2017 年 10 月 26 日，教育部印发《普通高等学校师范类专业认证实施办法（暂行）》，颁布《中学教师培养专业认证标准（试行）》《小学教育专业认证标准（试行）》等。2021 年 4 月，为贯彻落实党的十九届五中全会精神和《中共中央 国务院关于全面深化新时代教师队伍建设改革的意见》，教育部颁布了中学教育、小学教育、学前教育、中等职业教育及特殊教育等五个专业师范生教师职业能力标准（试行）的文件，如《中学教育专业师范生教师职业能力标准（试行）》《小学教育专业师范生教师职业能力标准（试行）》等。这一系列举措旨在进一步深化我国教师教育改革，推进我国教师教育质量保障体系建设，提高我国教师人才培养质量，建成高素质的专业化教师队伍。在此背景下，我国各师范院校都积极进行教师教育改革，调整人才培养方案、改革或创新教育教学模式等，以培养出符合时代要求的新教师。

　　教学是学校的中心工作，学校教育教学改革终将体现在师生具体的教学工作中。教学能力是教师专业能力的重要组成部分，是师范生从师任教的必备技能。教学模式是教学理论与教学实践之间的桥梁，是教师专业化教学的基础。世界上没有两节完全相同的课，同一教师同一内容，教学对象不同，教学过程就可能不同；同一内容同一教学对象，教师不同，教学过程也可能不同；甚至是同一教师同一内容同一教学对象，由于教学情境的不同，教学过程都可能不同。因此，课堂中的师生、师生状态、教学内容与情境等都处于动态的变化之中，教学活动是一项具有复杂性、丰富性和多变性的活动，教师职业是一项具有挑战性的工作。关于如何最有效地实现课堂教学目标，教育教学工作者必须向理论和实践寻求工具或答案。教学模式相较抽象的教学原则而言，在某种程度上更精细，更易于操作；相较具体、易于操作的教学方法而言，又兼具理论探究和应用指导的优势，因此获得了教育教学工作者的关注。

　　教学模式是一种中介、一个桥梁，无论是师范生还是在职教师，无论是新手教师

[①]　教育部教师工作司：《教师教育课程标准（试行）解读》，北京师范大学出版社,2013：序 1。

还是熟手教师，了解并能熟练掌握一定的教学模式，都有助于他们获得教学上的成就感。教师熟练掌握的教学模式越多，并能在教学中熟练地加以运用，学生习得的学习策略也会越多，学生的学习效率就会越高，教学目标和学习目标就越容易达成。多种教学模式的熟练掌握，有助于教师灵活选用正确的方法应对教学中的各种生成。因此，教学模式是当前我国教学研究领域的一个热点，各种教学模式层出不穷，如"互动式"教学模式、类比教学模式、"过程完整化"教学模式、交往教学模式、差异教学模式、相似诱导教学模式、创新性教学模式、"自主·合作·探究"教学模式等。但在此过程中，我们发现一些在世界范围内影响较大、经典的教学模式的研究成果，对我国课堂教学的指导作用并不明显。其原因或可能在于现有研究对教学模式的探讨多基于理论层面，未有相应案例供参照学习借鉴；或可能在于现有介绍国外教学模式的书籍所列举的案例与我国的学科教学实际不太一致，教师难以将其应用到自己的教学实践中。本书选择并梳理了 20 世纪 50 年代以来对当今影响比较大的八种典型教学模式，探讨这些教学模式理论基础、教学目标、实施程序和实现的条件等，并将其与我国的学科教学实践结合起来，为大家提供一系列教学案例，以帮助我国广大教师根据不同的教学实际，恰如其分、得心应手地选择最适合自己的教学模式，并在此基础上创造性地发挥，形成自己独特的教学魅力，提高课堂教学的效率。

在编写过程中，作者参阅和引用了大量专家、学者和一线教师的成果，在此表示真诚的感谢！当然，由于理论水平和经验的局限，本书肯定还有许多不尽如人意或疏漏之处，恳请各位专家、同行和读者批评指正。

万爱莲

2021 年 7 月 1 日

目 录

绪论　教学模式概述

教学是学校教育的中心工作，学校教育教学改革终将体现在师生具体的教学工作中。世界上没有两节完全相同的课，课堂中的师生、师生状态、教学内容与情境等都处于动态的变化之中，无形中揭示了教学活动的复杂性、丰富性和多变性。关于如何最有效地实现课堂教学目标，教育教学工作者必须向理论和实践寻求工具或答案。作为教学基础的教学模式，由于其相较抽象的教学原则而言，在某种程度上更精细，更易于操作；相较于具体、易于操作的教学方法而言，又兼具理论探究和应用指导的优势，因此成为教学研究的热点。

一、教学模式的内涵

"模式"是英文"model"一词的汉译，有"模型""样式"等含义。《辞海》中对"模式"的解释如下："一般指可以作为范本、模本、变本的样式。"[1]《现代汉语词典》中对"模式"的解释如下："某种事物的标准形式或使人可以照着做的标准样式。"[2]

在教育研究中，不同的研究者对其有不同的理解。有研究者认为"模式"是一种思维方法，即"模式是一种重要的科学操作与科学思维方法"[3]；也有研究者认为"模式"是一种理论，即"它不仅是解决某一类问题的普遍方法的理论还是解决某一类问题的具体方法的指导"[4]。西方学术界则通常认为"模式"是一种介于经验与理论之间的可操作性的知识系统，是一种理论性的使现实再现的简化结构。虽然"模式"的思想早就存在，但将其引入教学中，使"教学模式"成为一个独立的教育学概念，则归功于美国学者布鲁斯·乔伊斯（Bruce Joyce）和玛莎·韦尔（Marsha Weil）等人。

乔伊斯和韦尔等认为，教学模式是一种可以用来设置课程（诸学科的长期课程）、

---

① 夏征农：《辞海（缩印版）》，上海辞书出版社，2002，第1185页。

② 中国社会科学院语言研究所词典编辑室：《现代汉语词典（第7版）》，商务印书馆，2016，第919页。

③ 查有梁：《课堂模式论》，广西师范大学出版社，2001，第3页。

④ 罗明东、陈瑶、牛亚凡、解继丽、张琼、杨杏利：《现代教师教育模式新探索》，科学出版社，2008，第16页。

设计教学材料、指导课堂或其他场合的教学的计划或类型。[①] 我国学者黄甫全和王本陆认为："教学模式就是在某一教学思想和教学原理的指导下，围绕某一主题，为实现教学目标而形成的相对稳定的规范化教学程序和操作体系。"[②] 李秉德认为："教学模式就是在一定的教学思想指导下，围绕着教学活动中的某一主题形成的相对稳定的、系统化和理论化的教学范型。"[③] 吕渭源认为："教学模式又称教学结构，是在一定教学思想或教学理论指导下建立起来的比较稳定的教学结构框架和活动程序。"[④] 杨小微认为："教学模式是在教学实践基础上建立起来的一整套设计和调控教学活动的方法论体系，它由教育（哲学）主题、功能目标、结构程序及操作要领构成。"[⑤]

　　虽然学者们关于"教学模式"的定义具体来说有一些不同，但是总体上还是有一些观点基本达成共识：首先，教学模式都有明确的教学思想或教学理论指引，是一定教学思想或教学理论在教学中的具体化；其次，教学模式会围绕一个主题，设计完成特定的教学目标和任务；最后，教学模式都具有相对稳定的结构，具有操作性，表现为一定的教学活动程序及其方法策略。可见，教学模式主要是为教学的展开提供相应的运行规范，并没有僵硬地固化为具体的教学安排或具体的教学方法，故而将教学模式视为固定的、一成不变的具体的教学安排和方法。

　　总之，教学模式是将教学思想、教育理论和具体教育教学实践连起来的桥梁。它为各科教学提供有理论指引的模式化教学法体系，有助于教师理解为什么这样教，这样教的道理何在，帮助教师更好地实现教学目标，而避免单凭经验或感觉在实践中盲目摸索教学的情况发生。

二、教学模式的结构

　　尽管人们对教学模式的内涵界定不一，但对教学模式一般应包括五个方面的因素还是达成了共识，即教学模式应具备理论基础、教学目标、操作程序、实现条件和教学评价这五个方面。这五个因素间内在规律的联系就是教学模式的结构。

（一）理论基础

　　理论基础居于教学模式的核心地位，是教学模式的灵魂。理论基础决定着教学模式的方向，体现某一教学模式与其他教学模式不一样、独特的地方，它隐含在教学模式的其他诸因素中，是其他诸因素建立的依据和基础，其他诸因素都受其制约。正如乔伊

---

① 丁证霖、赵中建、乔晓冬、戴玉芳、马立平：《当代西方教学模式》，山西教育出版社，1991，第1页。

② 黄甫全、王本陆：《现代教学论学程（修订版）》，教育科学出版社，2003，第443页。

③ 李秉德：《教学论》，人民教育出版社，2001，第256页。

④ 吕渭源：《教学模式·教学个性·教学艺术》，《中国教育学刊》，2000年第1期。

⑤ 杨小微：《现代教学论》，山西教育出版社，2010，第238页。

斯、韦尔所认为的那样，每一个模式都有一个内在的理论基础。也就是说，它们的创造者向我们提供了一个说明我们为什么期望它们实现预期目标的原则。每一种教学模式都有清晰的理论基础，以解释其如何能实现一定的教学目标。一种教学思想成为贯穿于整个教学模式的一条主线，体现在教学模式的每个过程以及各个方面。一种教学模式是否已然成熟，可以从其理论基础中窥探一二。

教学模式是一定教学思想或教学理论的体现，是一定教学思想或教学理论指导下的教学行为规范。而不同的教育思想或教学理论往往表现出不同的教学行为，从而演绎出不同的教学模式，如先行组织者模式以认知心理学的学习理论为理论依据，而探究训练模式则是以问题学习理论为理论基础。

（二）教学目标

教学目标是教师预设的、期待学生通过教学活动发生变化而达到某一学习结果的明确表述。教学目标是引导教师顺利完成教学任务的指南针，因而是教学设计中一个重要的组成部分，亦是使它成为教学模式的核心因素的重要原因。每一种教学模式的设计或创立都是为了完成或实现某种特定的教学任务的。教学目标是教师进行课堂教学设计、进行课堂教学活动的出发点和归宿。教学目标的确立在于能使活动具有明确的方向，克服教学活动中的盲目性和随意性，它制约了教学程序、实施条件等因素的作用，也是教学评价的尺度和标准。

教学目标在教学模式中亦处于核心地位，对教学模式的其他诸因素起着制约与指导的作用。教学目标决定着教学模式的操作程序和师、生、教学材料、教学媒介等教学因素在教学活动中的组合关系。因此，教学考核与评价经常将"教学目标是否适当及完成的效率怎样"作为评价的标准和尺度之一。而且，也正是教学模式与教学目标这种内在极强的统一性，才决定了不同教学模式的个性。不同的教学模式是为完成不同的教学目标而创设的。

（三）操作程序

教学模式的本质特征之一是每一种教学模式都有其特定的操作程序或教学程序。操作程序详细说明相应教学活动的每一个逻辑步骤，以及每一个逻辑步骤所要完成的任务。一般情况下，教学模式会清晰地指出教学活动中师生的活动程序，如先做什么，再做什么，最后做什么等。教学过程中，教学内容的展开顺序既要考虑知识体系的完整性，又要照顾学生的年龄特征，以及基本教学方法的交替运用顺序等，因此操作程序的各环节、步骤的实施时间和顺序既是基本相对稳定的，又不是一成不变的，教师应关注课堂的生成，随时根据具体课堂教学情境灵活调整教学内容，使教学效果达到最佳。

（四）实现条件

任何一种教学模式都不是万能的，有的可能只适用于某一类课型，有的可能适用于几种不同的课型。即使是同一种教学模式，在具体实施过程中，其教学策略也会存在较大差别。因此，每一种教学模式都必须在特定的条件下才能发挥其作用。

教学模式的实现条件是指能使教学模式如期发挥效用的各种影响因子，如教学内容、学生、教师、教学手段、教学环境等是否合理。一般而言，在教学中，师生关系、师生的地位与角色、师生交往的不同方式方法等是影响某一教学模式是否能达到最优教学效果的重要因素。近年来，随着科技的进步，教学手段日益现代化，教学效果在某种程度上对外在物质条件的依赖逐渐增强，各种媒介在教学过程中的应用就是典型例证。各种媒介的应用对实现教学模式的功能起到了很好的辅助作用。认真研究并保障教学模式的实现条件可以帮助教师更好地掌握和运用教学模式，成功实现预期教学目标。

（五）教学评价

教学评价是对教学模式是否达成教学目标、是否完成既定教学任务所做的测量、分析和评定。由于不同的教学模式所要达到的教学目标和完成的既定教学任务不同，其所使用的操作程序和实现条件亦不相同，故其评价方法和标准也有所不同。

当前，除了一些相对成熟的教学模式已经形成了一套相应的评价方法和标准外，不少教学模式还没有形成自己相应的评价方法和标准。

总之，理论基础、教学目标、操作程序、实现条件和教学评价这五个因素在教学模式中既有区别又有联系，既相互依存又相互制约，缺一不可。它们在教学模式中各起着不同的作用，构成了一个完整的教学模式。

三、教学模式的特点

教学模式是在教学思想或教学理论的指导下，为实现一定的教学目标，用来设计教学、选择教学内容、提示师生活动的基本教学结构范型，是教学理论和教学实践的中介。了解教学模式的特点，不仅有助于我们进一步理解教学模式，还有助于我们更深层次地发现其价值。通常而言，教学模式一般具有五个主要特点，即针对性、可操作性、完整性、稳定性和灵活性。

（一）针对性

任何一种教学模式的创设都是为特定的教学目标服务，而且每一种教学模式设计时，为了发挥它的最大效用或实现它的有效功能，都设定有相应的实现条件。因此，掌握一种普适性的教学模式是不科学的，亦不存在对任何教学任务都适用的普适性教学模式，因而谈不上哪一种教学模式最优。教师选择教学模式时一般依据哪种教学模式能最有效达到特定目标为标准。这也应是教师有针对性地选用教学模式的重要参考标准。另外，教师在选择教学模式时还需注意不同教学模式的不同特点和作用，注意不同教学模式的针对性。

（二）可操作性

可操作性指的是教学模式易于被教师理解、把握和运用。一方面，教学模式是教学理论的操作化。每一种教学模式都给出了教学活动在时间上展开的逻辑步骤，以及每一逻辑步骤所要完成的任务，即操作程序指南。它可以清晰地提示师生在教学中应先做什么，再做什么，最后做什么。另一方面，教学模式是具体情境性教学实践的概括化。从具体的教学实践来看，教学模式是将教学组织形式、教学方法手段融为一体的综合体系，把相对抽象的教学思想或教学理论化为具体的操作性策略，引导教师在教学实践中先做什么，再做什么，最后做什么。因此，在教学实践中，教师可以根据教学的实际需要选择运用。由于教学活动的复杂性和特殊性，教师、学生及环境等因素不能也没必要像自然科学实验那样受到精确控制，所以模式的操作程序只能是基本的、相对稳定的，模式中的某些步骤可依实际教学情况压缩、省略或重叠。也就是说，教学模式具有可操作性。

（三）完整性

教学模式是教学思想或教学理论构想与教学实践的统一，具有相对稳定的教学活动结构体系，故而有一套相对完整的结构体系和相应的一系列操作程序要求。它把分散的教学要素统一起来，将局部联系整合为有机的、稳定的整体联系。教学模式主要有三个局部的联系，即教学模式主要包括三个子结构：第一是师生关系子结构。一般来说，每一种教学模式都会有相对明确的师生活动安排。比如，先行组织者模式主要表现为教师各种形式地讲以及学生的听与思考；合作教学模式主要表现为师生平等互助，教师与学生共同设计、参与教学。第二是教学内容子结构。教学由哪些内容组成，如何呈现，在不同教学模式中都是不一样的。第三是教学过程子结构。就是如何安排设计教学步骤，选用哪些方法、形式、手段，从而组成完整的教学过程。不同的教学模式，过程结构有所也不同。这三个子结构在教学活动中互相联系、互相制约，作为不可或缺的局部，有机地构成了整体的教学结构，形成了一定的教学活动的实体——教学模式。

（四）稳定性

教学模式是对大量具体教学实践活动进行的理论概括，以揭示一些教学活动所包含的普遍性的教学规律。通常情况下，教学模式一般并不涉及具体的某一学科的教学内容，它所提供的操作程序旨在对一些教学活动起参考作用，故而具有一定的稳定性。但教学模式不是随随便便、凭空产生的，它是有理论基础的，它是人们依据一定的教学思想或教学理论提出的，而一定的教学思想或教学理论又必定是一定社会的产物。因此，教学模式总是与一定社会历史时期的政治、经济、文化、科学与教育的水平等紧密相连，受一定社会历史时期的教育方针或教育目的的制约。所以，教学模式的这种稳定性又是相对的。

（五）灵活性

教学模式由一定的教学思想或教学理论指引，在某种程度上就是一定教学思想或教学理论的概括化、简约化、操作化的体现，并非针对特定的教学内容。因此，在具体的教学活动中运用和实施教学模式时，教师一定要事先充分考虑自己所教学科的特点、本讲的主要教学内容、师生当下的具体情况和学校现有的教学资源条件等，再根据实际情况进行灵活变通和调整，以体现教学模式对不同学科特点、不同实际教学情况的主动适应。总之，不存在任何条件和情况下都适用的、可以进行翻版或重复的教学模式，这是我们在选择课堂教学模式时必须重视的问题。

四、教学模式的历史发展

教学模式是教学活动的基本结构体系，在实际教学工作中，每位教师都会自觉或不自觉地按照某种教学模式进行教学。"历史总是要不断地回溯，以追寻因果。"[①] 了解历史上各种教学模式的起源、产生、发展和作用的过程，有助于教师们在理解的基础上借鉴传统，把握当前教学模式的发展趋势，并在此基础上创设出新的教学模式。

（一）教学模式的萌芽阶段

中外教育史上，许多伟大的教育家从不同角度对教学进行了探索性的研究，并将自己的教学思想融入自己的教学实践中。因此可以说，在中西方教学思想和教学实践中很早就有了教学模式的雏形。例如，我国伟大教育家孔子将"学—思—习—行"视为学习过程的要素；《中庸》将学习逻辑顺序总结为"博学之、审问之、慎思之、明辨之、笃行之"，大教育家朱熹称这五个步骤为"为学之序"，并将此作为他主持的白鹿洞书院教学规程的一个部分，对我国古代学校教学产生了极其深远的影响；古希腊哲学家苏格拉底在教学实践中产生"助产术"；等等。这些思想在今天仍然熠熠生辉，但是它们在教学目标、操作策略等方面还不清晰，因此我们将这一时期称为教学模式的萌芽阶段。

（二）教学模式的初创和发展阶段

1632 年出版的夸美纽斯的《大教学论》标志着现代教学论的正式诞生。夸美纽斯在书中不仅论述了学校课程，对教学原则、教学方法等方面也都有论述，还在教学组织形式方面提出应实行班级授课制度等。他首次提出了以"感知—记忆—理解—判断"为程序的教学结构，可以说这是教学史上第一个相对成型的教学模式。夸美纽斯指出，教学中不仅应把讲解、质疑、问答、练习融于其中，还应把观察等直观活动纳入教学活动之中。

1806 年，赫尔巴特出版了《普通教育学》，标志着现代教学论进入了科学化时期。

① 费正清：《费正清自传》，黎鸣、贾玉文译，天津人民出版社，1993，第28页。

赫尔巴特的教学理论主要建立在心理学基础之上，他从统觉论的视角出发研究学生学习的心理活动，从而提出了他以"明了—联想—系统—方法"四阶段为程序的教学模式。他的继承者后又将其改造成以"预备—提示—联想—总结—应用"五阶段为程序的教学模式。

可见，夸美纽斯和赫尔巴特都是教学史上里程碑式的人物，为教学模式的发展起到了推动作用。但我们也可以看到，他们的教学模式在某种程度上也有一些不足，如他们的教学模式更多关注的是教师，更多强调的是教师的教，而忽视了学生与学生在教学活动中的主体作用，因而会在不同程度上阻碍或压抑学生的主动发展与个性生成。

后来，随着资本主义大工业的发展，到 19 世纪 20 年代，重视、强调学生个性发展的思想逐渐流行，以赫尔巴特为代表的传统教学模式受到了挑战，以杜威为代表的现代教学模式逐渐兴起，教学模式又获得了进一步向前发展的机会。

杜威提出了"以儿童为中心"为基础的实用主义教学模式，这一模式以"情境—问题—假设—推断—验证"为基本教学程序。实用主义教学模式更多地将视角关注于学生，重视学生在教学活动中的主体作用，强调通过活动培养学生发现问题、探索问题的习惯，促进学生探究问题、解决问题能力的形成。

杜威的教学模式很大程度上丰富了现代教学模式，也在一定程度上弥补了传统教学模式的不足，但他的教学模式亦存在缺陷。杜威过于强调学生直接体验、经验的重要性，把教学过程和科学研究过程视为一体，忽视了系统性知识学习的重要性，降低了教师在教学活动中的指引作用，在某种程度上影响了教学质量。

20 世纪 50 年代以来，科学技术的迅猛发展和新的教学思想、教学理论（如现代心理学和思维科学）对人脑活动机制的揭示、发生认识论对个体认识过程的概括、控制论、系统论、信息加工理论等的产生，都对教学实践产生了深刻的影响，促使人们不断探索新的教学模式以适应当代社会的发展。因此，这一时期产生了许多新的教学模式，如掌握学习模式、非指导性教学模式等。

（三）教学模式的多样化阶段

1980 年，美国学者乔伊斯和韦尔在他们合著的《教学模式论》一书的第二版中，按"信息处理""个人""社会交往"和"行为"四大类，把根据各种教育理论而提出的、适用于不同教学目的、不同教学内容的教学方法概括成 23 种教学模式。由此，当代教学模式走上了多样化发展的道路。

五、教学模式的发展趋势

教学模式从中西方古代教学思想和教学实践中孕育的雏形，到夸美纽斯教学模式的诞生，直至今天"百花齐放、百家争鸣"的繁荣局面，可以看到它的发展趋势如下：由单一性的教学模式走向多样化的教学模式；由归纳型的教学模式走向演绎型的教学模式；由以"教"为主的教学模式走向以"学"为主的教学模式。

（一）单一性教学模式向多样化教学模式发展

自赫尔巴特提出"四阶段教学模式"，并经其学生实践发展为"五阶段教学模式"以来，它们逐渐成为 20 世纪主导的教学模式，亦是我们今天的"传统教学模式"。由于传统教学模式更多关注的是教师如何更好地传授知识，而忽视或忽略了学生在教学活动中的主体性和主动性，受到了杜威的批判。在此基础上，杜威提出了他实用主义的教学模式，强调从"做中学"，关注儿童的兴趣爱好，重视学生的主动性和积极性，在某种程度上弥补了赫尔巴特教学模式的不足。20 世纪 50 年代左右，教学模式一直在赫尔巴特的教学模式与杜威的教学模式之间来回摆动。20 世纪 50 年代后，新的科学技术革命、新的教学思想和理论不断涌现，对教学实践产生了较大的影响，教学模式出现了"百花齐放、百家争鸣"的繁荣景象。再来看我国，当前我国在教学改革实践中提出的比较成熟的教学模式也超过 10 种。所有这些教学模式各自发挥特定的功效，极大地促进了教学改革，为教学实践提供了广泛的选择余地。

（二）归纳/演绎型向两者并举的教学模式发展

归纳型教学模式主要指的是从教学实践中总结、归纳出来的教学模式。归纳型教学模式的出发点是教学经验，整个模式形成的过程就是筛选、概括、归纳经验的过程。归纳型的教学模式，有些是在对前人各种经验加以总结的基础上进一步加工、改造而成，如赫尔巴特的"四阶段教学模式"及后来形成的"五阶段教学模式"；有些则是对一些优秀教师的教学实践经验加以总结提炼并概括化、系统化而来，如李吉林老师的"情境教学模式"。

演绎型教学模式主要指的是从一种科学理论的假设出发，推演出一种教学模式，然后用严密的实验来验证其效用。演绎型教学模式的出发点是理论假设，整个模式形成的过程就是验证假设的过程。像布鲁纳的发现教学模式、罗杰斯的非指导性教学模式等，都属于演绎型教学模式。

在我们研究教学模式时，究竟应选择归纳法还是演绎法还没有定论，研究者应结合自身的素质，以及研究的内容、时间、地点和条件等多种因素进行综合考虑。但无论怎样，这两种方法都具有重要的作用，它们亦会在今后的模式研究中长期并存。

（三）以"教"为主向以"学"为主教学模式发展

以赫尔巴特为代表的传统教学模式大多关注和重视的是教师如何去教这个问题，忽视了学生如何去学这个问题。而以杜威为代表的现代教学模式开始使人们关注到学生，认识到学生是学习的主体，从而拉开了探究以"学"为主的教学模式的序幕。可见，现代教学模式的发展趋势是重视学生在教学活动中的主体地位，关注学生对教学的参与程度，根据实际教学情境，合理设计"教""学"活动。故而，教学模式的发展趋向，既非都是单一重视"教的模式"，也非都是单一重视"学的模式"，而是向着"教的模式"和"学的模式"二者辩证统一的方向发展，即把教师教的艺术和学生学的规律有机结合起来。

六、教学模式与教学策略、教学方法的关系

（一）教学策略

《简明国际教育百科全书·教学》以演绎的方式对教学策略作了如下定义："策略"一语是指大规模军事行动的计划和指挥。从更一般的意义讲，策略是为达到某种目的使用的手段或方法。在教育学中，这个词一直与"方法""步骤"同义。"策略"还用来指教学活动的顺序安排和师生间连续的有实在内容的交流。[①]

学者施良方、崔允漷等认为，教学策略是教师为实现教学目标或教学意图（指难以明确或无须明确的目标）所采用的一系列问题解决行为。[②] 时俊卿认为，教学策略可以看成是一种教学观念或原则，通过教学方法、教学模式和教学手段得以体现。[③] 陈心五认为，教学策略是指教师根据具体情境，运用一定教学理论解决某一实际问题的谋略，它既包含解决某一实际问题的教学理论，又包含解决某一实际问题的带有规律性的教学方法。它介乎理论与方法之间，既是较低层次的教学理论，又是较高层次的教学方法。[④] 和学新认为，教学策略是为了达成教学目的，完成教学任务，而在对教学活动清晰认识的基础上对教学活动进行调节和控制的一系列执行过程等。[⑤]

由此可以看出，教学策略是为达成教学目标而采用的一整套比较灵活的教学行为，它是教师在教学实践中依据教学的计划、学生的身心特点对教学原则、教学模式、教学方法的一种变通性应用。它通常包括三个方面的内容：一是教学策略的选择行为不是主观随意的，而是指向一定目标的；二是在选择和制定教学策略时，必须统观教学的全过程，综合考虑其中的各要素，及时反馈、调整；三是解决教学问题的方法、技术及其操作。在此基础上，可以看到教学策略的一些基本特征如下。

---

① 中央教育科学院研究所比较教育研究室：《简明国际教育百科全书·教学（下）》，教育科学出版社，1990，第261-262页。

② 施良方、崔允漷：《教学理论——课堂教学的原理、策略与研究》，华东师范大学出版社，1999，等27页。

③ 时俊卿：《教学策略——当今教学改革的新热点》，《教育·管理·社会》，1995年第1期。

④ 陈心五：《中小学课堂教学策略》，人民教育出版社，2000，第1页。

⑤ 和学新：《教学策略的概念、结构及其运用》，《教育研究》，2000年第12期。

1. 指向教学行为

教学策略是为了达到一定的教学目标和教学效果而选用的服务于教学的谋略。教学目标是教学整个过程的出发点。教学策略的选择行为不是主观随意的，而是指向一定的目标的。某些选择行为在具体的情景中会遇到预测不到的偶然事件，为了达到特定的目标，教师个体需要对选择行为进行反省，继而做出选择，直到达到目标。[①] 因此，任何教学策略都指向特定的问题情境、特定的教学内容、特定的教学目标，规定着师生的教学行为，放之四海皆适用的教学策略是不存在的。

2. 统观教学全过程

教学过程相对而言是一个完整的体系，各子过程之间相互联系、相互作用。因此，在选用教学策略时，教师必须统观教学全过程，综合考虑教学中的各种因素，统筹安排教学进程和师生活动，并注意在实施过程中及时根据课堂生成进行调整。也就是说，教学策略不是单一的教学谋划或措施，而是某一教学过程范畴内具体的教学方式方法、手段等的优化组合。

3. 具有可操作性

教学策略必须具有可操作性。任何一种教学策略的选用都是为特定的教学目标而服务的，它有相对应的方法策略和实施程序，需要转化为课堂中教师与学生的具体行为，师生不能操作的教学策略就没有实际价值。也就是说，在某种程度上，教学策略就是为达到教学目标而制定的具体的教学实施计划或实施方案，它必须能转化为教师和学生的可操作性的动作，以此来达到或实现教学目标。

4. 实施的灵活性

教学策略不是普适性的，都具有灵活性。同样的教学策略，同样的教学内容，面对不同的学生群体，就会产生不一样的教学效果；不同的教学策略，面对同样的学生群体，亦会产生不同的教学效果。同时，同一教学策略可以解决教学中不同的问题，不同的教学策略也可以解决相同的教学问题，因此教师要注意根据教学目标、教学内容和教学对象等的变化而灵活选用教学策略。

（二）教学方法

教学方法是指师生为完成一定的教学任务而在共同的教学活动中采用的手段，既包括教师教的方法，又包括学生学的方法，是教师"教"的方法和学生"学"的方法的统一。[②] 可见，教学方法的选用不是随意的，而是为完成一定的教学任务服务的。也就是说，教学方法是完成教学任务的手段，具体采用什么样的教学方法，应由教师依据教学

---

① 梁惠燕：《教学策略本质新探》，《教育导刊》，2004 年第 1 期。

② 《教育学原理》编写组：《教育学原理》，高等教育出版社，2019，第 278 页。

目标和内容确定。同时，教师应注意教学方法不仅仅只是教师"教"的方法，还包括学生"学"的方法。教师在选用"教"的方法时，必须依据或参考学生"学"的方法，因为任何的课堂教学，如果没有学生的积极参与与主动学习，都将是一潭死水、毫无生机，教学也不可能达到预期目的。由此，我们可以看到教学方法的一些基本特征如下：

（1）教学方法体现了师生都是课堂的主人的观念，指向特定的教学任务。

（2）教学方法受特定的教学内容制约。

（3）教学方法受具体的教学组织形式制约。

当前，我国常用的教学方法有讲授法、问答法、讨论法、练习法、演示法、实验法、读书指导法、情境教学法和探究教学法等。

（三）教学模式与教学策略、教学方法的关系

1. 教学模式与教学策略

教学模式与教学策略都是一定教学思想或教学理论的具体化，都具有一定的可操作性。但是，教学模式是依据其特定的理论逻辑指向整个教学过程，具有相对的稳定性。教学策略虽然也指向整个教学过程，但在教学过程中具有灵活性，没有相对稳定的结构。

2. 教学模式与教学方法

教学模式与教学方法都是为了实现一定的教学目标而选用的各种方法、手段的总和。但教学模式是一个相对稳定的教学结构体系，是一定教学思想或理论、教学目标、操作程序、实现条件和教学评价等的整体。教学模式俗称教学大方法。每一种教学模式中都可能包含多种教学方法，教学方法则常常表现为教学过程中某一方面的一系列操作活动，如讲授法、问答法、讨论法、练习法等。由此可见，教学方法是教学模式的一个重要组成部分，其实操性和具体程度都比教学模式高。

教学方法作为教学模式的有机组成部分，在某种程度上决定着教学模式的运用和改革的成效。那么多教师都在使用教学模式却没有导致课堂模式化的原因就在于教师运用了灵活多样的教学方法；那些在教学过程中出现"模式化"教学倾向的教师极有可能就是因为教学方法太单一。

3. 教学策略与教学方法

在一定程度上，教学策略可以说就是如何选用或按怎样的顺序采用什么样的教学方法的教学方案。教学方法是为完成具体教学任务而选用的更为详细具体的方式方法和手段。可见，教学方法是具体的、可操作的，它是教学策略的具体化。教学过程中选用什么方法还受教学策略支配。教学策略可以说是教学的元方法，是教学方法的上位概念，它对教学方法有监控和反馈等功能，在层次上高于教学方法，在外延上广于教学方法。教学方法居于教学策略与教学实践之间，受教学策略支配。但教学方法自身也具有一定

的独立性，因为每一种教学方法都不是凭空想出来的，而是在相关教学原则的指导下，在总结前人教学经验的基础上总结、提炼而成的。

4. 教学模式、教学策略与教学方法之间的关系

教学模式、教学策略和教学方法之间既有联系又有区别。从教学思想或理论向教学实践转化的阶段或顺序来看，先是教学思想或教学理论，然后是教学模式，接着是教学策略，再是教学方法，最后是教学实践。教学模式包含教学策略、教学方法，属于较高层次。教学策略是教学模式的进一步具体化，它比教学模式更详细、更具体，受教学模式的制约。教学模式一旦形成就相对稳定，而教学策略则相对较灵活，具有一定的可变性，可随着教学进程及时变化、调整。教学方法是更为详细具体的可操作的方式方法和手段，是教学策略的具体化，介于教学策略与教学实践之间。教学方法受制于教学策略，教学策略在层次上高于教学方法。

第一章　先行组织者模式

一、先行组织者模式概述

先行组织者模式（advance organizer model）是美国认知教育心理学家戴维·保罗·奥苏贝尔（David Pawl Ausubel）于 1960 年提出的一种旨在促进学生有意义的学习的教学模式。奥苏贝尔认为传统的讲授法不可全盘否定，而是需要有所改进。在此基础上，他提出了先行组织者的概念。

奥苏贝尔认为，"先行组织者"是在教学活动正式开始之前，教师采取适当方式介绍的有关学习内容的引导性材料。目的是将学生已有的知识经验与即将要学的新知识联系起来，从而巩固学生的认知结构。奥苏贝尔坚持认为，一个人已有的认知结构是新材料能否被有意义地学习并且有效获得与保持的最重要的因素。[①] 故而，"先行组织者"最重要的作用就是能引导学生把先前学过的知识和即将要学的知识联系起来。它可以是即将要学习的内容的"上位组织者""下位组织者"或"并列组织者"。"上位组织者"型的"先行组织者"指的是引导性材料的概括和抽象水平高于新知识的内容；"下位组织者"型的"先行组织者"指的是引导性材料的概括和抽象水平低于新知识的内容，"并列组织者"型的"先行组织者"指的是引导性材料在概括和抽象程度上既不高于又不低于新知识的内容，它与新知识的内容之间具有某种相关甚至是共同的属性，是并列组合关系。

"先行组织者"一般以主要概念、原理、一般概念、原则以及法则为基础，可以是文字、表格、图片、动画、微视频、音频、实验等，但最有效的"先行组织者"是那些使用学习者熟悉的概念、条件和原理及适当阐述和类比的组织者。[②] 因此，"先行组织者"一般可分为两大类：陈述性组织者和比较性组织者。陈述性组织者一般为新知识的学习提供上位关系的类属材料；比较性组织者则常常为新知识的学习提供相似的、可以辨别新旧知识不同的引导性材料。

[①] 布鲁斯·乔伊斯、玛莎·韦尔、艾米莉·卡尔霍恩：《教学模式》，兰英译，中国人民大学出版社，2014，第 190 页。

[②] 同上书，第 192-193 页。

陈述性组织者提供的是一个最抽象的概念，还可能附带一些比较低级的概念。它们相当于智力支架，当学生遇到新信息时就可以附着于其上。陈述性组织者对学生特别有帮助，因为它给不熟悉的材料提供了观念支架。比如，基本的经济学概念应该先于一个城市的经济条件研究呈现出来。

比较性组织者常常被用在相类似的知识中，用以区分新旧概念，从而避免由于新旧知识的相似性而给学生造成混乱。例如，学习除法时，比较性组织者可能被用来指出除法与乘法的异同点。在乘法中，乘数和被乘数可调换而乘积不变，如3乘6换成6乘3而乘积不变；但是，在除法中，要使商不变，除数与被除数不可调换，如6除以3不等于3除以6。因此，比较性组织者能帮助学生理解乘法与除法的关系，并且明晰它们之间的区别；学生能够在学习除法时借用一些乘法的知识，但又不至于混淆乘法和除法。

随着"先行组织者"理论的不断丰富与发展，许多学者指出"先行组织者"不仅可以在学习者要学习的新材料之前呈现，也可以在要学习的新材料之后呈现，它可以在抽象、概括水平上高于原学习材料；也可以是具体概念，在抽象、概括水平上低于原学习材料。[①]

二、先行组织者模式的理论基础

先行组织者模式的理论基础为有意义学习理论。什么是有意义学习？根据奥苏贝尔的观点，材料是否有意义更多地取决于学习者的准备状态和材料的合理组织程度，而不是讲授的方法和技巧。如果学习者设定了合适的目标，而且材料也能很好地组织起来，那么这种学习就是有意义的。[②] 一般情况下，学习者通过机械学习也可以获得新知识，但这种机械学习获得的新知识很容易被遗忘，学生习得的知识很难发生迁移。只有让学生学到的新知识能得到同化和迁移，才能促进学生对知识的保持。

1978年，奥苏贝尔在皮亚杰和布鲁纳等认知心理学思想的基础上，提出了独具特色的"有意义学习"理论，即"认知同化理论"。认知同化理论的基本观点如下：新知识的学习获得必须依赖认知结构中已有的知识，只有学习者积极主动地从自己已有的认知结构中提取与新知识最有联系的旧知识，并通过新旧知识的相互作用，"有意义学习"才能实现，新旧知识的意义才能得以同化，从而形成新的更高级别的认知结构。这种学习新知识的过程就是一种动态的、有意义的过程，没有一定知识基础的"有意义学习"是不存在的。因此，在"有意义学习"中必然存在着知识的迁移。认知同化理论强调，新旧知识之间需要相互作用才能促进有意义学习的产生，从而使学习者能够有意义地学得新知识。

---

① 邵瑞珍：《教育心理学》，上海教育出版社，2002，第234页。

② 布鲁斯·乔伊斯、玛莎·韦尔、艾米莉·卡尔霍恩：《教学模式》，兰英译，中国人民大学出版社，2014，第190页。

三、先行组织者模式的教学目标

先行组织者模式设计的目的就是使学生能迅速提取旧知识中与新知识之间有联系的、相关的材料，促进知识的有效迁移，提高学生的学习效果，从而进一步优化学生的认知结构。奥苏贝尔认为，一个人已有的认知结构是否清晰是新材料能否被有意义地学习并且有效获得与保持的最重要因素。在有效讲授新材料之前，必须增加学习材料结构的稳定性和清晰度。完成这一任务的方法是将能够概括新信息的概念介绍给学生们。比如，在绘画展览的例子中，导游讲解艺术反映文化和文化变迁的观念就是提供智力支架，进而帮助学生更加清晰地发现绘画中的信息。[1] 因此，奥苏贝尔最关心的是如何帮助教师尽可能有效且有意义地组织和传递大量信息。他认为，使学生获取信息是学校教育的本质目的，而且一定的教育理论能够指导教师把知识传授给学生。他主张教师应负起责任将学习内容加以组织，并且通过讲课、阅读、给学生布置任务等方式让他们把所学知识综合起来，从而传递信息。在他的模式中，教师有责任去组织并传授将要学习的内容，而学习者的主要任务是掌握观念和信息。[2]

四、先行组织者模式的教学程序[3]

先行组织者模式的教学过程一般分为三个阶段：第一阶段，讲解先行组织者；第二阶段，提出学习任务或学习材料；第三阶段，强化认知系统。具体如表1-1所示。

表1-1　先行组织者模式教学程序

第一阶段：讲解先行组织者	第二阶段：提出学习任务或学习材料	第三阶段：强化认知系统
阐明课程目标 讲解先行组织者 确认最本质的属性 给出实例 给出背景 重复 唤醒学习者的相关知识和经验	呈现材料 保持注意力 明确材料的组织 明确学习材料的逻辑顺序 （把学习材料和先行组织者联系起来）	运用整体综合原则 促进主动接受学习 确立学习新内容的批判性态度 澄清概念 [积极应用概念（如对它们进行测试）]

这些过程是为了增加新学习材料的清晰性和稳定性，以减少知识的遗漏、混淆或者

[1] 布鲁斯·乔伊斯、玛莎·韦尔、艾米莉·卡尔霍恩：《教学模式》，兰英译，中国人民大学出版社，2014，第190页。
[2] 同上书，第189页。
[3] 同上书，第194-198页。

模糊。学生在学习这些材料时应将其与自身经验以及已有的认知结构联系起来，并对这些知识采取一种批判的态度。

（一）讲解先行组织者

第一阶段主要由三种活动构成：阐明课程目标；讲解先行组织者；唤醒学习者相关知识的意识。

澄清课程目标对保持学生的注意力、指引学生明确教学目标非常重要，这两者对于有意义学习亦非常重要。教师提供的先行组织者的引导性材料可以是多种多样的，如视频、动画、图片、文字或表格等都是可以的，只要能将学生的已有认知结构与即将要学习的新知识联系起来即可。因此，教学中教师提供"先行组织者"的环节不是一个简单的过程。教师应注意的是，"先行组织者"在某种程度上应是一种观念，那就是学习新知识就必须进行智力探索。"先行组织者"应注意跟课堂的常规导入相区别开，一般的课堂导入对课堂教学有用，但大多不是先行组织者。

许多教师对先行组织者不甚了解，有的甚至都没听说过这个概念，从而导致有的教师认为先行组织者就是教学导入，或者说他们认为设计教学导入就是设计先行组织者。但实际上，先行组织者和教学导入并不是一回事，二者既有联系又有区别。具体表现在以下方面：虽然先行组织者和教学导入都发生在教学活动的最初环节，但先行组织者是教师在学习新知识之前呈现给学生的引导性材料，而教学导入则主要指的是教学活动最开始的3～5分钟内师生所有的教学活动。可见，先行组织者可以是教学导入的一部分，它可能存在于教学导入中，二者之间是一种从属关系。

部分教师对先行组织者和教学导入的认识模糊，导致他们在实际运用中出现偏差。最突出的表现是有些教师可能只是仅从如何引起或调动学生的学习兴趣来设计课堂导入，这就容易造成一种现象：学生对于新知识好像是有了学习兴趣，但对于新知识究竟该如何学习，它与旧知识究竟有什么联系和区别，怎样才能牢固掌握和灵活运用新知识，却是一头雾水。这种教学导入只是为了导入而导入，在新旧知识的联系上对学生的帮助微乎其微。

例如，教学伊始，有的教师习惯用复习导入法，即让学生回忆上次或之前学过的知识点，这种教学导入主要是复习；有的教师会直接告诉学生即将要讲授的教学内容，或展示课文背景来指引课程方向；有的教师会直接告诉学生相应的教学目标，希望学生能在本次教学中达到相应目标；有的教师会引导学生回忆个人经验，然后为学生指出将要学习的新知识和他自身的经验相似的地方，进而帮助学生理解之前的经验。比如，初中物理"运动和静止"课堂中，教师为了引出"参照物"这一概念，引导学生回忆坐公共汽车时窗外树木往后"跑"的经验。但其实这些教学导入方法或策略本质上都不是先行组织者，虽然它们也都是课堂教学组织讲授不可或缺的一部分，有一些甚至反映了奥苏贝尔有意义学习理论的核心原则，也是其教学模式的一部分，但真正的先行组织者都是建立在主要学科概念或学科原理的研究领域基础之上的。

第一，必须建构先行组织者以便学习者从实质上接受它：一种区别于学习任务但又比它更具概括性的概念。因为先行组织者的主要特点之一是它比学习材料本身具有更强的抽象性和概括性。这种高水平的抽象性可以把先行组织者和引导性部分区分开来，后者的抽象程度和学习材料本身一样，因为它们实际上就是学习材料的预习。

第二，无论先行组织者是陈述性的还是比较性的，它的概念或原理的基本特点都必须被指出来且经过仔细解说。因此，教师和学生必须探索先行组织者和学习任务的关系。先行组织者的讲授并不需要太长时间，但是它必须被学习者接受，并被学习者清楚地理解。这意味着学习者必须熟悉先行组织者的语言和观念。在不同的上下文中，对先行组织者加以介绍或者多次重复是很有帮助的，尤其是当出现新的或者特殊的术语时效果更是显著。唤醒学习者的已有知识与经验非常重要，它们可能与新的学习任务和先行组织者有关。

（二）提出学习任务或学习材料

在讲授完先行组织者之后，教师就要提出学习任务或开始讲授学习内容。学习内容的讲授可以采取多种形式，如讲解、讨论、实验或者阅读等。在讲授的过程中，教师应清晰地将学习内容的内在组织体系展示给学生，使学生能够注意到学习内容的内在逻辑顺序，从而明确这些学习内容是如何同先行组织者联系起来的。

（三）强化认知系统

这一阶段的主要目的就是帮助学生找到新的学习内容在自己已有认知结构中的定位，即帮助学生强化认知结构。因此，在这一阶段，奥苏贝尔明确了四种活动：第一，促进整体整合；第二，促进积极接受学习；第三，确立学习新内容的批判性态度；第四，澄清概念。

关于如何促进学生将已有认知结构与新知识进行整体整合，奥苏贝尔认为教师有很多方法。比如，教师可以让学生回忆相关的概念；让学生重复精确地定义新知识中的相关概念；让学生描述新知识如何支持先行组织者中的概念或原理；让学生总结新知识的主要特征或让学生寻找新知识的不同方面的不同点等。

关于如何促进学生积极地接受学习，奥苏贝尔认为教师亦有多种途径。比如，教师可以让学生用自己的语言说明和解释新知识的实质；让学生从不同的角度说明新知识；让学生举例论证新知识中的概念或原理；让学生描述新知识是如何跟先行组织者建立联系的等。

关于如何促进学生对新知识确立批判性的态度，奥苏贝尔认为最有效的手段就是教师先引导学生在学习中做出假设或推断，然后判断或验证这些假设或推断，最后想办法协调或解决其中存在的矛盾。

在一堂课中，教师对上述这些技巧都予以采用，不仅不现实也不可取。授课时间、学习内容或讨论主题以及师生知识背景的不同都会影响教师的选择。最理想的情况是此阶段由师生双方共同完成。应该注意的是，若学生在此阶段产生澄清某概念或知识促使新旧知识进行整合的愿望，那么教师必须对此做出回应。

五、先行组织者模式的实现条件

奥苏贝尔和布鲁纳一样，相信教师能把每一个学科的结构概念教给学生。而且，他坚持认为新的概念只有与现存结构中为它们提供概念定位的概念或原理联系起来才能被有效地学习并保存下来。如果新材料与现存认知结构产生冲突，或者无法建立关联，那么这些信息和观念可能不会被融入或保持。为了防止这种情况发生，教师必须组织排列新的学习材料，按照概念定位所提供的方式进行讲授。另外，学习者必须对新材料做出积极的反应，通过思考它们与现存信息之间的联系来理解两者的不同点与相同点。[①]

在先行组织者教学模式中，教学活动成功的前提和保障是教师必须提供科学的先行组织者。因此，教师在备课时，一定要谨慎选择和编排先行组织者，需充分考虑以下因素：

第一，了解班级学生的情况，包括当前班级学生的现有知识水平、认知能力和情感态度等方面。教师须先了解自己班上学生已有的知识水平和认知能力，这是选择恰当的"先行组织者"的基础。教师只有清晰了解自己班级学生已有的知识体系，才能设计出学生能接受的"先行组织者"。也只有学生能接受的"先行组织者"，才有可能在学生的学习中发挥促进学生学习的作用。

第二，明白即将讲授的教学内容，包括自己所授学科知识的特点、知识编排的体系以及当前要讲的内容所处的知识体系的位置。教授必须分析即将讲授知识的特点，因为对于不同类型的知识，学生掌握的过程是不同的。教师只有对即将讲授的内容进行准确的分析，才能清晰即将讲授的内容与班级学生已有知识体系之间的联系与距离。

第三，熟悉其他领域的相关知识，教师在选择先行组织者时要特别注意它与其他领域相关知识的联系。只有这样，教师才能根据学生现有知识体系和所授内容的特点，触类旁通，设计出适合的"先行组织者"，在学生的已有知识与待学知识之间架起一座桥梁，促进学生学习迁移过程的实现，从而建立新的知识结构。

应指出的是，在先行组织者模式实施完后，教师应及时对先行组织者模式的教学效果进行检测或评估，以分析当前选用的先行组织者是否起到了让学生更有意义地学习、让知识迁移相对更容易、让学生对知识的掌握更牢固、真正能促进学生的学习等作用，并根据检测或评估结果，重新调整或设计先行组织者。这个过程具体如图1-1所示：

[①] 布鲁斯·乔伊斯、玛莎·韦尔、艾米莉·卡尔霍恩：《教学模式》，兰英译，中国人民大学出版社，2014，第190-191页。

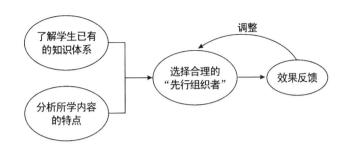

图 1-1　先行组织者模式实施过程

六、先行组织者模式的教学案例

案例 1（语文）：先行组织者技术在名著读前导教学中的运用[1]

在名著阅读教学中运用先行组织者模式，是为学生提供名著阅读的上位观念。下面以《儒林外史》名著阅读中运用先行组织者模式为例，具体设计理念如下：

（1）为即将阅读的名著提供固定点知识。

（2）该固定点知识是即将阅读的名著内容上的上位观念。

（3）它能促进学生本次学习的内容与以往旧知识之间建立意义联系。

教学活动一：吴敬梓的生平。

（1）吴敬梓家世：出生于科举世家，曾祖辈五人四进士，出过探花榜眼。

（2）少年随任：吴敬梓从小受传统儒家思想的教育，自幼习读经文，准备走科举之路。但他并没完全受封建教育的束缚，对诗词歌赋以至野史杂书都饶有兴趣，这为他以后的文学创作打下了坚实的基础。吴敬梓在少年时代过了几年安逸的读书生活，13 岁丧母失所恃，14 岁随父到赣榆任所。

（3）乡居十年：康熙六十一年（1722 年），父亲吴霖起被罢，吴敬梓回到老家全椒。第二年，吴霖起抑郁而死。族人欺他两代单传，纷纷侵夺祖产。29 岁，吴敬梓去滁州参加科考，因狂放，终以"文章大好人大怪"而落第。

（4）移家南京：在家乡亲友的讥笑和世俗舆论压力下，他 33 岁时，怀着决绝的心情，变卖在全椒的祖产，移家南京，开始卖文生涯。36 岁，被荐举参加博学鸿词试，地方已通过，赴京时，以病辞。乾隆首次南巡，在南京举行征召文人迎銮献诗，吴敬梓不应试。

（5）客死扬州。

教学活动二：《儒林外史》的创作。

（1）创作时间。

（2）作品取材：《儒林外史》所写人物，大都实有其人。吴敬梓取材于现实士林，

① 尹庆华：《读前战略埋伏 导后组织先行——先行组织者技术在名著读前导教学中的运用》，《中学语文教学参考》，2019 年第 20 期。

人物原型多为周围的亲友、相识相知者。

（3）《儒林外史》的版本。

（4）吴敬梓的其他创作。

教学活动三:《儒林外史》的思想内容。

《儒林外史》以封建时代知识分子为主要描写对象，以批判科举制度为中心思想，描绘了封建社会广阔的社会生活，通过揭露封建社会末期各种丑恶现象，揭示了当时社会必然灭亡的命运。

（1）《儒林外史》通过塑造一系列科举迷形象，深刻揭露科举制度对人精神的摧残，它使人变得神魂颠倒、愚昧无知（周进贡院痛哭，死去活来；范进中举傻笑，狂奔疯跑）。

（2）《儒林外史》通过描写纯朴青年的蜕变过程，深刻揭露科举制度对人灵魂的腐蚀，它使人道德堕落、廉耻丢尽（匡超人由善良淳朴的青年变成卑鄙恶劣的文痞）。

（3）《儒林外史》将批科举同批理学、礼教结合，使其揭露性更强，反映的社会内容更深广（王玉辉劝女殉夫尽节；王德、王仁假道学嘴脸）。

评析:

此案例"教学活动一"是作者的生平介绍，"教学活动二"是名著的背景介绍，都不是名著的上位观念，当然也就不是读前导教学的先行组织者。这类教学内容不宜介绍太多，显然此案例占比太大。"教学活动三"提供了关于名著的思想内容这个上位观念性知识，它可以作为固定点知识同化学生后续的自主阅读。并且，"教学活动三"围绕"思想内容"这个上位观念，从"科举迷""青年的蜕变""批礼教"几个角度分类例说，列举下位观念，形成了一个基本的 A～a 的知识结构同化模式，有利于学生阅读原著时理解名著中同类人物的内涵，把握作者的创作意图，领会作品主旨。但此案例中的典型人物、典型事件用的是概说方式，案例不具体，下位观念不生动，学生感受不深刻，头脑中形成的 A～a 的知识结构不丰富，这就不利于学生后续阅读时同化学习模式的自动运行。

依据设计理念，如果学生对以往旧知识有较多的初步认识，那么把上位观念固定在学生已有的初步认识之上，则会收到更好的效果。

在日常名著教学中，有些教学导入并不属于先行组织者，大致如下:

（1）宣传鼓动型。为了激发学生阅读名著的动机，有的教师会在读前导入时进行读书动员。最常见的是用名言警句来激励，如培根的"读书给人以乐趣，给人以光彩，给人以才干"；杜威的"读书是一种探险，如探新大陆，如征新土壤"；莎士比亚的"读书可以帮助你忘记你的悲哀"……

（2）背景介绍型。比如，《儒林外史》读前导介绍吴敬梓的生平、《儒林外史》的创作背景等;《艾青诗选》介绍作者经历、国内外形势等。

（3）内容介绍型。导读小说时，要介绍主要人物和情节。比如，介绍祥子梦碎北平的过程；简·爱与罗杰斯特跌宕起伏的爱情故事；《海底两万里》潜艇的航线和惊险刺激的情节；导读《红星照耀中国》这类纪实文学时，介绍新闻事件和风云人物；导读《朝花夕拾》这类散文时，介绍书中的那些人和事……

（4）话题引入型。介绍与名著有关的某些旧知识，以便引出新的相关话题。比如，导读《朝花夕拾》时，通过对百草园的长妈妈、三味书屋的寿镜吾老先生的回顾，引入鲁迅先生追忆的更多人和事的介绍；通过《西游记》《水浒传》等耳熟能详的名著影视剧的讨论话题，引入对该书人物、情节的介绍；通过《傅雷家书》中关于钢琴家的介绍与艺术欣赏的话题，引入对傅聪成长历程的回顾。

（5）知识竞赛型。将名著导读读前导活动设计成"最强大脑""越战越勇"等知识竞赛类节目；或者设置成中考题，让学生实战演练，以练代读，以考代读。

这几种教学导入活动设计，都没有设计阅读名著的上位观念，因而都不属于先行组织者。没有组织者的名著导读课就如一种"散养"状态，学生学到什么全凭自觉。由于读前导入中学生没有获得阅读该名著的上位观念，在后续的自主阅读中，学生没有了目标和方向，即便看偏了教师也不知道。比如，《简·爱》中，如果学生没有获得关于"人生的价值是尊严和平等"等思想内容的上位观念，便不能理解童年简·爱的倔强，青年简·爱对爱情的放弃，以及最后简·爱对爱情的坚守。经典名著能够塑造学生的人格，滋养学生的心灵。如果学生在读前教学导入中获得了关于"爱情"和"人生价值"的上位观念，就能在阅读中深刻领会简·爱的精神，欣赏其独立自主的灵魂。如果没有组织者的读前导入，学生还会对诸如《红星照耀中国》《艾青诗选》等有阅读障碍的名著产生偏差，对这类名著的评价会偏低，影响阅读动机。同时，由于没有上位观念作为固定点知识同化新知识，常常会导致学生看不懂，从而看不下去。

后行组织者是指名著没有读前导入，而是在学生读完后再进行有组织者的读后总结。这种名著导读方式的缺点是读前教师完全没讲，学生大多随自己的兴趣看，但学生喜欢的往往不见得是名著中核心的内容，一旦看偏了，教师有可能最后才知道。比如，读《儒林外史》这类小说，如果只关注情节，学生只不过是了解一些故事而已，还可能会觉得杜少卿是作者批判的败家子。即便后行组织者读后总结中获得了阅读该名著的上位观念，但之前的阅读体验已经跑偏了，再要纠正过来有一定的难度。而且，与无组织者一样，对于有阅读障碍的名著，后行组织者也存在着学生读不懂、"死活读不下去"的问题，导致名著阅读效果低微。

现代认知心理学研究表明，影响人类智能的知识结构要素有三个：第一个是"心理同化智能效应"；第二个是"上位观念的智能优势效应"；第三个是"上下位观念结构的智能效应"。因此，运用先行组织者模式设计的名著读前导活动的智能优势主要体现在以下方面：

"组织者"先行，受"心理同化智能效应"影响，学生能够读懂，便有了阅读兴趣；受"上位观念的智能优势效应"影响，学生后续的自主阅读便有了目标和方向，学生能够监控自己的阅读，阅读会更高效；受"上下位观念结构的智能效应"影响，学生获得了合理的上下位观念结合的 A～a 的知识结构，不仅能够提高阅读效率，还能提升阅读的深刻性。同时，在深度阅读中，学生不断扩充下位观念来丰富上位观念的知识，脑中的知识结构便会更清晰准确，收获也会更丰富。

案例 2（数学）：圆的习题教学 [①]

笔者曾连续带了几届毕业班，发现复习新人教版九年级上第 24 章"圆"时，在教师没有提示的情况下，很多学生都对课本上的一道练习题一筹莫展。题目如下：

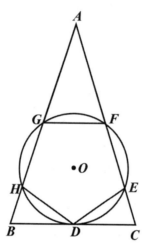

如上图，等腰三角形 ABC 的顶角 $\angle A = 36°$。⊙O 和底边 BC 相切于 BC 的中点 D，并与两腰相交于 E，F，G，H 四点，其中点 G，F 分别是两腰 AB，AC 的中点。求证：五边形 $DEFGH$ 是正五边形。

这道题显性条件较少，不仅需要不断由已知条件推出结论，还需要作辅助线，大多数学生在解这道题目时都不知从何入手。面对这种情形，教师应该如何教学呢？

笔者尝试使用"先行组织者"策略，优化设计了以下五个步骤，分解难度，逐步铺垫和过渡地攻克了这道难题。

第一步：审题，明了知识起点。

奥苏贝尔认为："影响接受学习的关键因素是认知结构中起固定作用之观念的可利用性。"按照这种理念，应先让学生审清题意，明了题目的问题指向，从最上位概念出发，明确正多边形的概念，让学生知道要证明一个多边形是正多边形，不仅需要证明各边相等，还要证明各角相等，防止出现只证明边相等或只证明角相等这种顾此失彼的现象。

第二步：回忆，检索常规证法。

"先行组织者"的目的是为新的学习任务提供观念上的固着点，增加新旧知识之间的可辨别性，以促进知识的迁移。依据此理念，接下来要让学生回忆如何证明一个多边

---

① 谢登峰、唐剑岚：《运用"先行组织者"策略提高数学解题的教学》，《中学数学月刊》，2016 年第 2 期。

形是正多边形。如果学生已经遗忘，要让学生潜心阅读课本第 104 页内容，复习证明一个多边形是正多边形的常规证法，让学生知道证明一个多边形是正多边形的关键是要先证明此多边形的顶点等分圆周，即证明各内角所对的弧相等。

第三步：类比，寻找相似题目。

奥苏贝尔认为："先行组织者教学策略的教学过程中呈现先行组织者时，先要确认正在阐明的属性，给出相似例子，提供上下文，使学习者意识到相关知识和经验。"根据上述理念，接下来可引导学生回忆一个类似的题目，激发解题灵感，如下面这个题目：

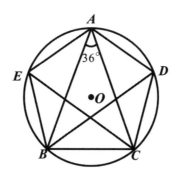

如上图，已知 △ABC 是 ⊙O 的内接等腰三角形，顶角 ∠BAC=36°，弦 BD，CE 分别平分 ∠ABC，∠ACB。

求证：五边形 AEBCD 是正五边形。

由已知条件，大部分学生都可以推导出 ∠ABD=∠DBC=∠ACE=∠BCE=∠BAC=36°，进而得出 $\overset{\frown}{AD}=\overset{\frown}{DC}=\overset{\frown}{CB}=\overset{\frown}{BE}=\overset{\frown}{EA}$，AD=DC=CB=BE=EA。所以得出五边形的各边都相等。对于如何证明五边形的各内角都相等，有少部分学生感到不解。针对这种情况，笔者提示学生再次复习课本例题，学生终于豁然开朗：由等弧可以得知三个连续弧之和相等，由圆周角定理推论可知它们所对的圆周角相等，所以得出圆周角之和相等，即五边形各内角也是相等的。

第四步：转化，握手"关键先生"。

"先行组织者"策略要求教师应该适时呈现学习任务和材料，使知识的结构显而易见，使学习材料的逻辑顺序外显化。本题需要用到"弦切角"这个关键点，但由于课本已经删掉了有关弦切角的知识，故教师需适当补充，利用弦切角搭桥突破解题难点。可引导学生思考下列问题：

顶点在圆上，一边与圆相交，另一边和圆相切的角叫弦切角。已知如下图所示：

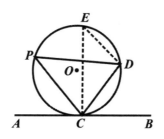

直线 AB 是 ⊙O 的切线，切点为 C，CD 为 ⊙O 的一条弦，∠P 为弧 CD 所对的圆周角。猜想：弦切角∠DCB 与∠P 之间的关系。

在讲解过程中，教师不用刻意强调弦切角的概念和弦切角定理，但可以根据课堂上学生的反馈情况进行适当启发。如下图所示，利用圆周角定理推论，把证明 ∠EDC=∠DFE 转化为证明∠EDC=∠DME。在得出∠DFE=36° =∠EDC（弦切角）后，进而可得∠FDE=72° −∠EDC=36° 。

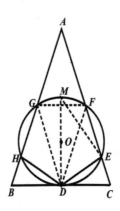

第五步：整合，解法呼之欲出。

奥苏贝尔认为：先行组织者教学策略的教学过程的最后阶段是扩充与完善认知结构，使用整合协调的原则，通过提示新、旧概念（或新、旧知识）之间的关联，促进学生积极地接受学习。综合前面四步的设计，解法已经浮出水面。

证明：如上图连接 DF，DG。因 G，F，D 分别是 AB，AC，BC 的中点，所以 AG ∥ FD，GD ∥ AF，所以四边形 $AGDF$ 是平行四边形。

又因为 AG=AF，所以平行四边形 $AGDF$ 是菱形，故∠BGD=∠FDG =∠CFD=∠A=36° 。

连接 DO 并延长交 ⊙O 于点 M，因为 BC 是切线，所以∠CDE=∠CFD=36° 。

（此处过程让学生完成）

而∠FDC=∠B=72° ，所以∠EDF=36° ，同理，∠GDH=36° 。

故∠BGD=∠CFD=∠EDF=∠FDG=∠GDH=36° ，

于是 $\overset{\frown}{HD}=\overset{\frown}{DE}=\overset{\frown}{EF}=\overset{\frown}{FG}=\overset{\frown}{GH}$ 。

案例 3（物理）：物理概念教学"光的概念"先行组织者策略 [①]

首先，复习前一章学习过的机械波的概念与机械波的性质：介质、定义（成因）及横波和纵波、机械波的性质。作为对于光的概念的一个比较的先行组织者。

其次，对光的本质的历史探讨：波粒二象性的认识过程，本章主要探讨光的波形性质。以此作为对光的概念理解的先行组织者。

再次，以与机械波这一先行组织者对比的形式学习光的波动性的概念。其中，介质

① 王允庆、孙宏安：《教学策略设计》，科学出版社，2018，第107页。

（光的传播不需要介质）、定义（交变电磁场作为成因与机械波的振动成因作比较进行学习）、横波与纵波（与声波对比学习）、性质（与机械波相似的反射、折射、衍射性质，特别是同类性质的不同点）是运用先行组织者学习的关键。

最后，学习机械波和光波的共同属概念——由光波概括得到一个后置的先行组织者——波动的概念，以此加深对光的概念的理解，同时为后续内容设置了新的先行组织者。

评析：

学生对物理概念形成了更为清晰稳固的联结，对概念之间形成了脉络清晰的知识框架和概念网络，这是学生的有意义学习。

案例 4（物理）："牛顿第三运动定律"教学①

阶段 1：呈现"组织者"，引起认知反应。创设情境。

提问 1：鼓掌时左右手都疼说明什么？用手推桌子时，感觉到桌子也推你说明什么？

提问 2：在初中学习力的概念时，我们是怎么定义力的？

设计意图：先利用生活中常见的例子引导学生进行思考，然后提出问题，引导学生回忆初中所学的相关知识，并利用已有的知识解释物理现象，使已有认知结构中原有与本节课有关的内容显性化。

呈现"先行组织者"。

组织者 1：

实验 1：两位学生（可以选择一个班里力气最大的学生与班里较瘦小的学生）各拿一个弹簧秤，放置于同一水平直线上，调好弹簧秤，将两弹簧秤勾在一起，两位学生往相反的方向拉动弹簧秤。请学生们注意观察弹簧秤的示数，并且归纳出结论。

实验 2：在桌面上并排放上几支玻璃棒（或其他小圆棍），在棒上铺一块木板，在板上放一辆遥控玩具小车。控制遥控小车沿板运动，要求学生们观察木板与玩具车的运动情况。装置如下图所示：

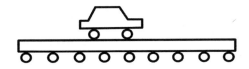

根据以上两实验中的现象，完成表 1-2。

① 黄文俊：《"先行组织者"教学策略下的高中物理教学案例研究》，《物理教师》，2016 年第 4 期。

表1-2   实验结果

实验内容	实验1	实验2
实验现象	弹簧秤读数	木板与遥控小车的运动情况
归纳总结		

组织者2：

力传感器可以将力的大小信息实时反馈出来，再经过计算机处理后在屏幕加以显示。

实验1：如下图所示，实验时把两只力传感器同时连接在计算机上。双手分别拿一个传感器并拉动它。在数字化信息系统配套软件中可以得到两条曲线，这两条曲线分别表示两只传感器受力的实时变化。然后根据图像对各个时刻下两个传感器的受力情况进行分析。

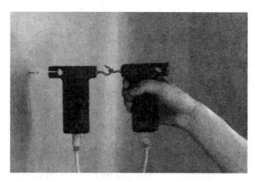

注意实验对象静止过程中的读数变化。

实验2：如下图所示，把一只力传感器系在一个物体上，另一只握在手中。通过传感器用力拉物体，使物体运动，不断变化拉动物体的力，观察计算机软件中显示的两个力传感器受力随时间变化的情况。

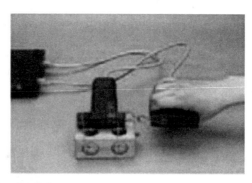

根据以上实验过程，完成表1-3。

表1-3 实验现象与归纳

实验内容	实验1	实验2
实验现象（描述或者画出软件中显示的图形）		
归纳总结		

学生在学习"牛顿第三运动定律"前，其实已经对其有一定的认识，但这些认识都流于表象，并且较为零散。组织者1要对牛顿第三定律进行定性的研究，旨在引导学生们通过简单的实验总结出"力的作用是相互的"这一结论；组织者2要对牛顿第三运动定律进行定量探究，通过利用已学的数学知识结合实际分析实验中得到的物理图像，引导学生进行跨学科的迁移，同时更直观地体现出相互作用力"大小相等，方向相反，作用在同一直线上"的性质，从而帮助学生更好地建构知识，改善认知结构。

阶段2：呈现学习材料，构建新的认知结构。

学生在实验结束以后，已经总结出以下结论：两个物体之间的作用力总是相互的。一个物体对另一个物体施加了力，与此同时后一物体一定对前一物体也施加了力，并且这两个力总是大小相等，方向相反，同时存在。

呈现学习材料。

内容1：力的作用是相互的，我们把这一对相互作用的力称为作用力和反作用力。

内容2：牛顿第三定律的表述——两个物体之间的作用力和反作用力总是大小相等，方向相反，作用在一条直线上。

内容3：牛顿第三定律的数学表达式：$F = -F'$（负号表示反作用力 F' 与作用力 F 的方向相反）。

要点分析：

（1）作用力与反作用力大小相等，方向相反，作用在两个物体上，同时产生，同时消失，作用时间相同，力的性质相同。

（2）作用力和反作用力作用在两个物体上，因此产生的作用效果不能相互抵消。

（3）定律中的"总是"这两个字是强调对于任何物体，在任何条件下，这两个力的关系都成立。

（4）一对平衡力和一对相互作用力的比较与区别。通过师生共同讨论完成表1-4（平衡力与相互作用力的比较）和表1-5（一对作用力和反作用力跟一对平衡力的区别）。

表1-4 平衡力与相互作用力的比较

比较内容	一对平衡力	一对相互作用力
受力物体	同一物体	不同物体

续　表

比较内容	一对平衡力	一对相互作用力
大小	相等	相等
方向	同一直线且方向相反	同一直线且方向相反
性质	不一定同性质	一定同性质

表1-5　一对作用力和反作用力跟一对平衡力的区别

	一对平衡力	一对相互作用力
相同点	等值、反向、同一直线	
不同点	作用在同一物体上	作用在两个物体上
	性质不一定相同	性质相同
	不一定具有同时性	具有同时性
	能求合力（效果能抵消）	不能求合力（效果不能抵消）

设计意图：将学生已经知道的内容进行系统的整合，帮助学生将新知识更好地纳入认知结构。加入对比学习，引导学生更好地分辨"相互作用力"和"平衡力"的概念，使有意义的接受学习得以展开。

阶段3：强化认知结构。

参考例题与练习：

（1）试判断以下说法是否正确。

A.先有作用力然后才有反作用力。

B.马拉车时，车对马的力小于马对车的力，所以车才往前走。

C.除非你站在地上不动，你对地面的压力和地面对你的支持力，才是大小相等方向相反的。

D.物体 A 静止在物体 B 上，A 的质量是 B 的质量的 15 倍，所以 A 作用于 B 的力大于 B 作用于 A 的力。

E.作用力、反作用力的大小相等，方向相反，作用在同一直线上，所以它们的合力为 0。

F.静止在水平桌面上的物体所受到的重力与支持力是一对作用力与反作用力。

（2）试分析"蛋碎瓦全"现象。

（3）试分析拔河比赛中队伍取胜的关键。

设计意图：紧扣本节课的教学重点，将物理知识与生活实际联系起来，引导学生将物理知识应用于生活，使学习变得更有意义。在应用知识的同时，学生也主动巩固了新知识，强化了新的认知结构。

课后思考：

现在我们已经学习了牛顿的三个定律，请大家思考一下，如果牛顿的三个定律只能留下一个，你会选择留下哪一个？请说明理由。

设计意图：问题的提出是为了引导学生思考，针对该问题的思考，可以帮助学生理解牛顿三大定律之间的逻辑关系，更深层次地理解牛顿三大定律的内涵，深化学生对力与运动关系的进一步理解。

案例5（化学）：CO_2的实验室制法教学 [1]

"CO_2的实验室制法"位于九年级化学上册第六单元的课题2。

（1）学生已有知识体系和所学知识特点的分析。在进行该部分的学习之前，学生在氧气的实验室制法部分中，已经学习了3种制取氧气的方法，并能根据反应物的状态选择合适的发生装置。在收集气体时，他们已经知道了氧气的物理、化学性质与其收集方法之间的对应关系。

对于CO_2，学生知道植物的光合作用可以将CO_2气体转化为O_2，而呼吸作用则可以将O_2转化为CO_2（生物中）；蜡烛、木炭的燃烧会产生CO_2（第1、2单元）；碳酸钠和盐酸反应可以得到CO_2（第5单元）；CO_2不能支持燃烧、CO_2可以使澄清石灰水变浑浊（第1单元）；碳酸饮料其实是一定条件下充入CO_2气体后得到的饮料（生活经验）。以上这些构成了学生已有的知识体系。

而在本节课中，学生需要对CO_2的实验室制备方法进行系统的学习，从而巩固和优化在学习氧气的实验室制法时所形成的知识框架（如下图）：

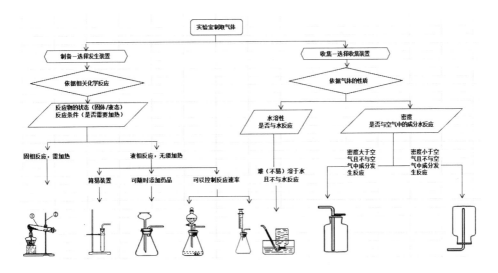

---

[1] 高雪：《"先行组织者"策略在初三化学教学实践中的应用》，《化学教与学》，2018年第12期。

（2）"先行组织者"的选择。本节课的先行组织者就是学生在学习氧气的实验室制法时形成的初步知识框架。

根据这一框架，在选择发生装置时，学生依据观察到的大理石和稀盐酸反应的现象，可以得出这是一个固体和液体在常温下发生的反应，属于"液相反应，无须加热"的类型。同时，还可以根据实验过程中的不同需要，选择适合的装置。对于学生分组实验而言，选择简易装置即可完成实验目的。

在选择收集装置时，学生的知识框架中已经了解了需要依据所制备气体的密度和水溶性进行相关判断。学生的已有知识中已经由碳酸饮料这一生活实际判断出 CO_2 具有一定的水溶性，因此不能用排水法进行收集。而在是否能使用排气法收集时，由于空气中 CO_2 的存在，学生可以推理出 CO_2 不能与空气中的成分发生反应，从而可以使用排气法进行收集，然后根据 CO_2 的密度数值和氧气密度的比较判断，最终得出可以利用向上排空气法进行 CO_2 的收集。

借助学生的已有知识框架，学生自己对 CO_2 的实验室制法的知识框架进行了分析与建构，学生的学习探究过程更具理性，知识结构更趋合理。

（3）效果反馈及调整。在上述过程中，学生依照在氧气的实验室制法中获得的知识框架进行新知识的自我建构，无论是学习效率还是学习效果都得到了很好的提高。

但是，在确定 CO_2 的验满和检验方法时，由于学生有了氧气的相关知识，他们通常会给出燃着的木条既可验满又可检验 CO_2 的推测。这是错误的推测，因为他们在进行氧气的学习时，没有分清气体的验满和气体的检验之间的本质区别。

此时，需要帮助学生分清性质和个性之间的区别。在确定气体是否收集满时，只需要利用物质的性质即可进行判断；而在检验是否是该气体时，只能利用物质的个性。例如，能使燃烧的木条熄灭的气体可能是 CO_2，也可能是 N_2；而能使澄清石灰水变浑浊的无色无味的气体则只可能是 CO_2。因此，在判断 CO_2 气体是否收集满时，可以使用燃烧的木条，因为此时已经确定里面的气体为 CO_2；而若要确定瓶中气体是否是 CO_2 时，只能使用澄清石灰水。

由此可见，学生在对"先行组织者"进行利用时，其原有的结构是否合理、准确，将直接影响利用的效果。只有正确的知识结构才能对学生的学习产生积极的影响。在教学过程中，要认真、细致地分析学生的已有知识体系，及时发现其中不合理的地方，帮助学生加以修正，从而使其能将已知知识顺利地应用于新知识的建构过程中。

案例 6（生物）："光合作用"的概念教学 [①]

在学习"光合作用"概念时，教师可设计以表格形式出现的组织者（表1-6），使新概念（光合作用）与旧概念（细胞呼吸）的差别从两者的相似性中鲜明地凸显出来，通过比较，学生在学习光合作用的具体内容时，能以此线索考察和分析各个小知识点。同时，较深刻地把握"新陈代谢""光合作用""有氧呼吸"三者的关系，使"光合作用"

---

① 苏源红：《先行组织者策略在高中生物学概念教学中的应用》，《生物学教学》，2015年第4期。

作为一个牢固的结点，自然而非生硬地纳入学生原有的知识网络中。

表1-6　光合作用与有氧呼吸的相似性与区别

	光合作用	有氧呼吸
物质变化	合成 无机物—有机物	分解 有机物—无机物
能量变化	光能—（CH$_2$O）化学能（储能）	化学能—ATP 中活跃的化学能、热能（放能）
实质	合成有机物，储存能量	分解有机物、释放能量，供细胞利用
场所	叶绿体	细胞质基质、线粒体
条件	光、色素、酶	氧气、酶
联系	光合作用为有氧呼吸提供了氧气和有机物，有氧呼吸为光合作用提供了 CO$_2$	

用类比对象作先行组织者学习新概念，特别是对于易混淆的概念，比较性组织者可以突出新旧知识的异同，同时给出新旧知识的结合点，促进新知识的学习。在高中生物学必修教材中，常用先行组织者学习的类比概念还有同源染色体与非同源染色体、光反应与暗反应、有丝分裂和减数分裂、基因突变和基因重组、肽链与肽键、染色体与染色质、转录与翻译等。

案例7（生物）：细胞周期概念教学 [1]

"千言万语不及一张图。"生物学图片是一种特殊的语言，培养了读图基本功的学生就能容易地看图说话、看图作文，用图表达生物学思想。读图也有利于培养学生分析比较能力以及探究能力。因此，用图片，如教材中的模型图、概念图等作为先行组织者，可以化深奥为浅显，化抽象为具体，化枯燥为生动，利于学生感知和理解教材内容，降低学习新概念的难度。

细胞周期是高中生物学教材（必修1）第六章第一节"细胞增殖"中的一个重要概念。在许多学生阅读教材之后，对这个概念还是一知半解的情况下，可提供教材插图"有丝分裂细胞周期"图，与学生一起讨论分析，让学生从图中找起点"新的子细胞形成"和终点"子细胞形成"。

理解此概念的关键就是让学生明白子细胞形成代表一次细胞分裂完成（结束）。从图中还可以得出相关信息：一个细胞周期包括分裂间期和分裂期，两者具有连续性。借助对图的分析，学生对细胞周期概念"连续分裂的细胞，从一次分裂完成时开始，到下一次分裂完成时为止，为一个细胞周期"的理解便可水到渠成。之后还可用线段图（下图）巩固对细胞周期概念的理解。

① 苏源红：《先行组织者策略在高中生物学概念教学中的应用》，《生物学教学》，2015年第4期。

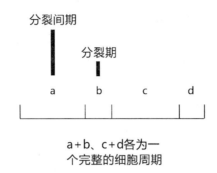

a+b、c+d各为一
个完整的细胞周期

此外，还可构建生物学概念图作为先行组织者，促进概念学习的系统化。生物学概念图是一种基于意义学习和概念同化理论的教学技术，是以显示概念间的联系，用具体事例加以说明，展示概念间层次结构的示意图。它可引导学生通过对已学概念的回顾，梳理概念间的逻辑关系。因此，对学生从宏观方面掌握生物概念有着非常大的帮助。

案例 8（生物）：遗传学概念教学 [①]

在完成必修 2 第一章"遗传因子的发现"教学后，如何让学生更好地理梳并记忆遗传学概念呢？可以构建如下图所示的以"基因"核心的概念图作为先行组织者，将基因类、性状类、纯合子、杂合子等 9 个看似非常散乱的概念串联起来。从中可看出，概念图这种形式的先行组织者一方面使学生能实现有意义学习，避免机械记忆；另一方面可让学生实现长时间记忆，使回忆更容易。

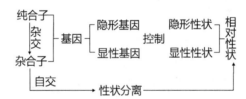

此外，还有很多其他呈现方式，如游戏、模型、文字资料、视频、生物标本等先行组织者。在教学中，教师应根据教学需要，应用不同的组织者引导学生学习新的生物学概念，以取得最佳的教学效果。

---

① 苏源红：《先行组织者策略在高中生物学概念教学中的应用》，《生物学教学》，2015 年第 4 期。

第二章 归纳思维模式

一、归纳思维模式概述（inductive thinking model）

归纳，指归拢并使有条理（多用于抽象事物）；也指一种推理方法，由一系列具体的事实概括出一般原理（跟"演绎"相对）。[①] 可见，概括是归纳的关键与前提，人们认识客观世界，首先是认识诸多个别事物的特殊本质，然后在概括的基础上，再去认识诸种事物的共同本质。归纳法就是通过个别事物去认识一般事物的方法。运用归纳法，人们可逐渐加深对事物一般规律的认识程度。

思维是人类特有的一种精神活动，是从社会实践中产生的，是在表象、概念的基础上进行分析、综合、判断、推理等认识活动的过程。[②] 归纳思维就是通过对若干个别事物的认识，并经过分析、综合、判断、推理等，经概括上升到一般结论的心理过程。可见，分析信息和创造概念是基本的思维能力。归纳思维模式，为发展归纳思维过程和学术推理或理论建树而设计[③]，是在美国学者希尔达·塔巴（Hilda Taba）1966 年和其他人员的研究成果的基础上通过修订而成。归纳思维模式旨在引导学生学会收集原始资料，进行细致的观察，并经过分析、综合、判断、推理等创建或形成多重特征的分类，产生概念，最终学会处理这些概念，从而发展学生的思维能力。因此，归纳思维模式也被称为概念形成模式或发展模式，它先给学生提供大量的原始资料或信息，让学生对这些资料或信息进行分析和处理，然后进行区别和分类，最后通过推理、概括、归纳形成概念。归纳思维模式可以帮助学生体验知识形成的过程，有助于促进学生知识的内化和知识系统的建构，有利于培养学生的思维能力。

---

① 中国社会科学院语言研究所词典编辑室：《现代汉语词典 7 版》，商务印书馆，2016，第 489 页。

② 同上书，第 1237 页。

③ 赵中建：《资料：教学模式种种（一）》，《华东师范大学学报（教育科学版）》，1986 年第 6 期。

二、归纳思维模式的理论基础

归纳思维模式的理论基础来自心理学和逻辑学。根据人类思维的规律和认知特点，归纳思维模式建立在三个假设之上。

（一）思维是可以培养的

思维对人的发展起着非常重要的作用。它看不见、摸不着，却实实在在存在。人类的学习、工作和生活都离不开思维，无论是儿童，还是成人。思维能力是学生学习能力的核心。

人类从一出生开始就接触大量的信息，如语言、图片、声音、文字、味道、颜色等，经年累月，这些复杂而庞大、海量的信息都被存储于大脑的数据库中，当我们要使用、提取时，就需要用到大脑的思维能力。

大脑如何提取信息？这个过程就像电脑提取信息一样，如果没有一个科学的检索系统，就容易导致无法读取信息数据，甚至导致系统崩溃。牛顿和达·芬奇等人为了提高大脑的运作效率，提高人类的记忆效果，还专门研究了辅助记忆的方法。比如，他们将庞大的信息量集中到一张图上，然后将数据按彼此间的关联性进行分层、分类，并使用不同的颜色、图像和符码等区分，以便使大脑对资料的储存、管理及提取更系统，从而极大地提高了人们的记忆能力。现代不少科学家反复研究发现，将不同元素集中到一张图上，不仅能协调人类左右脑的功能，还能提升人们的记忆能力，改善人们的思维，因此这张图也被科学家们称为"思维导图"。

也就是说，把握思维品质，通过有目的、有计划的教学活动，引导学生进行有的放矢的努力，可以帮助学生发展自己的归纳思维能力。

（二）思维过程是个体对资料和信息所作的能动的处理加工活动

人们有时认为，高层次的思维只有到成熟期才会出现。事实上并非如此，各个年龄段的学生都可以很好地处理信息。学生是天生的概念生成者。人们总是通过不断地对事物、事件、情感等各个方面进行比较，形成自己的概念。为了把握这一自然趋势，我们通过设计学习环境、给学生布置任务的形式提高学生形成和应用概念的有效性，并帮助他们有意识地提高自身在这些方面的能力。[①]

思维过程本质上就是将感性的东西进行抽象的理性概括。如果能把思维活动同感性认识相结合，就能促进人们思维能力的提高。比如，横向思维是一种启发学生思考与已有知识相类似或相关问题的思维方式，它可以帮助学生由此及彼、触类旁通、举一反三，从而实现知识的"迁移"。横向思维也可以分为两种：求同思维和求异思维。求同

---

① 布鲁斯·乔伊斯、玛莎·韦尔、艾米莉·卡尔霍恩：《教学模式》，兰英译，中国人民大学出版社，2014，第19，63，75页。

思维，重在引导学生关注不同事物或现象的共同点，进而从中发现它们所包含的共同本质或规律。比如，基因突变、基因重组、染色体变异等现象，虽然表现为不同的变异方式，但其根本原因其实都在于遗传物质发生了改变。再如，有氧呼吸和无氧呼吸虽然在呼吸的条件、分解程度和释放的能量上有所不同，但它们本质上其实都是分解有机物、释放能量。求异思维重在引导学生关注不同事物或现象间的差异。找不同可以帮助学生积极调动思维，更好地发现知识间的不同，从而更好地掌握相关知识。可见，求异思维在某种程度上比求同思维带给学生的思维空间更宽广，是一种相对更高级的思维，也是一种更容易迸发强烈创造精神的思维。比如，植物对水分的吸收和对矿质元素的吸收有什么不同？学生经过比较、辨别可知：植物对水分和矿质元素的吸收部位相同，均是植物成熟区的表皮细胞，但它们的吸收方式不一样。植物根吸收水分主要与植物的蒸腾作用密切相关，其吸收的主要方式是渗透作用；而植物根吸收矿质元素则主要与植物的呼吸作用密切相关，其吸收的主要方式是交换吸附和主动运输。

（三）思维过程是按有规律的程序演进的

"归纳思维"就是一种从特殊的、具体的认识进而推演到一般的抽象的认识的思维方式。对归纳思维模式的形成起着至关重要作用的美国学者希尔达·塔巴认为，只要按照一定的顺序使用特定的教学策略，教学过程就可以培养学生的思维技能，促进学生思维能力的形成。

归纳思维模式认为，学生学习掌握某种高级的思维能力，往往是从基本的、低级的思维能力训练开始的。也就是说，一种思维技能的获得或提升通常需要以其他一些思维技能为基础，因此教师要充分运用思维的规律进行教学。

培养学生的思维能力可以从教学中的"问题"或"矛盾"入手，在此过程中，教师不应把现成的结论直接告诉学生，而应让学生自己处理信息，最终形成自己的结论。因此，教师应根据学生现有的认知结构和思维层次，有意识地设计问题或"矛盾"，并适时抛出问题或制造"矛盾"，由浅入深、由易到难、循序渐进地为学生进行铺垫，激发学生不断从纵向或横向找到知识间的联系，让学生的思维不断发散、升华。

教学中，教师可通过连续的、递进式的问题引导学生沿着已知的问题不断深入探究，探本溯源，发展学生的纵向思维；也可提供不同的类比材料或其他领域相似的问题，引导学生探究差异，发展学生的横向思维等。同时，教师要鼓励学生大胆质疑，启发学生通过现象看本质、同中求异等。

三、归纳思维模式的教学目标

归纳思维模式设计的目的在于指导学生形成概念、学习概念以及应用概念。它培养学生关注逻辑、关注语言和词义以及关注知识本质的能力，从而发展学生的思维能力。[1] 归纳思维模式的教学目标就是让学生运用已有知识经验对所接触的大量资料和信息进行处理和分析，再归纳形成概念，从而达到培养学生观察能力、逻辑思维能力、信息处理能力以及归纳能力的目的，进而发展学生的探究精神与独立精神。

四、归纳思维模式的教学程序 [2]

归纳思维模式的教学过程一般分为四个阶段：第一阶段，确定并列举与主题或问题相关的数据资料；第二阶段，给这些数据资料分类，使同组成员具有共同特征；第三阶段，解释数据资料并为各类别命名，以便对其进行处理；第四阶段，将类别转化成技能或假设。

（一）确定并列举与主题或问题相关的数据资料

归纳性操作包括组织数据、为了形成观点拆分数据以及重组数据三部分。为了收集与主题或问题相关的数据，必须先明确领域，明确探究中心与探究范围。教师先说明教学目标、学习目标和学习方法及要求，然后组织引导学生收集、呈现和列举数据资料，排列和呈现最初的资料集。

明确学习领域，即教师告知学生即将要学习的内容主题，可以让学生知晓今天要学习或探究的主题和中心及其范围，这在一定程度上可以激发学生已有知识体系中相关的知识与经验。一般情况下，教师可以开门见山直接说明本节课的学习主题，也可在简短复习或导入之后再说明本节课主题、学习目标、学习方法和学习要求等。教师可以口述学习目标，但一般建议以多媒体、黑板板书或图片的方式呈现给学生，方便学生随时对照参考。因为当学生知道本节课的学习目标后，就知道了自己应往哪个方向努力，以便在学习过程中不断提醒自己。这可以使学生的学习有的放矢，而且当学生知道达到学习目标时，自信心和自豪感会无形中增强，学习的兴趣、求知欲会越来越强。学习方法的提醒则可以帮助学生知道自己该如何做，增强学生课堂的参与感。

教师要设置有利于学生归纳的情境。首先，要营造有利于激发学生主动学习的氛围；其次，要设计有利于学生进行个人意义建构的教学活动，如观察、分析、比较、概括、归纳等；最后，要提供有助于学生社会意义建构的交流平台，如学生间的信息交流、互助写作等。

本阶段教师最重要的任务就是要将已经设计好的待进行归纳的材料，如文字、数据、图形或问题等，按一定的编排顺序或逻辑结构呈现、列举给学生。每个学生已有知识、经验都不同，教师在呈现材料时需要指明所要观察归纳的材料的具体方面。这一环节值得强调的是，教师呈现给学生的归纳材料必须跟本节课的主题相关，且材料间必须

---

[1] 布鲁斯·乔伊斯、玛莎·韦尔、艾米莉·卡尔霍恩：《教学模式》，兰英译，中国人民大学出版社，2014，第75页。

[2] 同上书，第66-67页，

要有内在的联系。同时，这些待归纳的材料也是学生熟悉的或基本熟悉的，若待归纳的材料超出学生的认知范围，如过于生僻或过难，都将降低学生归纳的兴趣，从而影响学生归纳。

（二）给这些数据资料分类，使同组成员具有共同特征

检查资料，全面研究资料集内的各项资料，确认其特征，把资料内的各项资料归类，并标记各类资料，归纳整理后，在资料集内添加资料。在这一阶段，所有资料集内的数据都必须仔细研究并给予标记，以便对其进行识别。每一类标记都需认真研究，以使它们的特征充分显露出来，否则归纳探究就会缺乏深度。

本阶段是归纳教学模式的中心阶段。由于学生已有的知识体系、认知图式和思维方式不同，对于教师所提供的待归纳的材料，不同学生可能会有不同的结果，不能达成一致；学生与要达到的目标之间也会或多或少存在一定差距，学生之间需要交流、分享、切磋或探讨，这不仅有助于学生加深对自我建构知识意义的理解，也有助于学生获得普遍可接受的目标。因此，教师可在学生自主观察后再组织分组讨论，待组内达成共识后，再让学生进行组间交流，优化学生建构的意义，使其能对数据进行符合社会规范的表征。也就是说，学生在此阶段大致要经历四个环节：

第一，学生自主观察。归纳的前提是观察。通过观察，学生可以初步对待归纳的材料进行认识与理解，运用已有知识经验去发现待归纳材料间的联系，自己初步归纳出材料间这种联系所反映的规律，完成个人意义的初步建构。

第二，组间交流探讨。通过组内讨论和组间交流，学生对待归纳材料的认识将逐渐深化、明晰。故而，这个环节可以帮助学生提高个人意义建构的深度。

第三，完善个人意义建构。此环节教师应对学生的活动进行点评和总结。比如，指出学生在教学活动中的优缺点、学生的表现、对待归纳材料认识的深浅或总结学生的归纳是否全面、得当等。同时，还可对学生的发现、总结或归纳提出一些质疑或补充，让学生对待归纳材料的认识更加准确、清晰，从而完善学生个人的意义建构。

第四，数据表征。当对待归纳材料的认识达到相对完善的程度后，学生就可将个人对待归纳材料的意义建构用符合社会的数据规范表征出来，从而完成待归纳材料的社会意义建构。

（三）解释数据资料并为各类别命名，以便对其进行处理

为了真正产生效果，通常要对数据进行数次分类。分类的第一阶段很重要，开始时，人们通常要么以总体特征笼统地进行分类，要么只以某一两个属性进行分类，要么只使用一种方式进行分类。比如，给诗歌分类时，我们会根据主题、语气和手法这些显而易见的特征进行分类。有了这些初步的分类工作，以后的阶段就能顺利展开。有时在初步的分类之后，还会发现需要给数据集添加资料或者发现当时研究和列举数据时没有注意到的信息，在这种情况下，则需要返回去重新收集和检查数据。

在对数据进行重新分类、改进或否定原有的分类，并尝试两三种新方案之后，就会出现新的分类，也就逐渐掌握了这些数据资料。有时，在对数据资料进一步探索时，就会改变以前做出的分类。

重新分类是归纳思维的应用和提高阶段，教师应设计相应的练习，帮助学生提高归纳能力。首先，设计的归纳练习要有层次，要兼顾不同学生，让每一个学生的归纳能力相对自己都有不同程度的提高；其次，练习时要不断让学生讲明他是如何进行归纳的，从而培养学生喜欢归纳的好习惯。总之，重新分类归纳练习不仅可以帮助学生从简单套用归纳案例到创造性应用归纳思维，帮助学生将僵硬的知识转化为能力，还可以帮助学生完善意义建构甚至进行意义的再建构。

（四）将类别转化成假设或技能

仅仅进行分类本身就具有一定的教育意义，要将分类获得的能力进一步巩固和迁移形成技能，还需进行必要的练习。比如，在对小说或故事中的人物描写进行分类的时候，会发现作者介绍人物的方法有所不同，了解这些方法会帮助我们更深入地理解作品。如果继续分类，就可以从中提出假设，并把其中一些假设转化成有用的技能。比如，当发现在介绍人物时女作家比男作家更常使用类比法，那么就可以这样假设：女作家在她写作的每一阶段都更多地使用类比法。可以通过开展一项新的研究来验证这个假设，如果对这一问题继续研究，可能就会发现其中的原因。

想要从分类中获得技能，就需要了解怎样做才能实现分类的结果。比如，比喻是作家常用的一种策略，那么想要使用比喻就需要进行练习，并将我们的比喻与作家的比喻进行比较。找到其中的差别，才能促进自己对比喻手法的正确使用。

五、归纳思维模式的实现条件

归纳思维模式的基本应用是发展思维能力，可以应用于幼儿园到高中的任何课程领域。在发展学生思维能力的过程中，需要学生吸收和处理大量的信息，教师应有意识地引导学生，使其思维超越所给资料的范围，有目的地发展学生的产出性思维和创造性思维。归纳过程包括对信息的创造性加工，以及如何运用这些信息去解决问题。归纳思维模式重在学生自己对信息的归纳，因此在运用时应注意以下几点。

（一）重点突出，目标明确

在归纳思维模式中，教师的目的是引导学生从现象中得出一般规律，然后按这些规律处理问题，培养学生分析问题和解决问题的能力。这些现象和规律往往就是上课的重点，也常常是教学的关键点。教师一定要心中有数，课堂上的一切行为都要围绕教学目标进行，引导学生养成分析问题和解决问题的能力。

（二）善于适度引导学生

归纳思维模式的关键在于教师的"善引"，即善于引导启发学生思考。教师在引导学生时，要注意难度适中，把握一个"度"。过难容易挫伤学生的积极性；过易又会影响学生的深入理解。所谓难度适中，就是让学生跳一步能摘到桃子。对学生估计过高，教师的引导过难，学生可能没有反应，甚至陷入不知所云之中，这样就会打击学生的积极性，使课堂陷于沉闷之中；如果过低估计学生的学习水平，并按这种估计引导学生，学生可能因过于容易而不能专心听课，心不在焉，这样不仅不利于学生理解，还可能使课堂纪律涣散。

（三）表达清晰，内容正确

归纳思维模式重在教师和学生之间信息和感情的交流。教师的引导、提问，必须让学生听清楚、听明白，并能激发学生的思考。同时，提出的问题、引出的结论一定要正确无误，否则就会误导学生的思考，给学习带来负面的影响。

六、归纳思维模式的教学案例

案例1（政治）：2012年福建省高考文综【选修3——国家和国际组织常识】[①]

材料一　由于受"全美步枪协会"的影响，美国政府反对联合国旨在打击轻小武器非法贸易的《行动纲领》中的有关限制个人拥有枪支及限制枪支合法生产和交易的条款。

（1）材料一中的"全美步枪协会"属于美国的（　　）

A. 利益集团　　　　　　　　B. 政府

C. 议会　　　　　　　　　　D. 政党

本例可以看作以演绎思维的方式来考查学生的归纳推理思维水平，我们可以塔巴的模式（表2-1）进行归纳性判断。

表2-1　塔巴课程模式

显性活动	学生思维活动	答题要点
判断具体实例：全美步枪协会是ABCD四种情况	全美步枪协会是协会	排除BC
解释和支持预测与假设：非党派，也非三权分立中的三权	非政党及美国国家机关	排除D
验证预测	影响美国政策的利益集团	选A

---

① 杨国志：《政治课中归纳思维能力的培养模式》，《思想政治课教学》，2013年第8期。

案例 2（政治）：2006 年高考文综全国一卷 38 题 [①]

分析材料一显示的经济信息。

材料一　2002—2005 年中国经济增长与能源消费图：

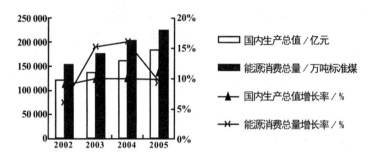

【参考答案】① 2002—2005 年，我国 GDP 持续、平稳高速增长；同期，能源消费总量也高速增长。②从 2002 年到 2003 年，能源消费的增长明显快于 GDP 的增长。2003—2004 年，能源消费的增长率和 GDP 增长率都没有显著变化。但前者的数值远高于后者的数值。2004—2005 年，能源消费增长率下降，同期 GDP 增长率保持稳定，说明我国经济发展中单位 GDP 能耗较高的问题得到了一定程度的解决。

本题比案例 1 对学生的归纳性思维的运用能力要求更高，即对不同信息资源（相关图形、文字）的获取信息以及分析的能力。其间所涉及的关键思维能力便是归纳能力。以塔巴的第二种策略进行梳理（表 2-2）。为行文简洁，仅对图中的柱形图即国内生产总值及能源消耗率两个指标进行说明，其余两个变量思维与此类似。

表2-2　塔巴第二种策略

材料呈现显性信息	隐性思维活动	答题要点
确认主要关系：GDP、能源消耗率	分辨：二者的柱形变化情况有规律	GDP 与能源消耗量增长
探讨关系：二者因果关系	有正相关，但 2002—2003 年能耗高，GDP 并无显著增长	2002—2003 年能源消费增长快于 GDP 增长
作出推理	推测：能耗问题能否解决	经济发展的能耗问题

通过上述分析，学生在对材料显性信息进行观察、比较、综合的过程中，要熟练运用归纳思维能力，特别是在第三步，学生要能够归纳出"说明我国经济发展中单位 GDP 能耗较高的问题得到了一定程度的解决"，如果不具备娴熟的归纳性思维技巧，就不可能得出这个推论。

---

① 杨国志：《政治课中归纳思维能力的培养模式》，《思想政治课教学》，2013 年第 8 期。

案例 3（数学）："函数的概念"教学 [①]

【教材内容分析】

（1）函数的概念在高中数学中非常重要，是连接初中和高中知识的关键点，起着承上启下的作用。在初中阶段，学生已经学习过几类基本函数，知道函数关系中两个变量之间的变化关系。高中函数的概念建立在集合的基础上，更具概括性与抽象性，也更能揭示函数的本质。

（2）概念的学习可为后面学习指数函数、对数函数、幂函数等打下良好的基础。另外，函数思想是数学四大思想之一，在整个数学学习中都有着广泛应用。

因此，"函数的概念"在高中数学学习中占有重要地位，是以后数学学习的基础与保障。

【教学目标】

（1）知识与技能：理解函数的概念；体会随着数学的发展，函数的概念不断被精炼、深化、丰富；初步了解函数的定义域、值域、对应法则的含义。

（2）过程与方法：回顾初中阶段函数的定义，通过实例深化函数的定义；通过实例感知函数的定义域、值域，对应法则是构成函数的三要素，将抽象的概念通过实例具体化。

（3）情感、态度与价值观：在函数概念深化的过程中，体会数学形成和发展的一般规律；由函数所揭示的因果关系，培养学生的辩证思想。

【教学重点与难点】

重点：理解函数的概念。

难点：理解函数符号 $y=f(x)$ 的含义。

【教学过程】

活动一：回顾复习，提出问题。

师：在初中我们也学习过函数，函数的含义是什么？

函数的概念（初中）：在一个变化过程中有两个变量 x 和 y，如果对于 x 的每一个值，y 都有唯一的值与对应，那么就说 y 是 x 的函数，其中 x 叫作自变量。

设计意图：通过问答形式，师生共同完善初中概念、复习旧知，方便学生对比探究新知。

活动二：示例分析，形成概念。

（1）示例分析。

师：下面有三个例子，请大家思考分析这三个示例存在什么变量关系？它们有什么共同点？（示例见人教 A 版必修 1 第 17 ～ 18 页）

示例 1：一枚炮弹发射后，炮弹距地面的高度 h（单位：m）随时间 t（单位：s）变

① 任晓敏：《新课标下的高中数学课堂常见模式探究》，硕士学位论文，华中师范大学学科教学（数学）专业，2017，第 14-17 页。

化的规律是 $h=130t-5t^2$。

示例2：南极上空臭氧层空洞的面积与时间关系。（图像呈现）

示例3："八五"计划以来，我国城镇居民的恩格尔系数与年份关系。（表格呈现）

独立思考后，学生分组交流，小组报告。教师在学生感到困难时及时给予点拨指导，倾听学生在交流表述时的语言。教师引导学生分析三个示例，使学生主动探寻三个示例中的自变量以及自变量的变化范围，以及自变量与因变量之间的对应关系。

设计意图：利用示例，对比探究规律，初步形成函数的概念，为构建函数概念打好基础。

（2）归纳总结，构建概念。通过对示例的分析与比较，学生发现了示例间的相通之处：两个非空集合的元素由特定的对应关系产生联系。教师根据学生的归纳总结，用精炼的数学语言进行概念构建（教师板书）。

函数的概念：

设 A、B 是非空的数集，如果按照某种确定的对应关系 f，使对于集合 A 中的任意一个数 x，在集合 B 中都有唯一确定的数 $f(x)$ 和它对应，那么就称 $f: A \rightarrow B$ 为从集合 A 到集合 B 的一个函数（function），记作

$y=f(x)$，$x \in A$

其中，x 叫作自变量，x 的取值范围 A 叫作函数的定义域（domain）；与 x 的值相对应的 y 值叫作函数值，函数值的集合 $\{f(x) \mid x \in A\}$ 叫作函数的值域（range）。显然，值域是集合 B 的子集。

在此过程中，教师要特别注意将新概念与原有概念、学生语言进行对比，以便让学生体会函数新定义的精确性及函数实质。

由于函数概念较抽象，学生初学时很难理解掌握。教师在形成概念时，要反复对定义中的关键词进行强化，加深理解。

活动三：深化认识。

函数的三种表示方法如下：

（1）解析式：把常量和表示自变量的字母用一系列运算符号连接起来，得到的式子叫作解析式。

（2）列表法：列出表格来表示两个变量之间的对应关系。

（3）图像法：用图像表示两个变量之间的对应关系。

由于初中函数概念的固化，学生对函数的表示方法容易局限解析式的表示方法。教师可以通过对三个例子的比较，引导学生找到其中的不同，加深学生对函数的理解：函数是一种关系，这种关系有多种方法表示。

活动四：函数概念的应用。

例1：分析下列三个例子是否满足函数定义。

（1）若物体以速度 v 做匀速直线运动，则物体通过的距离 S 与经过的时间 t 的关系是 $S=vt$。

（2）某水库的存水量 Q 与水深 h（指最深处的水深）如表2-3所示：

表2-3　Q 与 h 的关系

水深 h/m	0	5	10	15	20	25
存水量 Q/m³	0	20	40	90	160	175

（3）设时间为 t，气温为 T（℃），自动测温仪测得某地某日从凌晨 0 点到半夜 24 点的温度曲线如下图：

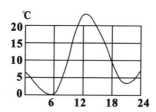

例2：函数 $y=f(x)$ 表示（　　）

A. y 等于 f 与 x 的乘积　　　　B. $f(x)$ 一定是解析式

C. y 是 x 的函数　　　　　　　　D. 对于不同的 x，y 值也不同

例3：下列四种说法中，不正确的是（　　）

A. 函数值域中每一个数都有定义域中的一个数与之对应

B. 函数的定义域和值域一定是无限集合

C. 定义域和对应关系确定后，函数的值域也就确定了

D. 若函数的定义域只含有一个元素，则值域也只含有一个元素

设计意图：通过概念的应用与判断进一步巩固函数的概念与三种表示形式。这个概念教学的案例中，教材的编排就是运用的归纳思维教学模式，抛出概念之前列举三个生活中的例子，引导学生发现函数中两个变量之间的对应关系。教师在此节内容的教学中，可以采取归纳思维教学模式，在课堂上给学生充足的时间思考分析事例、归纳验证规律，然后在课堂上总结知识并向学生讲解；还可以在课前带领学生复习初中的函数概念，对两种概念加以对比分析，找出区别，从而完善函数的知识体系。这堂课可以综合运用归纳思维教学模式与先行组织者教学模式。多种教学模式的灵活运用，可以帮助学生了解数学学习的主线，逐渐建立起数学思维。

归纳思维主要表现在两个方面：新旧知识的对比，引导学生进行思考；提供多个示例，引导学生自主思考归纳，探究示例的异同。共同点的发现正是构建函数新概念的关键所在，不同点也可以有效引发学生对函数的不同表示方法的疑问。

案例 4（物理）：压力的概念教学 [1]

（例子）可以让学生先观察导图：按图钉、风吹船帆、人走钢丝……

教师提问：朝竖直的墙上按图钉，谁受到了压力？

学生：图钉受到了压力。

教师：图钉受到的压力的方向用手指一下。

学生：方向水平，并且做动作（朝墙）。

教师提问：风吹动船帆，使帆船水平向前，谁受到了压力？

学生：船帆受到了压力。

教师：船帆受到的压力的方向用手指一下。

学生：方向水平，并且做动作（朝船帆）。

教师提问：人踩在钢丝上行走，谁受到了压力？

学生：钢丝受到了压力。

教师：钢丝受到的压力的方向用手指一下。

学生：方向向下，并且做动作（朝下）（感知压力）。

（实验）教师：我们粗略地感受了一下压力，下面请同学们利用身边的器材进行实验，再举一些有关压力的例子。

学生（边讲边做）：手压桌子、手压脸、手压书本、铅笔压橡皮……（抓共同特征）。

教师：通过刚才的实验我们再一次感受了压力，能不能找出物体所受的压力都有些什么共同特征呢？

（基础好的班级有些学生讨论可以归纳得到共同特征，基础差的班级则不行，教师继续引导，让学生画力的示意图。）

（抽象）教师：我们一起来画压力的示意图，看看能否找到它们共同的特征？

特别注意方向上的特征，抓住共同点，可以任意画三种情况。

学生作图后得到物体所受压力的共同点——垂直作用于物体表面的结论，从而得到压力的概念：垂直作用于物体表面的力。

案例 5（物理）：声音的概念教学 [2]

（举例或实验）教师：请同学们欣赏一段音乐，仔细听听里面有些什么乐器。

（播放一段学生比较熟悉的民乐）

学生：有笛子、有钢琴、有铃……

教师：想一想，它们分别是如何工作的？用我们身边的器材做一些实验，发出声音。

---

① 沙莉：《初中物理探究教学中归纳思维能力的培养研究》，硕士学位论文，苏州大学学科教学（物理）专业，2007，第 31-32 页。

② 沙莉：《初中物理探究教学中归纳思维能力的培养研究》，硕士学位论文，苏州大学学科教学（物理）专业，2007，第 32-33 页。

学生实验并交流：敲桌子、吹口哨、拍手、弹纸……

教师：它们在发出声音的同时有什么共同特征吗？

学生：……

（感知）教师：当物体发出声音时，有什么共同特征呢？因为这些共同特征不是非常明显，所以你们不能很容易发现。能不能想个办法让这些共同特征变得明显从而容易观察呢？

教师演示弹吉他。

教师：我弹吉他，拨动琴弦时吉他发出声音，仔细观察琴弦的情况。

前排学生：琴弦在动。

教师：后排同学可能看不见，能不能想个办法让他们也能看见呢？

学生：老师你走下来。

教师：我能不能不走下来，后排同学也能看见呢？

学生：在琴弦旁放张小纸片，一弹纸片会动。

教师：好，我们试试。

教师演示。

教师：非常好。下面我准备敲鼓，当你听见鼓声时，鼓皮怎样呢？

教师演示。

前排学生：鼓皮在动。

教师：同样能不能想个办法让全班同学都能看见呢？

学生：放些纸屑。

教师演示。

教师：非常好。接下来让每个人都明显地感受一下。

教师敲镲，学生每人触摸。

教师：当镲发出声音时，它什么情况？

学生：在震动。

教师：请将你们的手指轻轻放在喉咙上，随便讲些什么，感受到声带在……

学生：在震动。

（抓共同特征）教师：请归纳正在发出声音的物体有什么共同特征。

学生：在震动。

教师：物理上用"振动"，不是"震动"。

教师：我们刚才举的都是固体的例子，是不是只有固体才能产生声音呢？

学生：不是。

教师：请你们再举例或实验。

学生摇饮料瓶：水发出声音，它在振动。

学生：吹笛子，空气振动。

教师：很好。也就是说，不仅是固体会发出声音，液体、气体也会发出声音。

（抽象出概念）教师：我们可以得到声音是由于 ＿＿＿＿＿＿＿＿＿＿ 而产生的。

学生：声音是由于物体振动而产生的。

案例6（生物）：义务教育课程标准实验教科书《生物学》七年级下册（人民教育出版社）"关注合理营养与食品安全"的部分内容[①]

【教学准备】

（1）教师准备：

有关的资料卡、活动卡、白纸（在课前分发到小组）、实物投影仪、屏幕。

（2）学生准备：

分好小组，5人为一组，男女比例适当，进行角色分配。剪刀、胶水、水彩笔。

【教学过程】

活动一：激趣。

教师呈现活动卡（A）（教材第36页插图），并提出问题：这几幅图表示什么意思？你有什么感想或看法？

教师活动：在实物投影仪上呈现这组插图；引导学生积极思考讨论，大胆发言。

学生活动：可看屏幕或手中的活动卡（A），自由发言。

活动二：质疑。

这组插图说明什么？不吃、少吃、多吃都不行，怎样消除？

教师活动：引导质疑，帮助学生认识合理营养的必要性。

学生活动：在教师引导下提出问题——该吃什么？怎样吃才合理？

活动三：总结归纳思维模式的四个阶段。

第一阶段：就特定课题列举资料。

教师呈现活动卡（B）（印有各种食物图片的纸，可供剪贴），并提出问题：看看这张纸上画有哪些食物？你还可以补充吗（用文字或图形都可以）？

教师活动：引导学生观察食物图片、思考问题，激发学生分析资料、训练分类技能。

学生活动：结合自己的生活经验进入课题的学习。

小组讨论，分工合作：若有补充，可写或画在旁边。

第二阶段：把前阶段列举的资料分组。

教师提出问题：这些食物怎样归类？

教师活动：帮助学生对分类的根据进行熟悉，可能有不同的意见，注意考虑接受不同的分类法，可缓和这些意见，这样也有助于学生理解复合分类系统的合理性。

学生活动：把食物图片剪下，把小组认为是同类的食物图片放在一起。

第三阶段：给已形成的类别命名。

[①]　钱利锋：《塔巴模式在生物教学中的运用》，《中学生物学》，2013年第1期。

教师提出问题：你能为每类食物取个好名称吗？设计一张表格，把它们排列起来。

教师要求：把你们认为是同类的食物放在一格，并为这类食物命名。

学生活动：在白纸上画出自行设计的表格，把每类食物图片放在相应的格内，并命名（此处不要用胶水贴，只需放在设计好的表格内即可）。

（概括资料）

问题：这些食物主要含有哪些营养物质？这些营养物质对人体有什么作用？

教师活动：巡回，进一步启发学生发现一个项目同时属于一个以上的组的能力，促进学生认知灵活性。

学生活动：阅读资料卡（A），概括出各类食物主要含有哪些营养物质，以及这些营养物质对人体有什么作用。在阅读资料的基础上进行小组讨论，进一步完善表格，训练概括思维能力。

（比较资料）

问题：你认为可以用适当的几何图形来表示人体需要各类食物的多少吗？

教师活动：及时发现问题，促进、帮助有困难的小组或个人，起好点拨、指导作用。

学生活动：阅读资料卡（B），小组讨论，并根据日常生活经验，比较人体每天需要的各类食物的量。将食物图片放在小组认为适当的图形格内。

（对资料和已形成的概括进行解释推理）

问题：你们能对自己的研究下个结论吗？为什么用这样的图形表示？小组汇报交流。

教师活动：要求汇报时相同的意见不重复，鼓励不同的见解，鼓励学生之间的相互评价。

学生活动：小组派代表在实物投影仪上展示本组结论并做出解释，其他组可提出问题或补充纠正（最后可把图片贴好）。

得出结论：为了满足人体每天对能量和各种营养物质的需要，人们的营养必须合理。

教师活动：投影仪上呈现结论及"平衡膳食宝塔"，对做得好的小组给予表扬。

学生活动：通过自己的探究活动，明确学习的结论。

第四阶段（最后阶段）：应用前几阶段已形成的概括。

把前几阶段形成的概括应用于新的情境。"平衡膳食宝塔"是基本要求，对于某些具体人群，它应有一定的变动。

问题：你会用适当的图形表示出你的设计吗？

教师活动：（提供的资料一样，任务不一样）提出要求——为自己、胆囊切除病人、糖尿病人分别设计一份营养合理的食谱。

学生活动：汇报交流时只需呈示相应的图形，并做出解释。个人或小组可自行选择指定人群设计，学会分析选择对自己有用的资料，在思考、讨论的基础上拿出食谱，小组间可展开竞赛，看哪组设计得好（用水彩笔简略在白纸上画出"平衡膳食宝塔"的变式）。

总结：今天我们围绕"合理营养"进行了一系列的思维探究活动。

教师活动：在实物投影仪上呈示各种"平衡膳食宝塔"的变式，使学生认识到科学思维的方法。

学生活动：通过个人和小组之间一系列的活动，获得了有关人体营养学方面的知识，得出"平衡膳食宝塔"；对某些具体人群做出"平衡膳食宝塔"的变式，发展了思维技能；尝试运用有关合理营养的知识解决生活中的实际问题，更多地关注生活。

第三章 探究训练模式

一、探究训练模式概述（inquiry training model）

探究是始于好奇和困惑、认识和理解世界的动态过程。因此，探究不分年龄、性别和知识多寡等，只要人们还持有好奇心，他或她就都可以进行探究活动。也就是说，虽然科学家的探究活动与学生的探究活动可能层次或深浅不同，但在本质上，其探究活动的性质是一样的。

探究训练模式由美国学者理查德·萨奇曼（Richard Suchman）提出。他认为，教师可以把科学家们探究时所使用的智力策略和科学程序教给学生。因此，科学家们面对疑难或问题情境、搜集和加工资料、找到解决问题的办法的探究过程是探究训练模式的基础。在模拟科学家们解决问题探究的过程中，儿童和青少年与生俱来的好奇心就能得到训练和培养，并逐渐获得在真实生活情境中发现问题、解决问题的能力。当学生能够基于兴趣而提出为什么的时候，就表明他们可能已经掌握了相关知识，并已将此部分知识内化为自己知识体系的一部分了。而且，他们还能理解到从事学科内部工作的价值——以获得知识和思考的方式参与学科研究，这正是每门学科的核心所在。

"探究训练指的是设计一种把科研程序压缩到一小段时间内的练习，然后通过练习使学生直接进入科学研究过程中。"[1] 探究训练模式旨在创设一种类似于科学研究的情境，引导学生发现问题，搜集与处理信息，展开调查研究或实验操作等，从而获得知识与技能、解决问题的方法、情感态度、探索精神和创新能力等方面的发展。

---

[1] 布鲁斯·乔伊斯、玛莎·韦尔、艾米莉·卡尔霍恩：《教学模式》，兰英译，中国人民大学出版社，2014，第131页。

二、探究训练模式的理论基础 [①]

探究训练模式以问题学习理论为基础，该理论被描述为"一种教育策略，用来展示重要的、上下文一致的、真实的语境，向学习者提供资源、指引和介绍，使他们获得知识和解决问题的技巧" [②]。探究训练模式通常会先给学生呈现一个令其疑惑的事件，因为萨奇曼相信当一个人面对疑惑时，会本能地想去解决它。教师可以利用人类这种内在的探究欲望教给学生科学探究的方法。

与布鲁纳和塔巴一样，萨奇曼也相信学生会逐步意识到自己的探究过程，因此教师可以直接把科学程序教给他们。他认为，每个人都会经常自发地探究，然而除非我们意识到自己的思维过程，否则就不可能对其加以分析并加以改善。萨奇曼还指出，永远不存在永恒的答案，新的理论和观点层出不穷，知识都是暂时的。因此，学生应知道，真正的科学探究在某种程度上会带有一定的模糊性。同时，学生还应学会容忍或欣赏不同的观点，从而丰富自己的思想，促进自身知识的发展。

三、探究训练模式的教学目标

探究训练模式认为，学生对世界充满好奇，他们渴望成长，渴望理解未知的世界，教师应给予他们明确的科学行为方向指导，充分激发他们的探究渴望，使其更有力地探究新的领域，从而推动其独立学习信念的形成。因此，萨奇曼对学生经过教师有目的的探究训练来培养独立的探究兴趣十分赞同。他提倡学生应多质疑，多问为什么，并学会用科学的、合乎逻辑的方法收集和处理资料，这样学生才能获得理解事物本质的、一般性的智力方法。所以，探究训练模式的基本教学目标是从学生的好奇心出发，帮助学生体验、体会、理解并学习科学家们科学探究的过程，帮助学生获得科学探究的技巧和方法，开发学生的智力，从而达到训练学生发现问题、提出问题以及解决问题能力形成的目标。

四、探究训练模式的教学程序 [③]

探究训练模式的教学程序一般有五个阶段：第一阶段，学生面对问题情境；第二和

[①]　布鲁斯·乔伊斯、玛莎·韦尔、艾米莉·卡尔霍恩：《教学模式》，兰英译，中国人民大学出版社，2014，第131-132页。

[②]　玛丽·艾丽斯·冈特、托马斯·H.埃斯蒂斯、简·斯瓦布：《教学模式》，尹艳秋译，江苏教育出版社，2006，第113页。

[③]　布鲁斯·乔伊斯、玛莎·韦尔、艾米莉·卡尔霍恩：《教学模式》，兰英译，中国人民大学出版社，2014，第134-135页。

第三阶段，收集资料，包括确认和实验；第四阶段，学生将收集到的资料加以组织并尝试对问题做出解释；第五阶段，学生分析自己在探究过程中所使用的解决问题的方法。具体如表3-1所示：

表3-1　探究训练模式教学程序

第一阶段：面对问题	第二阶段：收集资料－确认	第三阶段：收集资料－确认	第四阶段：组织并提出解释	第五阶段：分析探究过程
讲解探究步骤 提供问题情境	确认探究及情境的性质 确认问题情境的发生	分离相关变量 假设（并验证） 因果联系	提出规律或解释	分析探究方法并研究更有效的方法

（一）学生面对问题情境

第一阶段一般是教师先呈现给学生一个问题情境，并向学生讲解探究的方法。在这个环节，教师必须挑选一个困惑性的情境或问题作为开始，且该情境或问题对学生具有趣味性和吸引力。这里教师需注意的是，并不是学生的每一个疑惑或问题都可以成为探究的问题，因为有些疑惑或问题仅仅只是因为我们不了解、不熟悉或不知道答案而产生的，查阅一下资料就会解决。这些疑惑或问题的解决不需要新概念，弄懂它也没有进行探究的必要。

探究训练模式相信人们会有本能的探究动机，因此整个模式的出发点都围绕着对学生的智力进行冲击。这一环节主要是引导学生们发现一个令其疑惑或矛盾的问题，然后进行探究，目的是让学生体会自己发现、创造新知识的过程，所以这种对学生智力冲击过程的基础原则上应是经过探究可以得出某种结论的事物或现象。因此，教师呈现的问题可以是一个科学问题，如为什么在玻璃杯的外沿聚集有水汽，或者为什么糖会消失在水中；也可以是一件令人迷惑的事件，如消失的殖民地或百慕大三角；还可以是戏剧或故事中的一个场景，要求学生构思结果；更可以是一个需要用数学知识解决的问题，一个健康方面的问题，或者是一个需要在运动中解决的情境。

另外，教师提供的题目能引起探究，所强调的是对于一个令人迷惑的情境，学生要能找到合乎逻辑的、合理的答案。对于许多学生来说，特别是那些已经习惯了探究模式的学生来说，最好的、最真实的问题情境就是那些不止一个答案的问题或者没有固定答案的问题。

问题确定后，教师须向学生提供探究过程可供参考的信息单、记录信息的方法，讲明或解释探究过程中容易出错或迷惑性情境的地方、注意事项及遵循原则等。

（二）收集资料 – 确认

第二阶段是学生收集有关要探究问题的相关信息，自己看过的或经历过的都可以。第三阶段是动手实验阶段。尽管这两个阶段在操作程序上分开阐述，但在实际教学活动中它们其实互相交叉，因为学生收集资料、确认信息时的思考和他们提出的问题通常会直接影响他们的实验过程。教师的作用在这两个阶段其实最为重要。教师要承担起引导学生探究、答疑解惑的重要任务，引导学生在实验中少走弯路，帮助学生发现、找到、获得有助于探究的资料、信息；帮助学生明确自己的问题，使其能更清晰地表述自己在实验中的问题等。

在收集资料 – 确认这一阶段，教师的作用主要是引导学生探究而不是替他们拿主意。此阶段学生的问题可能比较多，也比较发散，会涉及较多方面，如探究的对象、条件、性质和相关事件等方面。教师应指导学生将每一个问题都以假设性的方式提出。比如，对探究对象的提问——这种液体是水吗？这把小刀是由钢制成的吗？学生是想要确认探究对象的性质或身份；对探究物体性质方面的提问——铜遇热总是会弯曲吗？学生是想要确认探究对象在特定条件下的反应；对某一事件或现象提问——小刀第二次变弯曲了吗？学生是想要确认事件或现象发生的条件；等等。

如果有的学生的问题不能用"是"或"不是"来回答，那么教师必须要求学生重新提问。比如，学生不能问"什么导致植物向阳"的问题，因为这是在求助教师，希望教师来提供相关信息。也就是说，学生的问题必须明确、具体，教师只能用"是"或"不是"来回答。比如，"什么导致植物向阳"应修改为"是否有魔力使得植物向阳？"在提问阶段，收集的信息必须记在黑板上，或者写在信息单上，由每个学生自己保存。

当学生提出一个似乎是探究答案的理论性问题时，教师可引导学生将该问题作为理论性假设提出，并将其写在黑板的特殊位置。此时，学生收集的所有信息都应与该理论相关，要么能证明其正确，要么能推翻其错误。比如，一旦有学生提出这样一个理论——植物吸收的阳光影响了生长率，教师就可引导学生将问题修改为"植物吸收的阳光是否影响了生长率？"，引导学生将收集的所有信息都集中在接受或否定这个理论上。

如果学生提出的问题似乎已经得到了证明，就应该停止提问，并把结论写在黑板上，由学生决定是接受还是拒绝。如果学生把该理论视为答案，那么就进入探究训练模式的下一个阶段；如果学生没有达成一致，不接受该结论，或对该结论不满意，那么就回到重新收集信息环节，在时间允许的条件下，学生重新开始探究过程。

探究中的实验起两个方面的作用：探索和验证。探索有时可能并不需要一种理论或假设指导，它只是学生不断改变实验的条件以观察事物是否发生变化。当学生想检验一种理论或假设时，验证就发生了。把某个假设用一项实验来验证并非易事，需要我们付出大量的努力。而且，哪怕我们仅仅只是考察一个假设或一种理论，都需要许多的验证和实验，因为几乎没有哪个假设或理论能在仅仅只做一次验证或实验后就可以被推翻。在实际生活中，有可能人们在第一次验证或实验时不能支持这个假设或理论时，就很容易想把它抛掉，但这样做在科学探究实验中是非常错误的。

（三）组织并提出解释

实验结束后，学生着手组织资料并对实验结果做出解释。从收集信息、理解信息到做完实验，从中得出一个清晰的结论并解释，对学生而言，这可以说是完成了一次智力跳跃。在解释的过程中，有的学生可能会感觉他的解释不充分，好像忽略了一些实质性的、重要的细节。此时，教师可让学生从多方面进行解释，慢慢使学生的思路变得清晰，最后形成一个对问题情境的充分解释。在解释的时候，如果学生发现他们的理论有缺陷，那么教师就应建议他们重新返回到上两个阶段，重新收集信息和实验。

一旦学生证实了理论假设或理论性的答案，就让学生对此进行解释并说明如何将理论应用于实践，还要讨论该理论可以应用到其他情况中所要遵循的规则、效果及可以预测的价值。

例如，在植物生长和阳光问题上，教师可以让学生用自己的话阐述规则，这个规则是建立在太阳是导致该问题的因素的理论之上的，如"植物需要阳光才能生长得健康强壮"。然后，学生可以讨论是否所有的植物都需要等量的阳光，还要决定怎样检验该结论。

（四）分析探究过程

最后，教师应让学生交流、分享各自的探究方式，以此让学生确认探究过程中哪些问题最重要、哪些方式方法手段最有效、应注意哪些问题、如何避开干扰等有价值的、能引导学生探究精神养成的东西。最后这一环节亦十分重要，教师不应忽略。它可以使学生更深层次地认识到探究的过程，并系统地将其内化而发展自己的探究能力。当学生逐渐通过探究过程获得信心，就会尝试更多地去探究、发现。

五、探究训练模式的实现条件

探究训练模式可以用在所有年级的所有课程中。虽然在不同课程之中有不同的术语和过程，但是探究训练模式强调通用的方式和方法以及综合的跨学科的探究方法。应用此探究方法可以帮助学生把探究过程当作个人的内在能力，可以运用到生活当中去解决问题。对因为困惑而进行探究的思考，可以帮助学生把探究学习应用到学校之外的学习和生活之中，利用在低年级学习的相同的过程技能可以帮助学生在高年级学习时更加熟悉探究活动。

探究训练教学模式不仅有利于学生较深入地达到对知识技能的理解与掌握的目标，还有利于学生创新思维与创新能力的形成与发展。在此过程中，能否取得成就的关键是学生在学习过程中的主体地位是否能得到比较充分的体现，同时还需要有教师的引导、帮助与支持。换句话说，探究训练教学模式的成功实施涉及两个方面：既要充分体现学生在学习过程中的主体地位，又要重视发挥教师在教学过程中的主导作用。离开其中的任何一方，探究训练都不可能有良好效果。可见，"主导－主体相结合"是这种教学模式的基本特征。

一方面，探究是学生的探究，不能由教师安排好途径和方法，牵着学生顺路直达终点。对于要掌握的概念和原理，更不能为完成教学任务把答案直接告诉学生，让他们被动地接受。探究活动中，学生要独立思考，自己做出决定或选择，在探究各阶段都要充分发挥学生的主动性、能动性和独立性。另一方面，突出学生的主体性并非忽视教师的作用。学生探究活动过程所涉及的观察、思考、推理、猜想、实验等活动是他们不能独立完成的，学生也可能会在好奇心驱使下从事自发、盲目、低效或无效的探究活动，这时就需要教师在关键时刻给予必要的提示。教师的作用不是过去的那种直接传递式，而是间接启发式，即启发学生思考，以促进学生从探究学习的一个阶段过渡到另一个阶段。

在探究活动中，教师不仅要有正确的学生观、教师观、教学观等新的教育观念，还应注意以下两方面：第一，教师在平时的教学中必须注意加强对学生进行基本探究活动的训练，将其渗透到教学中，使学生初步习得科学方法，逐渐养成独立探究的习惯，提高基本科学素养。第二，教师要为学生创造探究活动的环境。教师应通过适时的提问引导，对课程资源进行再挖掘、再设计，让学生充分利用课程资源，给学生充分探究的权力和机会，以及充足的探究时间和空间。学生可探究的问题很多，他们可对知识产生发展的过程进行探究，可在新旧知识的联结点上探究，也可在质疑问难处探究、在解决实践问题上探究，还可在事物的求新、求异、求变上探究。教师应把握时机，适时给予激励、启发和诱导，从学生身心发展出发给予科学的学习方法指导，为探究活动做铺垫。

六、探究训练模式的教学案例

案例 1（语文）：基于自主学习的高中语文探究式教学研究 [①]

在新课改形势下，以学生为主体的合作探究模式在高中语文教学中得到了广泛应用。在高中语文教学中应用合作探究教学模式，教师可借助问题、活动等多种方式组织学生学习，从而摒弃传统的、单纯的接受式学习方式。基于自主学习的探究式教学模式操作步骤如下：

（1）明确任务，提前自学。无自学不探究，实施基于自主学习的探究式教学，自主学习是前提。在语文教学实践中，教师要结合教学实际制定相应的学习目标，设计好课前任务，并以导学案的方式引导学生完成。一般而言，自学任务主要包括自学生字词、熟悉作者简介、了解作品创作背景、精读作品并尝试对其内容进行归纳（若是古诗词等文言作品则要引导学生对其进行翻译）、概括主题、分析写作方法。

---

① 刘长军：《基于自主学习的高中语文探究式教学研究》，《语文教学通讯》，2018 年第 12 期。

以教学史铁生的《我与地坛（节选）》为例，课前布置任务如下：了解作者及作品的创作背景；借助工具书查阅生字词，读通读顺作品；尝试用自己的话概括小说的基本内容。然后由教师提供导学案，让学生自学。课堂中，当教师问及史铁生的相关问题时，学生都能积极回答，师生互动效果较好。

（2）创设情境，导入新课。开始探究前，教师应结合本堂课的内容设计情境，以情境激发学生的学习兴趣，同时让学生从课前休息状态转入课中交流状态。在高中语文教学中，情境的创设要紧扣教学内容，要充分考虑学生的生活实际引入生活素材，且方式不能单一，要灵活多变。

以教学《林黛玉进贾府》为例，教师可结合影视资料，以猜人物（先播放视频，然后呈现相关文字，而后引导学生猜人物）的游戏导入，接着以问题"林黛玉为何要离开父亲进京，前往贾府？"引入阅读。在教学时，若班级学生大多都读过《红楼梦》，则可用"我眼中的林黛玉""我眼中的王熙凤"等对话方式进行导入，当学生对人物进行评价后，以"为什么"的追问引入阅读交流活动。教师的导入要丰富多彩，要能充分调动学生的积极性，这样才能为合作探究奠定基础。

（3）提出问题，合作交流。问题探究是实施自主学习的探究式教学的核心。在高中语文教学中，并不是所有的问题都需要学生在课堂上讨论，语文课堂中交流和讨论的只是教学重点和难点。所以，教师要以合作交流的方式丰富学生的体验，让学生更好地掌握重点，同时要通过交流和讨论帮助学生突破难点，从而更好地构建知识。

以《祝福》课堂教学中的问题设计为例，教师先以"文章是以什么为主体安排结构的"引导学生初读，并根据"祥林嫂的悲惨遭遇"来梳理文章结构，再以"小说是以倒叙的方式安排的，你认为这样安排的好处是什么？为什么？"的问题让学生结合小说分析倒叙的作用。在探究鲁四老爷的形象时，教师可问"鲁四老爷是怎样一个人？作者是怎样揭示他的性格的？"等问题，这种教学的课堂问题少而精，但教学目标十分明确，可让学生通过问题探究更好地构建知识。

（4）教师总结，点拨指导。在高中语文教学中实施合作探究教学时，很多教师忘记了自己的责任，单纯地把课堂抛给学生，没有充分发挥教师在课堂中的组织和主导作用。这样做当然是错误的。首先，就组织作用而言，无论是课前设计课堂导入情境，还是在课堂中提出问题，都是教师不可推卸的职责。其次，就主导作用而言，一是引导，二是指导。在课堂教学中，教师的指导不是单纯地在学生不理解或产生疑惑时直讲，而是针对学生的交流情况给予相应的补充、点拨和讲解。

以《祝福》中对祥林嫂悲剧原因的探究为例，作者所要揭露的是封建礼教吃人的本质，大多数学生对封建礼教并不熟悉，那么在讲解时，教师就要结合祥林嫂改嫁、捐门槛等事件进行相应的补充。这里的"讲"实质上是精讲，即在学生交流后进行相应的补充。教师在教学中一定要明确自己的责任和作用，要充当活动的参与者，和学生进行互动；要充当活动的指导者，对学生进行指导。

（5）当堂检测，巩固提升。以合作探究的方式组织学生活动后，教师还要结合教学内容设计相应的课堂练习，以多样化的练习帮助学生巩固知识。在以往的高中语文教学中，教师多将课堂时间用于讲解，课堂上一般不会给学生留练习时间，认为只要让学生课后完成练习即可。其实不然，根据遗忘的规律，及时练习更有利于学生理解和掌握知识，为此教师在课堂上应结合教学内容设计相应的练习。

课堂练习的设计要紧扣教学内容，形式要多样。比如，对古汉语中基本实词、虚词含义的理解，可采用小组内问答的方式，也可提前设计竞赛题，组织小组竞赛。无论采用哪种形式，关键是要让学生乐于参与，且要利于知识的巩固，这样才能收到预期效果。

案例2（数学）："平行四边形性质与判定复习"的课堂设计与思考[①]

【教学内容与内容解析】

平行四边形知识是初中数学几何部分的重要内容，它是在学生学习了命题与证明、全等三角形知识的基础上进行学习的。平行四边形的性质定理、判定定理所阐述的边、角、对角线的关系以及平行四边形性质、判定的探究模式从内容和方法上为研究特殊的平行四边形奠定了基础。所以，平行四边形在教学内容上起着承上启下的作用。本案例是在学生学习完平行四边形性质和判定基础上的延续，通过系列的动态问题，有机地将平行四边形的性质和判定融合在一起。同时，本案例内容还是学生运用化归思想感受动态数学问题的良好素材，培养了学生的创新思维和探索精神。在实施教学过程中，笔者以问题串的形式展开，取得了良好的教学效果。

【教学目标设定和教学方法的思考】

平行四边形的中心对称性是它最本质的图形特征，让学生在实践过程中充分体会到平行四边形的"中心对称"这一图形特性，也就抓住了"不变性"的本质。所以，可借助一条直线的转动，通过寻找直线在转动变化中的有关图形不变性，认识平行四边形的性质与判定。让学生在"直观感知、操作确认、说理论证"的过程中，发展观察能力、逻辑推理能力、数学表达能力，体会到数学的转化思想，感受到动态问题的一种解题策略——"用静态方法研究动态问题"，培养学生良好的个性思维品质。

为了更有效地达到设定的教学目标，提高课堂效率，采用价值引导与自主建构相结合，独立学习与交流合作相结合，以观察、实践、发现为主，多媒体演示为辅的教学组织方式。在教学过程中，通过设置问题串的形式，启发学生思考，利用计算机和几何画板软件，结合动态操作，让学生亲身体验知识的内在联系和数学本质。

【教学过程设计与意图】

（1）情景导入，引出课题。一对双胞胎女孩过生日，妈妈买了一块平行四边形形状的生日蛋糕，妈妈想：怎样才能将蛋糕从上面切下，一刀分成两块，使双胞胎女儿得到

---

① 陈赟：《基于对"平行四边形性质与判定复习"的课堂设计与思考》，《（初中版）中学数学》，2012年第4期。

一样多的蛋糕呢?

设计意图:从生活中的实例出发,使学生感受数学与日常生活的密切联系,体会到数学来自生活又服务于生活,并为之建立数学模型,引出课题。

(2)课前热身,自主探索。

问题1:你能用一条直线把平行四边形的面积分成相等的两部分吗?还能想出其他的方法吗?为什么?

学生动手画图,并让学生主动到黑板上在已画的平行四边形中画出不同的直线。

预测结果:对角线所在直线;对边中点的连线;经过对角线交点的任一直线。

教师引导学生观察:这些直线有何共同点?学生通过观察发现直线都经过对角线交点。在问答中得出平行四边形是中心对称图形,对角线的交点正是它的对称中心。

设计意图:通过对"分蛋糕"这个实际问题建立数学模型,并通过对问题的解决得出来一条直线——通过图形对称中心的直线,并再认识了平行四边形是中心对称图形,为下面问题的解决埋下了伏笔。这条直线的转动是本节课的一个主要载体。

(3)课堂探究,合作讨论。

探究一:直线 l(通过平行四边形 $ABCD$ 对角线交点 O)绕着点 O 转动,在转动变化中与各边及各边的延长线相交。

问题2:如下图,直线 l 与边 AD、BC 分别交于 E、F 点,得到的新的线段中,有哪些线段相等?为什么?

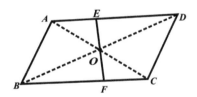

预测结果:$OE=OF$,$AE=CF$,$DE=BF$。

理由:全等三角形、中心对称的性质。

问题3:如下图,当直线 l 与线段 AD、BC 的延长线分别交于 E、F 点时,上述的结论还成立吗?

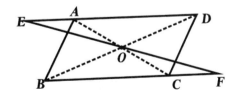

预测结果:与上一问题相同。

问题4:如果直线 l 与直线 AB、CD 相交于 M、N 点呢?

请你在备用图中画出图形,并进行探究,你发现了什么?

预测结果:学生正确画出图形,并发现直线 l 转动变动中的一些不变关系(线段相等）。

教师提出问题，学生观察、猜想、验证，在自主探索后相互合作与交流，寻找方法，得出结论。最后，教师通过几何画板演示各种情况，直观反映图形间的关系。

教师提问：在变化中寻找不变性（平行四边形的性质）的过程中，我们能提炼出哪些平行四边形的性质？体会到哪些数学方法与数学活动的经验？

学生分别从边、角、对角线三个方面展开思考与回答，教师同时板书平行四边形的性质，并通过教师的引导，让学生体会到在这些问题中体现出的解决问题的两个策略：化归的思想方法（线段相等→全等三角形）；用静态的方法研究动态的问题。

设计意图：让学生经历探究的过程（观察猜想、动手操作、归纳总结），充分参与数学学习的过程，感受用化归的数学思想和静态方法研究动态问题的解题策略，同时对平行四边形的性质进行一次再认知和归纳的过程。

探究二：对探究一中得到的一些交点，与平行四边形的顶点作连接。

问题5：如下图，连接 BE、DF，BE 与 DF 有什么数量和位置关系？四边形 $BFDE$ 是平行四边形吗？为什么？

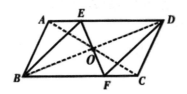

预测结果：$BE=DF$ 且 $BE /\!/ DF$，四边形 $BFDE$ 是平行四边形；证明四边形 $BFDE$ 是平行四边形的方法可能用到了各种判定方法（一组对边平行且相等；两组对边分别相等；两组对边分别平行；对角线互相平分）。

让不同方法的学生板演，提示学生进行比较，你认为最佳的方法是什么？

问题6：通过直线 l 的转动，在上述的其他图形中（探究一中得到的图形），动手画一画，是否还有同样的发现？

可能的结果会有很多，让学生在实物投影中进行展示，简要说明理由。

最后，教师通过几何画板演示：把直线 l 绕点 O 进行转动，连接有关线段，展示得到的各种形态的平行四边形，变化出几何图形的无限精彩。

教师提问：平行四边形图形的特性决定了以上变化中存在的不变性（平行四边形的判定方法），我们能归纳出平行四边形的哪些判定方法？在判定方法的选择上我们又有什么新的思考？

学生分别从边、角、对角线三个方面展开思考与回答，教师同时板书平行四边形判定方法（与性质放在一起，让学生有比较）。并引导学生比较问题5中使用不同方法的学生板演，使学生认识到解决问题的又一个策略：最佳方案的选择。

设计意图：让学生进一步经历探究的过程，进一步加强合作的意识，从探究合作过程中获得解决问题的经验，体验成功的喜悦，培养良好的个性思维品质。本环节从内容上是对平行四边形的判定方法的再认知和归纳,体会平行四边形的本质特性是中心对称图形,学生进一步体会动态问题的静态解决策略和最佳方案的选择思想。

（4）拓广探索,综合应用。

小试牛刀:如下图,在四边形 $ABCD$ 中,AC、BD 交于点 O,点 E、F 分别从点 A、C 沿 OA、OC 延长线运动至点 E、F,使 $AE=CF$,求证:四边形 $EBFD$ 是平行四边形。

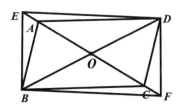

学生练习并板书解答过程,教师要顺势引导学生解答过程中所涉及的不同平行四边形的性质与判定,引导学生一题多解,由学生评价出最佳的证明方法,并强调书写格式的规范性。

设计意图:本题有机地将平行四边形的性质和判定融合在一起,理解和掌握平行四边形的性质及判定定理,并能熟练运用。一道题中采用不同的证明思路,会使用到平行四边形的不同性质和不同的判定方法。通过一题多解,培养学生从不同角度思考问题的能力,同时训练学生的表达能力,使学生能清晰、有条理地表达自己的思考过程,做到言之有理,落笔有据。

（5）课堂小结和作业布置。（略）

【教学设计说明和反思】

《义务教育数学课程标准（2011年版）》指出,数学教学活动必须建立在学生的认知发展水平和已有的知识经验基础之上。教师应激发学生的学习积极性,向学生提供充分从事数学活动的机会,帮助他们在自主探索和合作交流的过程中真正理解和掌握基本的数学知识与技能、数学思想和方法,获得广泛的数学活动经验。学生是数学学习的主人,教师是数学学习的组织者、引导者与合作者。

本节课堂设计正是遵循《义务教育数学课程标准（2011年版）》的上述精神。反思过去的复习课教学,我们更多的是以教师为主体的讲解式,很少调动学生情绪,不利于学生学习兴趣的激发和求知欲望的发生与发展,也不利于开展探索性学习所需创设的环境氛围,更不利于不同层次水平的学生有效地提高学习效率。知识的真正获得不是靠知者的"告诉",而是在于学习者的亲身体验所得。本节复习课设计以变化中寻找不变性为主线,通过一条直线的转动,变出几何图形的无限精彩,由浅入深,层层递进,引导学生积极参与操作、思考、讨论、论证过程,一改学生因复习课没有新授课时的新鲜感而缺乏主动性的缺点,确保了复习课的有效性和高效性。在整个数学活动过程中,教师可通过学生参与数学活动的程度、自信心、合作交流的意识,以及回答问题的积极性,及时调控教学进程。

本节课堂设计特别注重学生对数学活动的体验，注重数学思想方法的渗透，以培养学生良好的个性思维品质。通过对数学基本技能的训练加强学生的数学表达能力和逻辑推理能力；通过经历观察、探究、表述、证明、归纳的过程培养学生的思维创新能力和合作交流能力；通过变式训练寻找知识共性和解题通法，培养学生发散与收敛的思维能力。

案例3（数学）：椭圆的定义[①]

【教学目标】

经历椭圆定义的探索过程，掌握椭圆的定义。通过假设、验证、分析探究的实践提高分析问题和解决问题的能力。

【教学重点】

椭圆的定义。

【教学难点】

椭圆定义的探求。

【教学方法】

假设、检验、探究。

【教学过程】

（1）创设情景。

教师引导：今天，我们将要学习椭圆的相关内容。同学们先思考一下在日常生活中，哪些物体、现象给了我们椭圆的影像？

学生：鸡蛋、橄榄球的纵截面、卫星的轨道等。

教师引导：那么我们该如何对椭圆做出定义呢？

部分学生：平面内，到两定点的距离之和是常数的点的轨迹。

教师引导：好！有同学对新内容做了预习，这样的学习习惯是很好的。但同学们有没有思考过这个定义是如何得到的呢？

（2）寻求本质特征。

部分学生：椭圆很像一个"压扁的"圆！

教师引导：那么，把圆压扁时发生什么变化？

部分学生：压扁圆的时候，好像中部的点向两边移动，猜测正中的一条直线"分成了"两条线段。故类比圆的定义（平面内，到定点的距离是常数的点的轨迹），做出对椭圆定义的猜测——平面内，到两定点的距离之和是常数的点的轨迹。

教师引导：我们刚才对椭圆的定义做出了一种"合理的"猜测，能不能就认为这种猜测就是正确的呢？

学生：不能！

教师引导：对！做出猜测后，还应该对所做的猜测进行检验和分析。下面，我们用

① 李振雷：《椭圆定义教学实践与思考》，《数学通报》，2011年第3期。

几何画板这一作图工具来进行检验。

教师引导：通过几何画板的动画演示发现，按我们猜测的"平面内，到两定点的距离之和是常数的点的轨迹"结论的思路设计的程序作出的图像的确是椭圆的形状，从而说明我们的假设是正确的。

（3）解释概念框架。

教师引导：虽然我们做出的假设经过检验是正确的，但要提醒大家的是，在真正的压缩过程中，正中的那条半径并不会分成两条，也就是说，我们的分析在理论上站不住脚。对于椭圆的定义的获得，我们还要另寻他法。大家想想，日常生活中大家还在什么地方见过椭圆？

部分学生：影子，放在地面上的球的影子！

教师引导：好，这个生活中的实例给了大家什么样的启发呢？自然现象引发我们思考……为什么只有苹果落在牛顿的头上，才"砸出"了万有引力定理呢？

对于"球的影子是椭圆"同样要求我们会观察、会思考才能看出其内在的联系！

关键点是光线和地面与圆都是什么关系？（相切）

如图，我们设想光线射入地面，在地面下方可以再放一个同样大小的球。

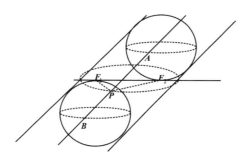

因为光线和地面与圆都是相切的关系，所以可以由切线的性质知

$|PA|=|PF_2|,|PB|=|PF_1|$

故

$|PF_1|+|PF_2|=|PA|+|PB|=AB$（常数）

（4）精致、拓展和验证。

教师引导：通过以上分析，我们发现椭圆可定义为"平面内，到两定点的距离之和是常数的点的轨迹"。这一定义需要做一些恰当的补充吗？

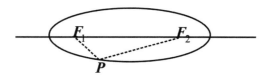

部分学生：由图知，

$|PF_1|+|PF_2|=$ 常数 $>|F_1F_2|$（两边之和大于第三边）。

教师引导：$|PF_1|+|PF_2|=$ 常数 $=|F_1F_2|$ 时，动点 P 的轨迹是什么呢？

教师引导：$|PF_1| + |PF_2| =$ 常数 $< |F_1F_2|$ 时，动点 P 的轨迹又是什么呢？

部分学生：不存在。

教师引导：最终我们该怎样准确地给出椭圆的定义呢？

学生：平面内，到两定点的距离之和是常数且大于两定点的距离的点的轨迹。

【教学设计】

椭圆的定义教材是直接给出的处理方式，案例遵循了概念教学的探究模式。

在这一过程中，教师先设计了问题情景，让学生在脑海中回想椭圆的例子，借助熟悉的圆的定义，假设猜想椭圆的定义，再进行验证。然后，对椭圆的定义作出了解释，此时发现猜测的不合理性后，又再次回到日常生活中椭圆的例子，对日常生活中椭圆的例子进行分析探究后得到了对椭圆定义的初步认识。最后，对椭圆的定义进行细致的分析。在案例中，学生经历了知识产生的探索过程，引导学生"再创造"出椭圆的定义，使学生真正成为知识的探索者和发现者，充分发挥了学生学习的主体性。

【教学反思】

给学生讲的知识应该尽量少些，而引导他们去发现的知识应该尽量多些。在椭圆定义课的教学活动中引导学生探索分析，"再创造"出椭圆的定义，使学生形成对科学知识理论的正确看法，而不是把科学知识理论神圣化、教条化……

案例 4（英语）：探究模式在报刊阅读选修课教学中的应用[①]

英语阅读教学的根本任务不是向学生传授语言知识（特别是阅读选修），而是帮助学生实现从知识学习到能力运用的转化，培养学生广泛涉猎信息、正确处理信息的能力。因此，在阅读选修课上，教师不应把大量时间花在语言知识的讲解和翻译上，而应引领学生读懂文本、探究文本，从而感悟文本，提升思辨能力。

（1）从跨文化思维角度进行探究。跨文化思维是指学生在阅读英语报刊选修材料时，不忽视语言材料所承载的地域文化特点，从不同的文化视角审视、思考，从而得出切合不同文化背景和相对合理的结论。以选用教育报刊中 " Bill Gates pledges to leave his \$58 billion fortune to charity rather than his children"（《比尔·盖茨许诺捐 580 亿美元给慈善机构，而不留给子女》）为例，教师从跨文化思维角度对报刊阅读材料进行探究。

这是一篇关于比尔·盖茨捐钱给慈善机构的新闻报道，讲述他创业获得了财富，并将财富回馈给社会的过程，对学生的人生价值观有积极的启示作用。

第一步：创设情境，以导促学。

Present some pictures of Rich 2G（富二代）in China，and ask the students why they

---

① 王文萍：《探究模式在英语报刊阅读选修课教学中的实践探索》，《英语教师》2016 年第 16 期。

are so rich.

Ask the students to read the title and predict the contents of the article.

设计意图：教师与学生分享一些背景知识，使学生对这个话题产生兴趣，为学生宏观感知阅读材料创造有利条件。

第二步：提出问题，引导探究。

要求学生仔细阅读全文，在教师的指导下分析下列问题并得出答案。

Q：What does Bill Gates' attitude toward money？

Q：What impact does Bill Gates think wealth do on the development of a child？

第三步：交流评价，纵向激励。

要求学生再次阅读文章，并填写表3-2。

表3-2 中西方对捐赠和教育的认识差异

	Western people	Chinese
Attitudes toward donation		
Attitudes toward educating children		

以四人一组把学生分为若干小组并进行小组讨论，派代表阐述讨论的结果。

设计说明：由教师循序渐进地引出问题，引导学生通过小组讨论的方式自主分析问题，使学生独立思考并探究不同文化背景下人们对金钱的态度和对子女教育问题的差异，培养学生用跨文化思维来进行思考的能力，以达到合作探究、解决问题的目的。

（2）以批判性思维进行探究。批判性思维是指以逻辑方法为基础，提出不同于人们日常思维实际和心理倾向的思维意识，并发展出一系列从质疑的视角审视问题的思维技能。

例如，在指导学生阅读"Chinese style road crossing"这篇文章时，考虑到学生对于"中国式过马路"这种现象很熟悉，并且亲身经历过，教师可以引出这样一个问题：Why do so many people run the red light in China？

学生通过生活中的所见所感，自主探究做出推论。

接下来，学生阅读文章，验证之前的推论是否正确、全面。

最后，由教师组织引导学生进行一个关于"Who is to blame for the Chinese style road crossing？"的辩论：一方代表行人，列出行人闯红灯的原因；另一方代表批评者，列出行人闯红灯的主观因素。然后，结合文章中讲述的内容，列出表3-3，让学生自主探究解决问题的办法。

表3-3   "中国式过马路"的原因与解决措施

	Chinese style road crossing	measures
Subjective clause		
Objective clause		

设计说明：通过辩论、总结，引导学生用批判性思维探究问题产生的原因及解决办法，使学生了解"中国式过马路"不能简单归咎于行人的错，还要究其背后不容忽视的社会深层原因，让学生看到一个问题的表层和深层原因，培养学生的多元思维能力。

（3）从创造性思维角度进行探究。创造性思维是指学生在进行报刊阅读选修的探究学习过程中思维活动新奇求变，敢于提出自己独特的见解，表现为创造性地提出问题和创造性地解决问题。

比如，在阅读"Willing to start"这篇文章时，教师可以引导学生先讨论文章的体裁。学生通过自主探究，通览全文，不难看出这是一篇夹叙夹议的文章。文章介绍了网球选手Lindsay Davenport 在职业生涯中所取得的成就以及在这个过程中的收获，指出这篇文章的主题思想如下：我们要勇敢地迈出第一步，开始的勇气比最终取得成就更重要。

文章的最后是一段富有哲理的话："Life isn't a rehearsal. I can't think of any skill more critical to the active pursuit of a healthy life than the willingness to start. Keep it in mind that whether we'll end up being the best or the worst, we should be willing to start."（人生不是一次彩排，有勇气的开始比对健康生活的积极追求更重要。无论前方是鲜花满地，还是万丈深渊，我们都要义无反顾地踏上征程。）

第一步，教师可以根据这段文字，参照 Lindsay Davenport 的故事进行提问。

Q：Have you ever afraid of failure when you decide to start doing something？

第二步，结合学生的生活经历和亲身体验，写一篇关于自己的"Willing to start"的文章。

设计说明：写作本身是需要创造性思维的，在教师的引导下，通过迁移式思考，激发学生结合亲身经历思考与所学内容相似的问题，多角度地进行创造性想象和联想，并进行有效的语言输出，达到"百花齐放"的效果。

案例 5（物理）：机械效率 机械功原理[①]

【教材分析】

本节课的主要知识点是机械效率和机械功的原理，通过本节实验课的学习来达到以下两个目的：向学生介绍日常生活中常见的许多增大机械效率的实例，使学生意识到要将机械效率的学习与人们的生产以及生活相联系，从而了解各种机械效率及其存在的意义，因此学习机械效率就要先明白功的原理；要求学生能够认识一些简单的机械并能判

---

① 明樟树：《初中物理合作探究教学模式的研究》，硕士学位论文，赣南师范大学，2017，第24-28页。

断出使用哪些机械可以达到省力的作用，同时要求学生很好地运用功的原理真正解决一些生活实践问题。

【教学目标】

（1）知识与技能：知道功的原理；理解有用功和总功。

（2）过程与方法：经历实验探究机械功原理的过程，尝试由几种机械做功特点总结出一般规律，体会物理学研究的科学方法；能认识研究机械做功效率的重要意义，并能通过合作交流等学习方式设计出研究影响机械效率的探究方案。

（3）情感态度与价值观：使学生认识一些简单机械的使用过程，更能很好地体会人与机械之间的相互关系；加强学生在机械进步以及未来发展形势方面的关注，使学生提高自身的可持续发展意识。

【教学重、难点】

重点：机械功原理。

难点：机械功原理；三个功的定义。

【教学方法】

合作探究教学。

【教具准备】

器材：铁架台、杠杆、滑轮、滑轮组、轮轴、料面、刻度尺、小车、细线、弹簧秤、钩码等。

【课时安排】

两课时。

【教学过程】

老师问：现在我面前的桌面上放置着一个重物，我用手将该重物向上移动到某一高处，那么，请同学们想一想我的手是否对该重物做了功？（做演示）

学生：做了功。

老师问：若不直接用手，怎样把物体移到高处呢？

袁倩雯答：可用杠杆。

刘宽容答：可用定滑轮。

叶青答：可用动滑轮。

王泽宇答：可用轮轴。

老师问：很好，大家都很积极踊跃，给出了好多方法来使重物提至高处，那么使用上面大家所想出的这些简单机械可以起到哪些作用呢？

郑旭答：可以省力。

夏路答：也可以省距离。

老师问：通过使用一些简单机械可以将物体提至一定的高处，此时，人在这些简单机械上所施的力是什么力？

学生齐答：动力。

老师追问：动力对机械有没有做功？机械对物体有没有做功？

学生齐答：做了。

猜想一下：下面请同学们想一想，如果我们使用一些简单机械是否能达到省功的目的？你的依据是什么？（学生讨论）

季远答：不能，因为要克服阻力做功。

刘剑答：不能，原因是省力则会费距离，省距离则会费力。

老师问：如何设计实验来验证你们的猜想？（可小组讨论）

板书1：使用一些简单机械是否能达到省功的目的？

交流：讨论结束后，请每一个小组各指派一代表来表述下你们组交流的结果。（你们准备利用什么简单机械来做实验？测量哪些数据？怎样测量？实验时需要注意什么？）

许颖慧：我们打算使用定滑轮来做实验，需要测量的数据有钩码上升的高度（H）、钩码的重量（G）、绳子的尾端所移动距离（S）以及拉力的大小（F）。

袁国强：我们组将利用动滑轮来做实验，需要测量的数据同上。

老师演示：下面我要利用动滑轮来完成实验并向学生们演示怎样来测量上述几个数据。①本实验需要用到哪两个测量工具？——弹簧测力计、刻度尺。使用弹簧测力计时需要首先观察什么？——使用前观察指针是不是指在零点上、所能测量的最大范围以及最小刻度值。②首先使用弹簧测力计测一测物体的重量 G，接着组装好动滑轮，在保持匀速竖直向上拉动钩码时测量拉力的大小 F，同时要注意，选择好参考面后，才能准确地测量到 S 和 H 的数值。

分组实验：夏路组选择利用杠杆来完成实验，袁国强组选择用"一定滑轮＋一动滑轮"形式构成的滑轮组来完成实验，许颖慧和郝飞组选择利用定滑轮做实验，其余的组都是使用动滑轮来做实验。分组后，各小组按照本组的实验设计方案领取所需器材，并动手实验。然后，各小组派一名代表上黑板填写数据（表3-4）。

表3-4　实验数据记录表

选用的机械		钩码重 G/N	弹簧测力计示数 F/N	钩码提升高度 H/m	绳子自由端移动的距离 S/m	动力对机械做功 W/J	机械对重物做功 W/J	提供数据小组
杠杆								
定滑轮								
动滑轮	重							
	轻							
混轮组（一定一动）								

老师问：现在请大家分析一下黑板上的这些实验数据，比较动力对机械做的功与机械对物体做功的大小，回答"使用一些简单机械是否能够达到省功的目的？"这个问题。

老师总结：经过小组讨论，同学们都有了统一的认识——使用简单机械不能省功，实验也证明同学们的猜想是正确的。

板书2：机械功原理。

内容：利用任何机械做功时，动力对机械所做的功的大小等于机械克服一切阻力所做的功的大小，因此可以说使用任何机械都不能做到省功。

同学讨论：当使用一简单机械将重物拉至一高处时，拉力对简单机械做的功是有用的吗？需要克服哪些阻力做功？做的功是否有价值？

景祥答：通过拉力将重物拉至高处所做的功是有用的，而克服机械自身的重量以及摩擦所做的功则是没有任何价值的。

板书3：机械的有用功和总功。

内容：有用功是有利用价值的功；额外功是没有任何价值而又不得已必须要做的功；总功是动力对机械做的功。

老师问：在你们刚才的实验中有用功和总功各是多少？做了多少额外功？你是怎样计算出来的？

陈翔答：实验中，我们组测得有用功为0.2 J，总功为0.24 J，额外功为0.04 J。

老师问：$W_{有用}$和$W_{总}$的关系怎样？为什么？

徐平月：$W_{总}>W_{有用}$，理由是要克服机械自身的重量以及摩擦所做的功。

老师总结：同学们回答得很好。下面我们一起来总结本节课主要探究了哪些问题：

（1）使用简单机械不能省功。

（2）机械功原理：利用任何机械做功时，动力对机械所做的功的大小等于机械克服一切阻力所做的功的大小，因此可以说使用任何机械都不能做到省功。

（3）机械的有用功和总功。

案例6（物理）：研究滑动摩擦力大小与哪些因素有关[①]

【教材分析】

该节课主要是介绍我们日常生活过程中常见的各种各样的摩擦现象，尝试通过物理实验教学来不断培养同学们的探究问题和分析问题的能力，同时对后面一章"二力平衡"的学习也能起到一定的预习作用。

【教学目标】

（1）知识与技能：知道滑动摩擦力的大小与接触面积的粗糙程度、接触面之间压力的大小关系；在日常生活中，要懂得并利用物理知识来改变摩擦的大小。

（2）过程与方法：经历探究滑动摩擦力与接触面的粗糙程度、接触面之间压力的大

① 明樟树：《初中物理合作探究教学模式的研究》，硕士学位论文，赣南师范大学，2017，第28-30页。

小关系的过程，体会怎样进行科学猜想，并使学生尝试运用控制变量法等科学方法研究问题。

（3）情感态度与价值观：通过探究，学生能体验合作探究的乐趣，培养实事求是的科学态度和科学精神。经历小组成员之间的讨论，利用学生不同的最近发展区，实现小组成员之间的相互学习、相互提高。

【教学重难点】

重点：通过实验探索有哪些因素可以影响物体滑动摩擦力的大小。

难点：判断滑动摩擦力的方向。

【教学方法】

合作探究教学。

【教具准备】

教师准备：篮子、石头、筷子、木板、毛巾。

学生准备（以组为单位）：毛巾、布、弹簧测力计、带钩的小木块、钩码、乒乓球（10个）、木板（实验室准备）、容器（2个）。

【课时安排】

一课时。

【教学过程】

学生活动：

（1）用筷子夹乒乓球比赛。时间为一分钟；规则为夹多者胜。

（2）一个装满石头的篮子被放置在铺有毛巾的地板上，如果我要拉动篮子，都有什么方法能够减小篮子受到的滑动摩擦力呢？比一比，看哪个组提供的方法多！

（3）让一学生直接用手去拔一木块上的钉子，钉子却丝毫拔不出来。

老师问：通过以上活动，同学们认为滑动摩擦力的大小与哪些因素有关？（小组讨论）

许颖慧：通过上述活动，我认为物体滑动摩擦力的大小与物体所受压力大小、物体运动时速度的大小有关。

袁国强：除了上面因素外，我认为物体滑动摩擦力的大小还与物体接触面的粗糙程度、接触面积的大小有一定关系。

老师问：如何设计实验来验证你们以上的猜想正确呢？（可小组讨论）讨论结束后，请每一个小组各指派一代表来表述下你们组交流的结果。（你们准备如何设计实验？实验时需要注意什么？）

刘剑：（第一组）我们通过改变木块上砝码（相同砝码）的个数（0个，1个，2个）在桌面上以相同的速度和方向使木块做匀速直线运动，观察不同条件下用弹簧测力计所读到的数值，目的是探讨物体滑动摩擦力的大小是与压力的大小相关的。

景祥：（第二组）我们组设计将一木块依次先后放置在如下三种接触面上：玻璃面；

毛巾面；木板面，然后在各接触面上以相同的速度和方向使木块做匀速直线运动，观察不同接触面下用弹簧测力计所读到的数值，目的是探究物体滑动摩擦力的大小与接触面粗糙程度存在关系。

徐平月：（第三组）我们组设计用沿相同方向、不一样的速度拉动一木块做匀速直线运动，观察不一样的速度下用弹簧测力计读到的数值，目的是探究物体滑动摩擦力的大小与物体接触面积的大小存在关系。

老师：大家回答得非常好。接下来请各小组依据刚才自己设计的实验方案来进行实验，以证实上述结果。然后，各小组派一名代表在黑板上填写数据（表3-5）：

表3-5 实验数据记录表

控制因素	改变因素	改变方法	测力计示数 （即摩擦力大小）	结 论
粗糙程度、接触面积、速度	压力	一个木块		
		木块加砝码		
压力、速度、接触面积	粗糙程度	木板表面		
		玻璃面		
		毛巾面		
压力、接触面积、粗糙程度	速度	缓慢匀速		
		较快匀速		
压力、速度、粗糙程度	接触面积	平放木板		
		侧放木板		

老师问：请大家分析一下黑板上的这些实验数据，想一想，影响物体滑动摩擦力的大小的因素到底有哪些？

老师总结：经过小组讨论，同学们都有了统一的认识——滑动摩擦力的大小与压力大小、接触面的粗糙程度、物体运动的速度快慢、接触面积的大小有关。实验同时也证明同学们先前的猜想是正确的。

迁移练习 1：如下图所示，弹簧测力计拉着物体在水平面上匀速向右运动，该物体受到的摩擦力为 _____，方向是 _____，当测力计的示数增大到 4 N 时，该物体受到的摩擦力为 _____。

陈翔答：2 N，方向向左；4 N。

迁移练习 2：我们在家洗澡时，常常会担心由于地面有水滑倒，以下不是防止地面有水使人滑倒的方法是（　　）。

A. 穿上平底光滑的塑料拖鞋　　C. 人沐浴时穿的拖鞋鞋底有凹凸不平的花纹

B. 在脚底下放一条毛巾　　　　D. 浴室地面铺上带有凹凸不平的花纹的地砖

夏路答：A，平底光滑的塑料拖鞋越光滑摩擦力越小，越容易使人打滑跌倒。

老师总结：本节课共同探究得到滑动摩擦力的大小与压力大小、接触面的粗糙程度、物体运动的速度快慢、接触面积的大小有关。

案例 7（化学）：铝金属材料（第一课时）①

以"铝金属材料"为例，这是鲁科版必修一第四章的第二节内容。首先，从教材位置来看，通过前面的学习，学生已经掌握了钠、镁、铁等金属单质的性质，对金属的性质已经有了一个大致的了解，因此在设计学案时的一个必要环节就是引导学生回忆已有的金属单质的性质，从而自主地对金属单质的性质做一个小结。在此基础上，可以对铝的性质做出一个基本的预测，进而可以通过实验探究验证自己的预测，从而使学生对铝的化学性质有一个较为全面而完整的认识，进一步完善自己已有的知识结构。其次，在本节内容学案的设计中，充分重视学生的实验探究，用学生的亲身体验代替教师的演示实验，可以更好地调动学生的学习积极性。最后，通过本节内容的学习，学生可以对金属及其化合物的知识有一个更加深入的了解，为学生提供一个更为广阔的认识物质世界的窗口，进而为后面元素周期律和元素周期表的学习打下基础。

【学习目标】

（1）了解金属铝的物理性质与化学性质，体会其还原性。

（2）知道铝热反应及其应用。

【已有知识回顾】

（1）根据已有知识完成表 3-6：

表3-6　前情知识回顾

金属单质	化学性质（用方程式表示）
钠	
镁	
铁	

（2）通过上面的整理，你认为金属单质往往能与哪些物质发生反应？

（3）以上问题对你认识铝单质的性质有什么帮助？

---

① 田森：《基于小组合作探究模式的化学学案设计研究》，硕士学位论文，山东师范大学学科教学（化学）专业，2012，第16-19页。

【自主预习】

（1）铝的物理性质。

（2）通过预习，你还存在哪些困惑？请写下来。

【交流研讨】

通过前面的预习，你认为金属铝应该能与哪些物质发生反应？为什么？

你了解的金属铝的用途有哪些？这与铝的哪些性质有关？

【观察思考】

实验一：铝箔的燃烧。

实验二：铝热反应（注意实验操作要点）。

实验记录如表3-7所示：

表3-7　实验记录

实验编号	实验现象	实验结论及化学方程式
实验一		
实验二		

【交流研讨】

通过上面的实验，你对金属铝的性质有了哪些新的认识？

【精讲点拨】

金属铝的还原性。

【观察思考】

金属铝与氢氧化钠溶液的反应。

实验现象：

化学方程式：

【合作探究】

小组合作完成氢氧化铝与酸、碱溶液的实验操作并填写表3-8。

表3-8　实验内容、现象及结论

实验内容	实验现象	实验结论及化学方程式
硫酸铝与氨水反应		
氢氧化铝与盐酸反应		
氢氧化铝与氢氧化钠溶液反应		

【精讲点拨】

氧化铝与氢氧化铝的两性。

【学以致用】

（1）请为实验室制备氢氧化铝沉淀选择合适的试剂。

（2）生活中为什么不宜用铝制器皿盛放食醋、酸梅汤、碱水等物质？

【本节内容小结】

请写下这节课你的收获。

【随堂检测】

（1）下列用途主要体现铝的物理性质的是（　　）

①家用铝锅　②盛浓硝酸的容器　③制导线　④焊接钢轨　⑤包装铝箔　⑥炼钢的脱氧机　⑦做防锈油漆

　　A．①②③④　　　B．⑥⑦　　　C．①③⑤　　　D．②④⑥

（2）属于铝热反应的是（　　）

　　A．Al+HCl　　　　B．Al+H$_2$SO$_4$

　　C．Al+MgO　　　　D．Al+WO$_3$

（3）铝制品比铁制品在空气中不易被锈蚀，原因是（　　）

　　A．铝的金属性比铁弱

　　B．铝的密度比铁的密度小

　　C．铝在空气中易与氧气形成一层致密的氧化膜

　　D．铝不能与氧气发生化学反应

（4）等量镁铝合金粉末分别投入下列四种过量物质的溶液中，充分反应，放出 H$_2$ 最多的是（　　）

　　A．NaOH 溶液　　　B．H$_2$SO$_4$ 溶液　　　C．蔗糖溶液　　　D．NaCl 溶液

（5）铝分别与足量的稀盐酸和氢氧化钠溶液反应时，当两个反应放出的气体在相同状况下体积相等时，反应中消耗的盐酸和氢氧化钠的物质的量之比为（　　）

　　A．1∶1　　　B．2∶1　　　C．3∶1　　　D．1∶3

（6）某学习小组用如图装置测定铝镁合金中铝的质量分数和铝的相对原子质量。

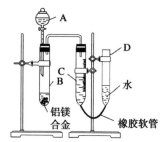

①A 中试剂为_____。

②实验前，先将铝镁合金在稀酸中浸泡片刻，其目的是_____。

③检查气密性，将药品和水装入各仪器中，连接好装置后，还需进行的操作如下：a. 记录 C 的液面位置；b. 将 B 中剩余固体过滤，洗涤，干燥，称重；c. 待 B 中不再有气体产生并恢复至室温后，记录 C 的液面位置；d. 由 A 向 B 中滴加足量试剂；e. 检查气密性，上述操作的顺序是＿＿＿＿＿＿（填字母）；记录 C 的液面位置时，除视线平视外，还应＿＿＿＿＿＿。

④B 中发生反应的化学方程式为＿＿＿＿＿＿。

⑤若实验用铝镁合金的质量为 a g，测得氢气体积为 b mL（已换算为标准状况），B 中剩余固体的质量为 c g，则铝的相对原子质量为＿＿＿＿＿＿。

⑥实验过程中，若未洗涤过滤所得的不溶物，则测得铝的质量分数将＿＿＿＿＿＿（填"偏大""偏小"或"不受影响"）。

案例 8（化学）：元素周期表的应用（第 1 课时）[①]

以"元素周期表的应用"为例，这是必修二第一章第三节的内容。就内容而言，安排在学生学习了原子结构、元素周期律和元素周期表之后，主要是通过对第三周期各元素原子得失电子能力相对强弱的探究，归纳得出同周期元素性质的递变规律，引导学生体会元素在周期表的位置、元素的原子结构、元素性质，即"位、构、性"三者之间的关系，指导学生初步学会以元素周期律和元素周期表为理论指导探究元素化合物知识学习的学习方法。笔者在设计本节内容学案的过程中，一方面注意创设情境引导学生发现问题，即通过实验进行钠、镁、铝三者性质的比较，让学生对原本抽象的同周期元素性质的递变有一个直观的认识与了解；另一方面注意充分挖掘教材中所设置的各个栏目，引导学生进行探究学习。

【学习目标】

（1）以第三周期元素为例，掌握同周期元素性质递变规律，并能用原子结构理论加以解释。

（2）通过"实验探究""交流研讨"，提升实验能力以及对实验结果的分析、处理和总结能力。

【学习重、难点】

同周期元素性质的递变规律。

【已有知识回顾】

写出第三周期各元素原子的名称、符号和原子结构示意图。

【新课预习】

（1）元素原子失电子能力强弱的判断依据。

（2）元素原子得电子能力强弱的判断依据。

（3）随着原子序数的递增，第三周期元素（除稀有气体）的原子电子＿＿＿＿＿＿，

① 田森：《基于小组合作探究模式的化学学案设计研究》，硕士学位论文，山东师范大学学科教学（化学）专业，2012，第 20-23 页。

核电荷数逐渐 _____，原子半径逐渐 _____；原子的失电子能力逐渐 _____，得电子能力逐渐 _____；元素的金属性逐渐 _____，非金属性逐渐 _____。

（4）通过预习，你还有什么疑惑？

【交流研讨】

（1）第三周期元素原子的核外电子排布、原子半径是如何递变的？

（2）尝试根据元素原子的核外电子排布规律预测第三周期元素原子失电子或得电子能力的相对强弱。

【归纳概述】

【实验探究】

利用教材第21页的"方法导引"，再结合给出的药品，设计实验方案，论证钠、镁、铝三种元素原子失去电子能力相对强弱。

【药品】

表面积相同的 Mg 和 Al，盐酸，蒸馏水。

【仪器】

酒精灯、试管夹、试管。

【实验方案及探究】

完成表3-9。

表3-9　实验记录

实验方案	实验现象	实验结论

【结论】

钠、镁、铝三种元素原子失电子能力由强到弱的顺序：

随原子序数的递增，第三周期元素原子的失电子能力：

【自主学习】

根据"方法导引"中的第 2 条判断依据"元素最高价氧化物对应水化物的碱性越强，该元素原子的失电子能力越强"，再结合我们已经知道的 NaOH、$Mg(OH)_2$、$Al(OH)_3$ 的碱性强弱。完成表3-10。

表3-10　三种不同元素性质对比

元素		钠	镁	铝
最高价氧化物对应水化物	化学式	NaOH	$Mg(OH)_2$	$Al(OH)_3$
	碱性			
结论		钠、镁、铝三种元素原子失电子能力按由强到弱的顺序：		

【交流研讨】

比较元素原子失电子能力强弱，除了上述两条判断依据外，我们还可以找到哪些判断依据？

【精讲点拨】

同周期元素，从左到右，失电子能力的比较。

【交流研讨】

通过前面的分析，你认为同周期元素，从左到右，得电子能力应该有怎样的变化呢？结合教材第22页"方法导引"和第21页"阅读探究"，小组合作完成表3-11。

表3-11　不同元素性质对比

元素		硅	磷	硫	氯
单质与氢气反应难易					
气态氢化物	化学式				
	稳定性				
最高价氧化物对应的水化物	化学式				
	酸性				
结论		硅、磷、硫、氯四种元素原子得电子能力由强到弱的顺序：			

【结论】

随原子序数的递增，第三周期元素原子的得电子能力：

为什么元素原子的得失电子能力会存在周期性的变化规律？

【课堂知识小结】

请写下这节课你的收获。

【随堂检测】

（1）判断下列说法是否正确。

C、N、O、F 的核电荷数依次增大　　（　）

PH_3、H_2S、HCl 稳定性依次增强　　（　）

HClO 比 H_2SO_4 酸性强　　　　　　（　）

（2）下述事实能够说明硫原子得电子能力比氯弱的是（　）

A. 硫酸比盐酸稳定　　　　　　B. 氯化氢比硫化氢稳定

C. 盐酸酸性比氢硫酸强　　　　D. 硫酸酸性比高氯酸弱

（3）按 C、N、O、F 的顺序，下列递变规律错误的是（　）

A. 原子半径逐渐增大　　　　　B. 元素原子得电子能力逐渐增强

C. 最高正化合价逐渐增大　　　D. 气态氢化物稳定性逐渐增大

（4）电子层数相同的三种元素 X、Y、Z，它们最高价氧化物对应水化物的酸性由强到弱顺序为 $HXO_4 > H_2YO_4 > H_3ZO_4$，下列判断错误的是（　）

A. 原子半径 X > Y > Z　　　　　　B. 气态氢化物稳定性 X > Y > Z

C. 元素原子得电子能力 X > Y > Z　　D. 单质与氢气反应难易 X > Y > Z

案例 9（生物）：生物案例 [1]

（1）"实验观察—分析归纳"探究模式。

例 1：观察溶液浓度的大小对植物吸水的影响。

探究程序：发现事实—实验观察—分析归纳—得出结论。

①发现事实：用盐拌黄瓜时发现黄瓜会流出汁液，用糖拌西红柿时也一样，这是什么原因？

②实验观察：取两个大小相似的新鲜萝卜，各挖一个边长为 1 的正方体小坑，分别倒入预先配制的浓盐水和清水，约倒到小坑一半。过一段时间后，你能观察到什么现象？

③分析归纳：倒入水的数量是相同的，但过一段时间后，浓盐水多了，清水少了，说明萝卜发生了吸水或失水的现象。

④得出结论：水能向浓度高的一侧渗透，这就是植物根毛细胞渗透吸水的原理。据此，若施肥过浓，根毛细胞就会失水，植物就会萎蔫，甚至死亡。

设计理念：对于新概念的构建，常可用该简化的探究模式，以提高课堂探究的效率。这类探究常以学生的生活事实为导向，通过不需要严格定量的演示实验，启发学生分析思考，得到探究结论。

（2）"分析特例—推广检验"探究模式。

例 2：探讨鸟类的迁徙行为。

探究程序：发现特例—搜集事实—推广检验—得出规律。

---

① 孙洁：《例谈初中生物探究性学习的非典型性模式》，《中学生物学》，2013 年第 5 期。

①发现特例：家燕在春夏季才能见到，而麻雀却一年四季都能见到，这是为什么？

②搜集事实：家燕、杜鹃等每年春季飞来繁殖，秋天又向南飞去越冬，对我国来说属于夏候鸟；大雁、野鸭等刚好相反，秋天飞来越冬，春天又北去繁殖，对我国来说属于冬候鸟；像麻雀、喜鹊等常年留在出生地、不发生迁徙的鸟就叫留鸟。

③推广检验：布置学生分组调查和验证当地的候鸟和留鸟。

④得出规律：迁徙是鸟类对环境改变的适应，具有定期、定向、集群的特点。有迁徙行为的鸟类就叫候鸟，反之则叫留鸟。

设计理念：发现特例是启发科学探究的源动力。在分析特例的基础上，提出推广到一般的假说，如果检验证实，就可得出一般科学规律。这类探究可培养学生对周围事物敏锐的观察能力和追根究底的创新思维能力。

（3）"提出猜想—思辨评判"探究模式。

例3：探讨植物器官的变态。

探究程序：发现问题—提出猜想—进行思辨—正确评判。

①发现问题：马铃薯土豆、洋芋和红薯山芋、甘薯是植物的哪个器官？

②提出猜想：它们可能都是植物的根，因为都长在地下。

③进行思辨：植物的茎一般长在地面上，但也有长在地下的，如块茎马铃薯等，鳞茎洋葱、大蒜、百合等，球茎荸荠等，根茎竹、芹菜、藕等。植物的根一般长在地下，但也有长在地上的，如玉米的支柱根、榕树的气生根等。

④正确评判：马铃薯是块茎，是变态茎；红薯是块根，是变态根。

设计理念：对于学生容易出错的内容，都可运用该探究模式。教师先让学生充分暴露错误，再通过合作探究辨析，改变原有的错误认识，从而加深印象，强化正确概念，培养学生的辩证思维能力。

（4）"设计制作—交流提升"探究模式。

例4：制作细胞模型。

探究程序：提出问题—讨论方案—分工作业—交流提升。

①提出问题：细胞模型应具有哪些基本结构？动、植物细胞的结构有什么不同？

②讨论方案：学生一人一组，选择一种细胞作为探究对象，合作完成。个人提出设计方案，通过小组交流，集思广益决定制作方案。

③分工作业：根据制作方案，列出所需的器材和制作工具；分头收集，准备按方案完成制作任务。

④交流提升：完成制作，写出感悟；自评和互评；交流经验教训。

设计理念：教材中有不少内容，其中很多适合开展设计制作探究性学习，这是发展学生动手能力的好机会，更是激发学生兴趣、培养团队合作精神的好时机。该类探究一般要求取材容易、科学合理。

（5）"查阅资料—分析论证"探究模式。

例5："光盘行动"与"健康的生活"。

探究程序：提出问题—查阅资料—分析论证—总结交流。

①提出问题："光盘行动"是怎么提出来的？它有什么重要意义？

②查阅资料：学生分成光盘行动与健康的生活、光盘行动与环境保护、光盘行动与资源安全三个组分别行动。资料来源于互联网、书报杂志、公益宣传栏等。

③分析论证："光盘行动"是对习总书记"舌尖上的浪费"重要批示的"全民响应"。青少年不仅要积极宣传，更要自觉参与，从我做起。"健康的生活"是新课标提出的十大主题之一，积极实践"光盘行动"不仅能养成不偏食、平衡饮食的好习惯，而且能培养勤俭节约、反对浪费的美德，更是关系到粮食保障、资源安全、环境保护和节能减排的大事。

④总结交流：各组整理归纳资料，以全班主题班会或专题墙报的形式交流，共享成果，推进行动。

设计理念：教材中有许多非实验性的探究课题，这些课题往往包含丰富的情感态度与价值观，该类探究活动能使学生积极地对待生物学习和生活，使学习过程的体验变得更丰富。

（6）"社会调查—应用实践"探究模式。

例6：探究外来入侵物种的危害和防治策略。

探究程序：发现社会问题—调查收集证据—得出结论—应用实践。

①发现社会问题：苏州市的外来物种不断增多，主要有哪些？产生哪些危害？怎样防治？

②调查收集证据：据相关文献报道，我国共有283种外来入侵物种，分别来源于美洲（55.1%）、欧洲（21.7%）、亚洲（9.9%）、非洲（8.1%）、大洋洲（0.6%）。其中，外来入侵微生物有大豆疫病菌、马铃薯癌肿病菌等19种，外来入侵植物有水葫芦、水花生等188种，外来入侵动物有松材线虫、美国白蛾、福寿螺、巴西龟等76种。

③得出结论：外来入侵物种会造成很大危害，如压制或排挤本地物种，加快其消失与灭绝，破坏生态系统的结构和功能，造成巨大的经济损失。

④应用实践：健全法律法规，依法管理；加强外来物种风险评估；加强跨部门协调和信息交流；加强相关的科研；加强科普宣传，促进公众自觉参与；加强财政投入。

设计理念：此类探究可结合综合实践活动进行。适合生物活动中涉及的社会问题，可参考教材提供的信息库等内容，通过社会调查，提出解决问题的对策，旨在促进学生进行知识迁移，参与社会事务，培养正确的价值取向。

（7）"模拟实验—体验内化"探究模式。

例7：模拟练习止血包扎。

探究程序：选择问题—预习准备—模拟操作—体验内化。

①选择问题：模拟练习紧急止血法。

②预习准备：阅读信息库中出血的类型，通过教材或网络了解紧急止血的意义、方法。

③模拟操作：在人体模型上标出出血部位，分别练习上臂静脉出血和大腿动脉出血的紧急止血法。

④体验内化：静脉出血血流较慢，一般可用指压止血法；动脉出血血流快，血液常从伤口喷出，故在用指压止血的同时，还应用止血带止血，并及时送医院救护。

设计理念：适合教材中的模拟探究实验。教师要多利用模型、标本等进行教学，并开发一些多媒体模拟教学课件，本着对实验对象的人道主义管理，凡涉及动物、人体等的实验尽量采用模拟实验，提倡实验动物的福利，最大限度地保护动物。

总之，生物新课程改革更强调培养学生求真务实的科学态度和灵活多样的思维方式，探究性学习不应有固定化的模式，自主探索生物问题的所有过程都可视作探究性学习。教师应创设有效的教学情景和学生一起实践和体验，把课堂讲解和演示的单向过程变为师生交流、共同发展的互动过程，将探究性学习融入生物教学全过程，引导学生主动探究、不断探索、勇于实践、终身学习，在提升全体学生生物科学素养的同时，促进自己的专业化成长。

总之，探究模式不仅可以让学生通过探究活动获得知识，更重要的是可以让学生体验、领悟科学研究的一般过程，初步学会科学探究的方法，发展科学探究的能力，进而懂得科学探究是人类认识世界的重要途径。

第四章　共同研讨法模式

一、共同研讨法模式概述[①]

共同研讨法模式由美国学者威廉·戈登（William Gordon）设计，它通过共同作用和综合理解过程创造一种新的洞察力，戈登认为"这是一种可操作性的理论，它充分利用人类创造活动中的前意识心理机制"[②]。共同研讨法模式指学生以共同体的形式参与学习，以个体与群体的模式进行互动、互补学习。群体是个体的共同体，共同研讨学习不能排除个体与个体之间的竞争关系，要强调个体与个体之间能互补、相长与认同，即通过"求同存异"的团队合作方式获得客观全面的知识，使课堂群体最终形成新的认知结构，并提高学习绩效。[③]

共同研讨法最初是由那些负责制造新产品的个人团体发展起来的。最初目的是要在产业部门中培养"创新性的群体"，也就是说，受过培训的群体要一起努力解决问题或是研发产品。这些技巧特别适用于培养学生对各学科的创造性思维和写作能力。在共同研讨法模式中，戈登鼓励学生通过比喻扩展想象力和创造性思维，鼓励学生用新的更动态的方式看待问题并且强有力地表达他们的观点，其成功的关键在于使学生发现他们可能未曾想到的观点之间的关系。

共同研讨法的基本特征是类比法的运用。在共同研讨训练中，学生用类比法"玩乐"，直至心情放松并且开始喜欢做越来越多的比喻，然后运用类比法破解一些难题或弄清某些概念。在共同研讨法模式中，比喻的定义很广泛，包括所有的修辞方式（如明喻、拟人、矛盾修辞法）。这些修辞方式运用类比将不同的和表面不相关的因素放在一

---

① 有些学者认为共同研讨法模式是综合模式（玛丽·艾丽斯·冈特、托马斯·H.艾斯蒂斯、简·斯瓦布：《教学模式》，尹艳秋译，江苏教育出版社，2006，第119-137页。）或发散思维模式（钟海青：《教学模式的选择与运用》，北京师范大学出版社，2006，第34-45页；徐宏伟：《国外教学创新思维模式探讨》，《经济师》，2008年第6期）。

② 玛丽·艾丽斯·冈特、托马斯·H.艾斯蒂斯、简·斯瓦布：《教学模式》，尹艳秋译，江苏教育出版社，2006，第119页。

③ 贾忠华：《中职电工技能课"共同研讨法教学实践与参考"》，《学周刊》，2014年第4期。

起，使创新成了有意识的过程。比如，让学生把课本看作旧鞋或者河流，以此提供一种结构、一个比喻，可以使他们用一种新的方式对熟悉的事物重新进行思考。反过来，也可以让学生沿用传统的方式来考虑新鲜的问题，如把人的身体比作运输系统。由此看来，比喻的使用依赖于学生已有的知识，而且比喻本身也就是从这些知识中产生的。它帮助学生把已有知识中的观念和新知识中的观念联系起来，或者从一个新的视角来重新思考某一熟悉的对象。因此，使用比喻活动的共同研讨法的目的在于提出一种架构来帮助人们解放自己的思想，增强其对于日常活动的想象力和观察力。共同研讨法模式强调了三种类型的比喻：拟人类比法；直接类比法；象征类比法。

拟人类比是采用拟人的方式，让学生把自己想象成待研究的物体或待解决的问题的一部分。比如，让学生想象以下问题：如果你现在是一棵被酸雨污染了的树苗，你有什么感觉？缝纫机何时会感到担忧？玫瑰花的感觉怎样？若你能抵抗重力，会发生什么事？拟人类比的本质在于移情，需要学生放弃自我，将自己转变成另外一个空间或者物体。拟人类比可以让学生的思维聚焦于某个特定的观点或物体上，让学生换位思考，以获得更深的理解，而不仅仅只是单纯的知识说教。

直接类比是将两个观点、概念或物体直接进行比较。比如，教室和蚁堆有何相似之处？一群少年在哪些方面像过山车？收割的庄稼与拥挤的汽车有何类似？夏天与西瓜片相似在何处？我们体内的静脉与管道系统的相似点何在？每一个问题都含有暗喻或类比，通过类比，学生更能拓展其思维。刚开始，他们看见的通常是相当明显的比喻，如太阳像火球。但是，之后太阳可能会变成四轮马车、一条龙、柠檬蛋糕或燃烧的种子。通过练习，他们能增加自己类比的扩展力和奇异性。戈登引用了一位工程师观察一只凿船虫侵蚀木材的例子。当看到凿船虫通过啃掉木材形成一条通道再向前爬时，这位工程师就想出了一种使用管道向前推进和建造地下隧道的新方法。

象征类比有时也被称为表面性冲突，是对表面上好像不一致，但实际上是有创造性见识的描述。这种类比一般由普通意义的比喻拓展到矛盾修辞法的范围。这里有一些日常语言中矛盾修辞法的例子，如"一个人的团聚"的戏剧或名为《熟悉的陌生人》的书。在讨论这种特殊的比喻时，威廉·萨菲尔（William Safire）引用了"残忍的仁慈""雷鸣般的寂静"和"公开的秘密"；戈登则引用了"挽救生命的毁灭者""滋养的烈焰"和"安全的攻击"。当用互为反义的词语解释时，甚至小孩都能参与进来。在戈登看来，简明矛盾修辞法提供了看待新事物的最为广阔的视角，反映了学生把某一事物的两个不同参照概念融合在一起的能力。这两个参照概念之间的距离越远，学生的思维灵活度就越大。

二、共同研讨法模式的理论基础

戈登的共同研讨法建立在四种假说基础之上，它们对传统观念的创新提出了挑战。

（1）创新只是人们日常工作和闲暇生活的一部分，它只是用来帮助人们提高解决问题的能力以及增强创新性的表达能力、人际沟通的能力和对社会关系的洞察力等。创新性活动使我们能够从不同角度看待事物，从而加强我们对概念的理解。

（2）创新过程不神秘，它能够被描述出来，而且创新能力也可以直接通过训练得到提高。

（3）创新在所有领域，即艺术、科学和工程技术中都是相似的，而且它们都依赖于同一种根本的智力活动过程，艺术领域和科学领域中的创新性思维是密切联系的。

（4）个人和集体都是以相似的方式产生思想和创造成果的，个人发明和集体发明（创造性思维）是相似的。

共同研讨法的具体程序来自一系列关于创新心理的假设。

（1）教师有意识地对学生的创新过程提供明确的帮助，学生个人和集体的创新能力可以在这个过程中直接得到提升。

（2）非理性因素（情感因素）能提供探索和扩展思想的最佳智力环境，容易促成新观念的产生。创新活动就其本质而言，是一个情感活动的过程，是一个要求非理性因素和情感因素共同参与的智力过程。人们在解决问题时，大多需要理性的智力活动，但非理性因素和情感因素的介入可能会增加其创新观念产生的可能性。

（3）通过对某些非理性的和感性过程的分析，可以帮助学生个人和集体建设性地使用非理性因素增强他们的创新能力。非理性因素是可以被理解的，也是可以被有意识地加以控制的。共同研讨法模式就是通过教师深思熟虑地引导学生对比喻和类比的分析及运用，以实现对非理性因素的控制，从而使学生意识到自己的创造性思维的过程。

三、共同研讨法模式的教学目标

共同研讨法模式的教学目标旨在提高个人和集体的创新能力。学生在共同体内，不仅可以通过观察其他同学的学习活动促进自己的学习，也可以互相交流、分享经验，无形中形成一种伙伴关系。共同研讨程序有助于构建一种平等的同伴关系，个人能够坦诚地持有自己的观点是维系这种关系的唯一准则。师生能在这个过程中得到快乐，经常会对其有趣的、富于想象力的结果感到惊奇，这种气氛及其带来的乐趣可以使最羞怯的参与者也受到鼓励。共同研讨法模式的结果是改变学习者看待将要学习的信息和观点的方式。

四、共同研讨法模式的教学程序

根据共同研讨法对学生创造力培养程序的不同，在实际操作过程中可以将其分为两种方法体系：一是创造新事物（熟中生新），就是把熟悉的事物陌生化，鼓励学生用一种新的、不同视角或更创新性的眼光看待已有的观念、问题和结果；二是认识新事物（异中求同），旨在把陌生的、未知的事物熟悉化，通过类比找到陌生（未知）材料与熟悉材料之间的联系，将新的、不熟悉（未知）的观念变得更有意义。

（一）创造新事物（熟中生新，把熟悉的事物陌生化）

这种方法体系主要是帮助学生使用类比法形成观念上的距离，鼓励学生用一种新式的、不同的方式看待普通的、熟悉的事物。这样一来，他们常常可以发现一些他们认为常规性的、可预测的事物存有意料之外的可能性。

这种方法体系的教学过程一般分为六个阶段：第一阶段，描述当前状况；第二阶段，直接类比；第三阶段，拟人类比；第四阶段，简明矛盾；第五阶段，直接类比；第六阶段，初始任务的复查。具体如表4-1所示：

表4-1 创造新事物的教学程序[①]

第一阶段：描述当前状况	第二阶段：直接类比	第三阶段：拟人类比
教师让学生陈述当前所看到的情形或描述问题	学生提出直接类比，选择一个对象并进一步加以描述	学生"变成"他们在第二阶段选中的对象
第四阶段：简明矛盾	**第五阶段：直接类比**	**第六阶段：初始任务的复查**
学生找出第二、第三阶段中做出的描述，提出若干矛盾的表述，然后从中选择一个	学生在简明矛盾法的基础上做出并选择一个直接类比	教师让学生返回到初始任务或原有问题，并利用最后一项类比或讨论整个研讨程序

1.描述当前状况

教师挑选一个主题让全班进行研究，主题可以来源于任何科目：已经读过的小说中的一个人物或诸如自由、正义类的概念；一个问题，如校车上的言行；一门技术，如跳水等。形式可以采取学生小组讨论，或让学生每个人写一段描述主题的文字。对于不会写的幼儿或学生，跟他们讨论这个题目并在黑板上写下他们的描述性词语或短语，或者让他们画一幅图画，也可以让他们解释题目。这一步的目的是让学生形成对主题的最初描述。

学生完成书写或讨论后，让他们分享自己描述主题的词语，在黑板上写下那些词语（如果黑板上没有地方，用活页纸，活页纸可以从本子上撕下来贴在墙上），可以排列这些词或短语但不进行评价，所有学生都要参与其中。

---

① 布鲁斯·乔伊斯、玛莎·韦尔、艾米莉·卡尔霍恩：《教学模式》，兰英译，中国人民大学出版社，2014，第172页。

2. 直接类比

学生利用黑板上的描述性词语和似乎没有关联的词语来形成直接类比。例如，教师可以要求学生检查题单，想出一种机器名称，这种机器可以启发他们想到尽可能多的词，其他可能的类别包括植物、食物、花朵和动物。

将学生的补充写在黑板上，鼓励每个人说明他选择这一类别的原因。当教师认为每个人都已经参与了该过程，而且全班学生都已准备好时，由学生投票决定他们在该模式的下一个步骤中将要讨论的类别。

例如，有一个班的学生在讨论"数学"时，第一阶段得出了下列初步描述性词语清单：

困难的	含糊的
有时难，有时易	必要的
可怕的	一把钥匙
值得做的	一种奥秘

当学生要想出一种机器以达到启发的目的时，他们的答案如下：

电脑，因为它们有按键但很难学习。

钢琴，因为它们有琴键但可能会不清楚而且有难度。

牙医的钻孔器，因为这是令人害怕但又必要的。

3. 拟人类比

学生必须从自己已选择的喻体的角度思考现实。鉴于此，教师可以先让学生做短时间的思考，然后让他们说出对该物体的感觉，在黑板上写下他们的答案，鼓励每个学生说明他们有这种特定的感觉的原因。并年长的学生需要更多的时间来接受该模式的这一步，但是一旦他们做到这一步，那么其所给的答案将是会令人满意的。

例如，一位教师用"学生在午餐室的行为"作为主题，把学生比作一群蜜蜂，然后让学生思考作为蜂群中的一只蜜蜂有何感受时，他们给出了下列答案：

无助的：我必须和其他人做相同的事。

权威的：我是王后，其他人要服从我。

害怕的：我不知道会发生什么事。

安全的：我不需要自己做决定。

危险的：我能用自己的针伤人。

无忧的：我会飞，而且不需要考虑什么事情。

武装的：我有针。

受制的：我必须跟随蜂群，我是其中一员，不能逃跑。

柔弱的：如果我离开蜂群，我会遭拍打。

独立的：我能飞离困境。

4. 简明矛盾

这一阶段是这一模式中最令人激动也是最重要的步骤。让学生检验他们在上一步中所得出的描述性的表示感觉的词语，并把那些看似对立的词放到一起。例如，教师把学生比作一群蜜蜂，一些相对立的词如下：

害怕的与安全的　　　　　无助的与权威的
武装的与柔弱的　　　　　无忧的与害怕的
独立的与受制的　　　　　武装的与无忧的

它们都是一些看似对立的词语的组合，每一对词都使用了比喻。

写下所有学生的观点，鼓励学生解释为什么他们认为这些词相互对立，然后让学生再次投票决定哪对词语属于最佳的表面性矛盾。

5. 直接类比

利用学生选择的表面性矛盾，让学生得出另一个直接类比。例如，如果学生选择的词语是"独立的与受制的"，那么就让学生描述一种既独立又受制的动物。一个可能的类比如下：

笼子里的老虎　　　　　拴着皮带的狗
社会中的人　　　　　　飞船里的宇航员

然后让学生再次投票决定哪组词是最佳的直接类比。

另一类的表面性矛盾的例子可以为食物——盛在瓶中的热调味汁或者橘子里的核，都是既独立又受制的。教师和学生使用该模式越多，就越能自信地扩大其使用范围。

6. 初始任务的复查

在这一步中，回到学生所选择的最后一个直接类比，将它与原题进行比较。例如，教师是以"小说中的人物"作为模式开始的，而最后的类比是"拴着皮带的狗"，那么教师可以要求学生用词语描述那些拴着皮带的动物的特征，然后从这些描述出发思考该人物。

在这之前不要考虑最初的主体，其目的就是让学生在一开始就能摆脱原题的限制，在学生形成丰富的想象力之后再回到原题。这一步的一个重要部分就是每个学生都能听到他人的观点并能明白各种观点之间的联系。

让学生再次书面描述原题，并让他们不受限制地使用练习中所得出的任何物象，年长的学习者和有经验的人在这一点上能做得很好。类比的词语目录给学生提供了丰富的词语和物象资源。

共同研讨法模式的这一方法体系旨在激励学生从多种新的角度理解和感受熟悉的事物，更加开放地看待问题，并寻求多种解决问题的途径。

（二）认识新事物（异中求同，把陌生的、未知的事物熟悉化）

这一方法体系旨在把陌生的、未知的事物变得熟悉，主要是增加学生对全新的或是有难度的材料的理解和内化能力。在这种类比中，使用比喻法的目的不是像方法一那样要产生概念的距离，而是要对概念进行分析。学生要常在"确定熟悉的研究对象的特征"和"把它们与不熟悉对象的特征进行比较"这两种任务之间进行转换。

这种方法体系的教学过程一般分为七个阶段：第一阶段，真实输入；第二阶段，直接类比；第三阶段，拟人类比；第四阶段，对类比进行比较；第五阶段，解释不同点；第六阶段，再研究；第七阶段，产生类比。具体如表4-2所示：

表4-2　认识新事物的教学程序[1]

第一阶段：真实输入	第二阶段：直接类比	第三阶段：拟人类比	第四阶段：对类比进行比较
教师提供新课题的信息	教师提出直接类比，并要求学生对类比作出描述	教师帮助学生"变成"直接类比的对象	学生确定并解释新材料和直接类比物之间的相似点
第五阶段：解释不同点	**第六阶段：再研究**	**第七阶段：产生类比**	
学生解释类比对象间的不同之处	学生用自己的方式对最初的问题重新进行研究	学生提出自己的直接类比并探讨其相同点与不同点	

1.真实输入

教师选择要学的新材料，可以是学习爬虫、形容词、分数或周期表，教师为主题提供事实性的信息。学生必须理解与所要研究的主题相关的基本事实和信息。

2.直接类比

教师准备好与主题有关的、学生熟悉的类比。比如，新的主题是内战，教师可列出内战与地震的相似之处，以这种方式展示类比，然后与全班同学讨论相似点。具体如下：

在地震中，地要裂开。南北方（美国）曾经是一个完整的国家，突然间，两者就分开了。

在地震中，许多人死于不可控制的力量。在战争中，发生了同样的事情。

地震前总有预兆。在内战前，有表明麻烦要发生的警告。

地震后通常有余震。内战后，余震持续了很长时间，在林肯总统逝世后，这种状况尤为明显。

[1]　布鲁斯·乔伊斯、玛莎·韦尔、艾米莉·卡尔霍恩：《教学模式》，兰英译，中国人民大学出版社，2014，第177页。

3. 拟人类比

让学生描述他们对形成的主题有何感觉，然后让他们得出表面矛盾。例如，教师要求学生想象在地震中的感觉。教师在黑板上写下学生表示感觉的词语，学生对这些词语进行配对，形成表面矛盾，再选择一对词语进行进一步的研究。比如，学生可以选择强大的和可预测的或万能的和羞愧的作为表面矛盾。

4. 对类比进行比较

学生挑选一个表面矛盾，然后与原题进行比较。比如，学生讨论内战是怎样既强大又具预测性的，或者讨论参与者是怎样觉得既万能又羞愧的。在这一步中，教师可要求学生写下他们对矛盾双方的感觉。

5. 解释不同点

学生讨论原题与表面矛盾的差异。比如，学生可能认识到战争不是不可以避免的自然灾害。与地震不同，战争是由人类引起的，因此是可以避免的。他们还可以讨论地震一旦结束，短期之内生活通常就会恢复正常，但战争的影响会持续很久。

6. 再研究

让学生运用练习中的观点、词语和物象来书写和讨论原题。在这一步中，教师要求学生用自己的话写下或讨论原题，可以使用上述活动中展示的物象和观点。

7. 产生类比

鼓励学生形成不同于最初的新的类比。比如，教师鼓励学生自己形成有关内战的类比，教师指导学生挑选类比，这种类比要尽可能与主题无关。有人可能想到家庭纠纷，但这与内战密切联系。一份不全的附录却可以成为可能性的类比，这看似没有相似性但可能会产生某些有趣的比较。

五、共同研讨法模式的实现条件

在共同研讨法模式中，学生是学习的共同体，大家彼此信任、取长补短，为共同的学习目标而全员参与协作。学生不仅能在共同体内体会到合作的意义和价值，还能提升自我，实现教学目标。共同研讨法不仅对小孩子来说是最好的训练，也适用于所有年龄阶段的人，因此共同研讨程序适用于文理科的所有课程。它可以用于师生间在课堂上的共同讨论，也可以体现在教师为学生提供的材料上。学生可以口头表达，也可以采取角色扮演、绘画、图表或其他方式。

一般情况下，人们会受到已有经验、权威和日常社会生活规则等的制约，因此教师要营造一个轻松愉悦的课堂氛围，确保每个学生都能在轻松、自然的状态下充分发挥他们的想象和灵感。在此过程中，教师务必做到以下几点：

（1）关爱学生。在共同研讨法模式中，师生平等互助，教师要及时发现并解决学生在共同学习中遇到的困难，帮助学生有效学习，提升自我。

（2）尊重学生。在共同研讨法模式中，教师要尊重每一位学生的个性、个人意愿和认识偏好，不能强行创建共同体；要尊重学生的个人选择，创造不同的共同体，以帮助学生在共同体内得到最佳发展。

（3）信任学生。在共同研讨法模式中，教师要对学生充满信心，相信学生的智慧和创新能力，坚信学生能做得更好。在教学中，教师可给予学生一定的自主学习权，给学生留下学习的空间，让学生通过多种形式的讨论相互交流、各抒己见，从而充分挖掘学生的学习潜能。

（4）注重统一要求与差别对待相结合。教学中，教师既要对全体学生有统一的学习目标要求，又应注意到学生之间存在的个体差异。每个学生都有自己的独特之处，教师必须认识到这种差异性的存在。用统一的标准要求所有的学生显然是不恰当也是不合理的，教师必须结合学生实际提出不同的要求。

六、共同研讨法模式的教学案例

由于共同研讨法的理论基础是创新，其教学模式的具体程序均来自一系列关于创新心理的假设，如共同研讨法模式的方法一"创造新事物，熟中生新，把熟悉的事物陌生化"和方法二"认识新事物，异中求同，将陌生的、未知的事物熟悉化"均与发散思维的要求或操作类似，因此有些学者认为共同研讨法模式就是发散思维模式。[①] 在我国开展教学模式探索的过程中，以发散思维模式进行探索的居多，所以本书选择案例与发散思维模式相关，供大家学习探讨。

案例1（语文）：程红兵"多样化思维创新与作文"课堂实录节选[②]

师：啤酒瓶子有多少种用途？

生1：装液体，组装成艺术品，加以回收利用。

生2：打碎了，用来铺路。

生3：切成两半，一边当漏斗，一边盛蜡烛。

生4：当花瓶用。

生5：擀面。

生6：可以当乐器。百老汇有人用它来演出。

师：利用它可以发出清脆的声音这个特点。

---

① 钟海青：《教学模式的选择与运用》，北京师范大学出版社，2006，第34-45页；徐宏伟：《国外教学创新思维模式探讨》，《经济师》2008年第6期。

② 刘晗：《发散思维在话题作文教学中的运用》，硕士学位论文，山东师范大学学科教学（语文）专业，2011，第20-22页。

生 7：把它熔化掉了，想做什么做什么。

生 8：当海上漂流瓶。

生 9：当保龄球练习。

生 10：可以用来打人。

生 11：用来画圆。

师：生命是什么？请用多样化的思维方式、形象化的比喻来说明这个问题。

师：每个人至少写一句，最好在两到三句之间，现在开始动笔。

生 1：生命是爱的结晶，是希望的开始。

生 2：生命是一颗青橄榄，越嚼越有味。

生 3：生命如花开花落。

生 4：生命如梦。

生 5：生命是春天的花朵，虽然美丽，但很脆弱。

生 6：生命是大海上一叶扁舟，会遭遇狂风骇浪，也会有风平浪静的时候。

生 7：生命如大海。

生 8：生命是一粒沙，是沧海一粟。

生 9：生命是一支笔，可以描画最美丽的图案。

生 10：生命是骑着黑骏马，奔驰在广阔的大草原。

生 11：生命是乔丹手中的篮球，有进有出。

师：此话怎讲？有的投进去的了，有的掉出来了。

生 12：生命是一条河流，奔腾是生命的过程。

生 13：生命是海，有时波澜起伏，有时风平浪静。

生 14：生命是路。

生 15：生命就像我们大家一样，真的很可爱。

生 16：生命是一条河，总会干涸。

生 17：生命是时间的一段浓缩，不能决定什么。生死不能由自己决定。

师：难道人生什么都不能由自己掌握吗？赤裸裸地来，赤裸裸地去，中间一切都是由自己创造的。

生 18：生命尽管是微小的沙，却能聚沙成塔。

生 19：生命是一头骆驼。

生 20：生命是苍鹰，只有搏击才有生活。

生 21：不要问我生命是什么，活着就是幸福。

生 22：生命是一种蝴蝶——帝王蝶，经过一段极痛苦的经历才能变得美丽。

生 23：生命是一张白纸，要用五彩的颜色才能变成美丽的图画。

生 24：生命是一袭华美的袍子，上面爬满了虱子。

生 25：生命是小时候从父亲口袋偷出来的香烟。

生 26：生命像玻璃。

生 27：生命是一粒顽强的种子。

生 28：生命是亘古未变的太阳，总是无聊地发光。

生 29：生命是一个圆轮，不停地向前滚动。

生 30：生命是一个调色盘，五彩缤纷。

生 31：生命是一笔由自己来支配的财富。

生 32：生命是一抹彩虹，精彩只在一瞬间。

生 33：生命是楠溪江，有滩涂，也有溪流。

生 34：生命是一贴狗皮膏药。因为相信它有用，就买它的账；不相信，就不起作用。

生 35：生命是一棵千年菩提。

生 36：生命是一本日历，总有翻尽的一天，但永远也翻不尽。

师：同学们用各种各样的事物来比喻生命，现在你可以选一个最佳创意，也可以组合几个说法而成一篇美文。

课堂实录分析："思考创造多元，每件事物、每件事情不要期待一种答案，而应多方面思考，思维寻异的本质是新颖，能与众不同。"

程红兵老师在自己的这堂发散思维课堂教学案例中给我们展示了多角度、求异的思维。展开自己的联想和想象，思维的力量是无穷无尽的。

案例 2（数学）:《正比例》教学 ①

【教材分析】

本案例教材为义务教育教科书·数学（六年级下册），青岛出版社，2015 年 1 月第 2 版：第三单元信息窗二（正比例），41～45 页，是小学数学课程的重要内容之一。

对教材的理解如下：

（1）本节教材是通过情境图引入新课，通过观察情境图中的啤酒生产情况记录表，引入对新知识的学习，根据记录表，提问"工作总量和工作时间有什么关系"，启发学生进行思考。学生会得出结论：工作总量是随着工作时间的变化而变化的。由此得出相关联的量的定义，并且通过进一步探索工作总量和工作时间的比值，得到正比例的概念。

（2）课本自主练习 1～5 都与正比例的概念有关，自主练习 1 和 2 可以让学生进一步理解两种量成正比例关系，必须保证它们的比值一定；自主练习 3 则与生活紧密联系，让学生发散思维，寻找生活中的正比例关系；自主练习 4 和 5 不仅能使学生加深对正比例概念的理解，又能使学生灵活地运用所学知识来解决数学问题，使学生学有所用，体会到成功的快乐。

【学情分析】

从纵向看，学生已经学过了商不变的性质、分数的基本性质、比的基本性质，对两

---

① 张诚：《基于发散思维的小学数学教学设计研究》，硕士学位论文，聊城大学学科教学（数学）专业，2019，第 30-42 页。

个相关联的量同方向的变化已有了一定的感悟；从横向看，前几节课学生研究了比的意义和性质、比例的意义和性质、解比例等知识，但侧重点有所不同，原来是关注如何求出未知量，现在是要在原来的基础上进一步研究当一个量不变时另两个量存在怎样的关系，研究层次更高，更具有一般意义。学好这部分知识可为以后学习正、反比例解决问题打好基础。

【教学目标】

（1）通过路程与时间、正方形的边长与周长的关系概括出正比例的概念，经历从一般到特殊的研究过程，并且能够根据正比例的概念正确判断两个量是否成正比例关系。

（2）在概括正比例概念的过程中，小组合作，共同探讨，培养学生交流合作的能力。

（3）本教学设计的创新之处如下：在教学环节中，通过一题多变、一题多解、一题多问、逆向思维等方法培养学生的发散思维能力。

（4）通过本节内容的学习，学生可以体验到数学就在我们的日常生活中，体验在数学学习活动中探索与创造的乐趣。

【教学重、难点】

教学重点：正确理解正比例的意义。

教学难点：能准确判断成正比例的量。

【教学方法】

（1）整个教学过程中始终坚持"学生主体，教师主导"的教学原则。

（2）整个教学过程中始终坚持以培养学生的发散思维为中心，整个教学设计以问题为枢纽，利用问题启发学生进行思考，培养学生的发散思维，推动课堂教学的进行。

（3）在探究正比例的概念时，倡导学生主动参与，小组合作探究，更有利于学生对概念的理解。

【教学设计】

（1）创设问题情境，激发求知欲。在学习新课之前，老师先表扬一名同学：昨天每个小组的组长帮助老师收取资料费，老师发现二组组长做得非常好，为了做到不重复、不遗漏，二组组长做了一个表格（表4-3），可以清晰地看出二组的收费情况。

表4-3　学生设计的表格

学生人数 / 名	1	2	3	4	5
收费总数 / 元	20	40	60	80	100

（设计意图：教师通过表扬同学引入新课，能吸引学生的注意力，激发学生的求知欲，并且设置的问题情境与学生的生活密切相关，更能激发学生学习的兴趣。）

问题：仔细观察表格，说说你了解到的数学信息。

学生回答：表格中有学生人数和收费总数两种数量，学生人数为 1 名，收费总数为 20 元，学生人数为 2 名，收费总数为 40 元，学生人数为 3 名，收费总数为 60 元……

问题：学生人数和收费总数有什么关系？

学生回答：收费总数随着学生人数的变化而变化。

教师小结：像这样的一种量变化，另一种量也随着变化，我们就说这两种量是相关联的量。

（设计意图：创设学生感兴趣的学习材料，让学生在具体情境中发现学生人数和收费总数的关系，初步感知相关联的量的含义。）

问题：生活中还有哪些相关联的量？和大家一起分享一下。

学生：汽车行驶的路程和时间；商品的总价和数量；我们读书的页数和天数（每天都坚持读书）；正方形的周长和边长；圆的周长和直径。

……

（设计意图：引导学生从已有的生活经验出发，充分发散自己的思维，尽可能多地寻找生活中相关联的量，这一过程有助于培养学生发散思维的流畅性。）

（2）确定问题。小组合作，仔细观察学生人数和收费总数这两种量，把收费总数和学生人数的比值写出来，看看有什么新的发现？

教师要留给学生充分的时间去讨论交流，然后展示小组成果。

学生回答：收费总数与学生人数的比值是一定的，20/1=20，40/2=20，60/3=20……

收费总数和学生人数的变化情况可以用下图表示：

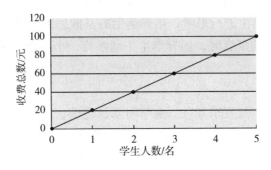

我们可以发现，根据收费总数和学生人数的关系所绘出的图像是一条直线。

（3）分析问题。在数学中还有很多像这样的量，请同学们仔细观察表 4-4，我们来看看这两种量的关系。

表4-4　正方形的边长与周长关系

边长 / cm	1	2	3	4	……	10
周长 / cm	4	8	12	16	……	40

在理解表格信息的基础上，先自己想一想下面的问题，再和同桌交流。

①正方形的边长和周长是相关联的量吗？

②仔细观察正方形周长和边长的比，并且把它们的比值写出来。

③通过观察这两种量中相应的两个数的比，你发现了什么？

（设计意图：设置开放式的提问，让学生自己去探索发现规律，有利于培养学生发散思维的灵活性，也可以让学生更加深刻地理解正比例的概念。）

小组合作探究以上两个表格，学生汇报，师生小结，得出表格中的两种量都是相关联的量，且表格中两种相关联的量的比值都是一定的。

（4）解决问题。

问题：根据上面两个表格，请同学们观察并思考，它们有什么共同的规律？

师生概括：两种相关联的量，一种量变化，另一种量也随着变化，如果这两种量中相对应的两个数的比值一定，这两种量就叫作正比例的量，它们的关系就叫作正比例关系。如果用字母 x 和 y 分别表示两种相关联的量，用 k 表示它们的比值（一定），正比例关系可以用下面的式子表示：

$$y/x=k（一定）$$

（设计意图：学生分小组，合作交流，观察数量关系，探索变化规律，从特殊到一般，对抽象的正比例意义理解得更加深刻。）

变式训练：我们知道正方形的边长和周长是正比例关系，那么正方形的边长和面积是否成正比例关系呢？请同学们认真观察表4-5。

表4-5 正方形边长和面积的关系

边长 /cm	1	2	3	4	5	6
面积 /cm²	1	4	9	16	25	36

问题：

①表格中的两种量是相关联的量吗？

②通过观察这两种量中相应的两个数的比，你发现了什么？

③表格中的两种量是正比例关系吗？

（设计意图：设置开放式的问题，让学生自己去探索发现规律。设置了一题多变，通过变式训练，加深了学生对正比例关系的理解，并且该变式是一个反例，与成正比例关系的量形成了鲜明的对比，从逆向思考，培养学生发散思维的多向性，也可以更加深刻地让学生理解正比例的概念。）

问题：8 和 4 成正比例吗？为什么？

学生回答：8 和 4 不成正比例，因为成正比例的两个量必须是变量，8 和 4 是常数，不符合正比例的要求。

（设计意图：通过一题多问，培养学生发散思维的灵活性，加深学生对正比例概念的理解。）

（5）拓展问题。

①判断下面两种量是不是成正比例，并说明理由。

汉堡店销售鸡腿堡的数量与总价的关系如表4-6所示：

表4-6　数量与总价关系

数量/个	1	2	3	4	5	6
总价/元	6	12	18	24	30	36

（设计意图：这是对基础知识的强化，让学生应用正比例的意义，尝试判断数量之间的关系，是对正比例意义学习的强化，也培养了学生的应用意识。）

②（一题多变）判断下列 x 和 y 成正比例吗？

$y/x=3/4$

变式一：$y=3/4\ x$

变式二：$3x=4y$

变式三：$x/y=4/3$

变式四：$x=4/3\ y$

（设计意图：通过用字母表示正比例的变式练习，加深学生对正比例概念的认识，同时通过变化不同的表达形式，一题多变，让学生不断转换思路去思考问题，有助于培养学生发散思维的变通性。）

③（一题多解）A 和 B 成正比例，B 和 C 成正比例，判断 A 和 C 是否成正比例。

方法一：设 $A/B=k_1$（一定），$B/C=k_2$（一定）

则 $A=k_1B$，$B=k_2C$

$A=k_1k_2C$

则 $A/C=k_1k_2$（一定）

方法二：设 $A/B=2$，$B/C=3$

则 $A=2B$，$B=3C$

$A=6C$

则 $A/C=6$（一定），A 随 C 的变化而变化，它们的比值又是一定的。

所以 A 与 C 成正比例。

（设计意图：不断加大问题的难度，引导学生从多方面思考，寻找解决问题的不同方法，进一步培养学生的发散思维的流畅性。）

（6）反思问题。

师：通过这节课的学习，你收获了什么？小组合作，结合前面所学知识，建立知识网络结构图：

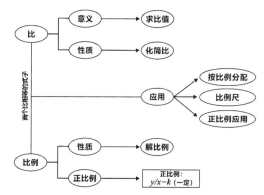

（设计意图：通过建立每一节的知识网络结构图，慢慢形成一单元的知识网络结构图，最后总结一本书的知识网络结构图，循序渐进地引导学生把无序的知识有序化，便于知识的贮存和提取，使学生在解决问题时能快速想到相关知识点，节省做题时间，有利于培养发散思维的流畅性。）

（7）课后作业。

必做题：课本 43 页自主练习 1～5。

探究题：思考下面两个量是否成正比例？

圆的周长与它的半径。

变式一：圆的面积与它的半径。

变式二：圆的周长与它的直径。

（设计意图：作业是掌握、巩固知识的重要途径之一。另外，作业要有分层，这样有助于学生了解自身的情况，判断自身的进步空间有多大，也有助于教师了解学生的情况，做出相应的调整，便于因材施教。同时本作业题设计了一题多变的练习题，有助于培养学生发散思维的变通性。）

案例3（数学）："鸡兔同笼问题" 教学 [①]

【教材分析】

本案例教材为义务教育教科书·数学（六年级下册），青岛出版社，2015 年 1 月第二版：智慧广场，81～82 页，是小学数学的重要课程之一。

对教材的理解如下：

"鸡兔同笼" 问题是源于我国古代数学著作《孙子算经》中的一道题目。教材通过情境图的形式对新课进行导入，通过汽车厂的停车问题，引入此类问题的学习，让学生经过合作探索，运用表格列举法、假设法和方程法来解决问题，使其体会到用各种策略在解决问题中的价值。课本自主练习中将数学知识与生活紧密联系起来，并且《孙子算

---

① 张诚：《基于发散思维的小学数学教学设计研究》，硕士学位论文，聊城大学学科教学（数学）专业，2019，第 30-42 页。

经》中的"鸡兔同笼"问题在自主练习中也体现了出来，通过练习巩固，学生能进一步理解鸡兔同笼问题。

【学情分析】

六年级的学生已经具有一定的归纳、分析问题的能力，初步掌握了列方程来解决数学问题的方法，"假设法"对学生来说相对陌生，教师要在教学过程中抓住其特点，一步步引导学生进行思考，让学生逐步掌握，并且根据具体的问题引导学生分析理解题目，拓宽学生的思维。

【教学目标】

（1）尝试用不同的方法解决"鸡兔同笼"问题，使学生体会假设法和列方程法解决问题的一般性。

（2）在解决问题的过程中，运用一题多解、一题多思、一法多用、一题多问等方法培养学生的发散思维，并向学生渗透转化、函数等数学思想。

【教学重、难点】

教学重点：用假设法解决"鸡兔同笼"问题。

教学难点：引导学生认识、理解、运用假设法。

【教学方法】

（1）整个教学过程中始终坚持"学生主体，教师主导"的教学原则。

（2）整个教学过程中始终坚持以培养学生的发散思维为中心，整个教学设计以问题为枢纽，利用问题来启发学生进行思考，培养学生的发散思维，推动课堂教学的进行。

（3）在探究"鸡兔同笼"问题的解题方法时，倡导学生主动参与，小组合作探究，这样更有利于学生对概念的理解。

【教学设计】

（1）确定问题。在上课之前，老师先给大家讲一个小故事：公园里有一群小鸡和小兔子在玩耍，小鸡感觉小兔子蹦蹦跳跳走路的方式很可爱，所以开始模仿小兔子的走路方式。大家想一想，它会怎样来模仿小兔子走路呢？下面找一位小朋友来给大家模仿一下。大家仔细观察，想一想小鸡要想模仿兔子走路，哪里要发生变化？再找两位小朋友来模仿、三位小朋友来模仿，大家发现了什么？

学生回答：每多一只小鸡模仿兔子，地上就会增加两只脚。

老师：很好，大家都有一双善于观察的小眼睛。这时，公园里又发生了一件非常有趣的事情，小兔子看着小鸡昂首挺胸走路的样子很是羡慕，也要来模仿一下。下面老师再找两位小朋友来模仿一下，请同学们仔细观察，看看这时候哪里发生了变化？找四位小朋友来模仿一下，你们发现变化了吗？

学生回答：每多一只小兔子模仿小鸡，地上就会减少两只脚。

（设计意图：教师通过故事导入新课，可以激发学生的学习兴趣，培养其发散思维，并且让学生联系生活实际，通过自己的动作，更加深刻、形象地认识鸡和兔的区别，为解决"鸡兔同笼"问题奠定了知识基础。）

老师：同学们可真厉害啊，那老师可要请我们这些聪明的小朋友去帮老师解决一个古代的难题，下面我们一起来看一下这道题。

有若干只鸡与兔，共有 7 头，22 足，求鸡与兔各有多少只？

（2）分析问题。我们之前已经学过了很多解决数学问题的方法，请大家开动你的小脑筋，认真想一想，要想解决这个数学问题，需要用到什么数学方法？

①列表法。

学生回答：我们可以列一个表格，把所有可能的情况全部列举出来，看看哪种情况符合题意。

教师及时肯定学生的回答并提出表扬，要求学生小组合作，列出表格，得出答案。教师要留给学生足够的时间去思考问题，小组内得出结论之后在班级内分享小组成果，然后师生共同完成课件上面的表格（表 4-7）。

表4-7　不同鸡兔数量对应的脚的数量

鸡	0	1	2	3	4	5	6	7
兔	7	6	5	4	3	2	1	0
脚	28	26	24	22	20	18	16	14

师生共同小结：通过列表法，我们成功解决了这个问题，一共有 3 只鸡，4 只兔。

②假设法。

师：列表格确实是帮助我们解决问题的一个好方法，但是列表法比较麻烦，需要我们把每种情况都列举出来，如果鸡、兔的数量增加了，如增加到 45，那么列表法就会浪费我们的解题时间。所以，请同学仔细思考，小组内讨论交流一下，你能不能想出一个更简便的方法来解决这个问题？

（设计意图：教师通过提问"你能不能想出一个更简便的方法来解决这个问题"，引导学生一题多思，有助于培养其发散思维的独创性。）

小组内讨论研究，交流分享成果，在讨论过程中教师可以引导学生思考假设法。

师：我们可以把这 7 个头先全部假设成是鸡的，那么请同学们思考：如果 7 个头全是鸡，会有几只脚？

学生回答：14 只脚。

师：现在题目中多出来了 8 只脚，那么多出来的这 8 只脚是谁的？

学生回答：因为小兔子模仿成小鸡，所以多出来的脚是小兔子抬起来的两只脚。

老师：是这样的吗？我们一起来做个游戏检验一下，在做游戏的过程中，请同学们仔细思考，多出来的脚到底是哪部分，是谁的？

师生配合，在游戏中让学生明白应用假设法多出来的脚或少出来的脚到底是哪一部分，让学生们在游戏中充分体验脚的变化情况，这样有利于学生更好地理解假设法，突破难点。

师：多出来的 8 只脚是几只小兔子的？

学生回答：4 只。

师生总结：所以有 4 只小兔，3 只小鸡。

提问：我们还可以怎么假设？

学生回答：我们还可以假设 7 头全部是小兔子。那么就有 28 只脚，实际只有 22 只脚，少的脚就是小鸡少出来的 6 只脚，每只小鸡少了 2 只，所以一共有 3 只小鸡，4 只小兔。

③列方程法。

师：同学们可真厉害，想到了这么多解决问题的方法，请你再认真思考一下，还有其他的方法吗？

学生回答：列方程。

（设计意图：教师在教学过程中逐步引导学生想出解决问题的不同方法，通过一题多解，可以培养其发散思维的流畅性。）

（3）解决问题。

①列表法。

所述表格如表 4-7 所示。

②假设法。

方法一：假设 7 头全部是鸡，$2 \times 7 = 14$（只），$22 - 14 = 8$（只）

$8 \div 2 = 4$（只），$7 - 4 = 3$（只）

答：兔有 4 只，鸡有 3 只。

方法二：假设 7 头全部是兔，$4 \times 7 = 28$（只），$28 - 22 = 6$（只）

$6 \div 2 = 3$（只），$7 - 3 = 4$（只）

答：兔有 4 只，鸡有 3 只。

③列方程法。

方法一：设鸡有 x 只，则兔有（$7 - x$）只。

$2x + 4(7 - x) = 22$

解得：$x = 3$

答：兔有 4 只，鸡有 3 只。

方法二：设兔有 x 只，则鸡有（$7 - x$）只。

$4x + 2(7 - x) = 22$

解得：$x = 4$

答：兔有 4 只，鸡有 3 只。

问题：你比较喜欢哪种方法？

（设计意图：鼓励学生自由发言，表达自己的想法，通过比较得出列表法不好操作，比较浪费时间，所以一般采用假设法和列方程法解决"鸡兔同笼"问题。）

（4）拓展问题。

①有一些鸡和兔子关在同一个笼子里，鸡和兔子共 40 个头、110 只脚，请问鸡和

兔子分别有多少只？

②学校里买来 100 张电影票，一部分是 5 元一张的学生票，一部分是 8 元一张的成人票，总票价是 536 元。这两种票各买了多少张？

③一桶 50 升的花生油分装成 5 升和 2 升，两种装法共 16 瓶，其中 5 升和 2 升各装了几瓶？

（设计意图：通过解决不同形式的"鸡兔同笼"问题，总结出解决"鸡兔同笼"问题的共同方法就是假设法和列方程法比较实用，一法多用，培养学生发散思维的深刻性。）

（5）反思问题。

老师：这节课你有什么收获？

学生回答：通过这节课，学会了用列表法、假设法、列方程法解决"鸡兔同笼"问题，题目中的数据大时用列表法不好操作，比较浪费时间，所以一般采用假设法和列方程法。

（6）课后作业。

必做题：课本 82 页自主练习 1、2、3。

选做题：光明小学举行知识竞赛，共 20 道题，做对一道得 5 分，没有做或做错一道都要扣 3 分，小明得了 60 分，他做对了几道题？（至少用两种不同的方法）

（设计意图：首先，作业是掌握、巩固知识的重要途径之一；其次，作业要有分层，有助于学生了解自身的情况，判断自身的进步空间有多大，也有助于老师了解学生的情况，做出相应的调整，便于因材施教。本次作业设置了一题多解，有利于培养学生发散思维的流畅性。）

案例 4（化学）：浓硫酸和稀硫酸的区分[①]

师：大家请看，现在实验台上放有两个大小相同且均盛有无色溶液的试剂瓶，一瓶装有浓硫酸，而另一瓶装有稀硫酸。大家想一想，我们能用什么办法将它们区分开来呢？

生 1：（迅速地回答）我觉得，可以分别取少量的试液溶于水中，观察放出的热量，放出热量多的是浓硫酸，放出热量少的是稀硫酸。

师：（肯定的眼神）这个实验方案很好。在进行稀释实验时，对试液和水的量有什么要求呢？

生 1：当然要保证试液的量相同以及水的量也要相等。不然的话，放出的热量太接近了，就无法区分了。

师：（点头）对啦！一定要注意控制那些实验变量。请你用自己的方案进行鉴别实验。

师：（鼓励的眼神）除了这种方案，其他同学有没有别的方案？

---

① 吴盼：《初中化学课堂中进行发散思维训练的初步研究》，硕士学位论文，贵州师范大学教学（化学）专业，2016，第 22—26 页。

生 2：用玻璃棒蘸取少量的试液放置于白纸上，使白纸炭化变黑的为浓硫酸，另一种肯定为稀硫酸。

师：不错，这种方法可行。请你用自己的方案进行鉴别实验。

生 2：（动手操作，仔细观察）

（学生 1 和学生 2 完成鉴别实验，认真观察）

师：你们二人在取用浓硫酸和稀硫酸时有什么感受或者有什么发现？

生 1：（拿着试剂瓶）我感觉这瓶浓硫酸比较沉，说明它的密度大，这瓶稀硫酸比较轻，说明它的密度小。我认为，这种比较密度的方法也可以鉴别浓硫酸和稀硫酸。

生 2：我也觉得盛有浓硫酸的试剂瓶比较沉。另外，我在用胶头滴管滴取浓硫酸和稀硫酸时发现，浓硫酸黏稠一些，而稀硫酸却没那么黏稠。我认为，这种比较黏稠度的方法也可以鉴别浓硫酸和稀硫酸。

师：（赞赏地微笑）很好，这两位同学通过仔细而认真的观察，又得出了两种比较正确的鉴别方法。那么大家再思考一下，还有没有其他的方法呢？

生 3：将无水硫酸铜晶体分成等量的两份并分别置于两支试管中，再分别加入等量的两种试液，使无水硫酸铜晶体由蓝变白的试液为浓硫酸，另一瓶就为稀硫酸了。

生 4：（不急不忙地回答）取质量相等的两份试液，分别置于两个大小相同的洁净烧杯中，露置在空气中，过一段时间后，称量它们的质量，质量增大的原试剂是浓硫酸，另一种就是稀硫酸。

师：（高兴地点头）你们二人的设计方案也都是正确的。经过同学们的思考，已经想出了这么多种鉴别浓硫酸与稀硫酸的方案了。对于浓硫酸和稀硫酸的性质以及相关知识，大家肯定还有不少疑惑，请把你们的疑问告诉我，我尽可能地解答。

生 5：老师，浓硫酸溶于水放热多，而稀硫酸放热少，为什么？

师：我们知道氢氧化钠固体溶于水，氢氧化钠溶液再进一步稀释，所放出的热量很少。这个道理是一样的。

生 6：（十分不解）为什么浓硫酸黏度大，而稀硫酸黏度小？

师：硫酸分子之间存在着作用力，所以外观黏稠，而用水稀释后水分子就减弱了硫酸分子间的作用力，也就不那么黏稠了。

生 7：为什么浓硫酸的密度大，而稀硫酸的密度小？

师：硫酸的相对分子质量比水的相对分子质量大得多，所以浓硫酸的密度比稀硫酸的密度大。

生 8：（疑惑的神情）脱水与吸水有什么区别？

师：脱水是指将有机物中的氢、氧元素，按照一定的原子个数比（$H : O = 2 : 1$）以水的形式脱出来，是化学变化；吸水是指吸出原物质中所含的水分，是物理变化。

生 9：我们日常生活中，购买浓硫酸是不是很容易？

师：不是很容易的。硫酸不仅属于危险品，也是易制毒的化学品，采购和销售硫酸必须要在公安局备案。

师：其实，浓硫酸中有大量的硫酸分子，而稀硫酸中硫酸分子在水的作用下电离成氢离子和硫酸根离子。由于组成不同，所以浓硫酸与稀硫酸的性质也就不同。进入高中化学后，我们还可以设计更多的方案来区分二者。

点评：此部分不仅满足了学生的好奇心，也逐步引导学生的思维发散，得到不同的实验方案，不仅能使学生掌握浓硫酸的相关性质，而且打开了他们的解题思路。类似的教学设计既可以培养学生的实践能力和分析能力，还能培养学生的发散思维能力。同时，让学生自发地提出问题或者心中的疑惑，为学生提供了思维发散的土壤，可培养其难能可贵的质疑精神。

案例 5（化学）：常见装置的用途①

师：（展示装置，如下图）我们知道，这个装置里盛入适量的浓硫酸就可以用于干燥气体，那么请大家结合以前的实验探究知识以及化学基本的理论知识，想一想，这一装置还有哪些实验用途？请大家认真思考，积极发言。

（有的学生盯着实验桌上的装置，有的陷入沉思，有的相互交流）

生 1：我觉得，这一装置可以盛装别的适量的溶液，从而吸收别的杂质气体。例如，这个装置里盛入适量的 NaOH 溶液，就可以除去 CO_2 气体。

师：（欣慰地点头）你这种想法很棒，是非常可行的。大家一起看一下黑板，如下图中①所示，将适量的特定的溶液放入该装置中，就可以吸收特定的杂质气体，所以也叫吸气除杂装置，简称洗气装置。请大家思考一下，吸气除杂过程中应注意些什么？

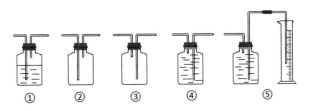

①　②　③　④　⑤

生 2：（自信地讲解）应该从左端进入，右端出来。如果从右端进入，瓶内的气压急剧增大，会将溶液"挤压"到左端，从而影响实验。

师：（赞赏地微笑）对，吸气除杂时，一定要"长进短出"，就是从长导管那端进入，从短导管那端导出，否则会把瓶中溶液"挤"出。

生 3：装置里盛入的溶液要足量，才能充分吸收杂质气体。

师：有道理。但同时也要遵循节约的原则，所以装置里盛入的溶液一定要适量，过多或过少都会出问题的。我给大家一点小小的提示，想一想，医院里的医生是怎么知道制氧机产生氧气的速率的？

生4：（快速）老师，我明白了。你的意思是，利用这个装置可以估计氧气的产生速率。

师：（和蔼的神情，一边指着装置一边讲解）对，在这一装置里盛入适量的水，氧气经过装置时肯定会冒气泡，冒出的气泡又多又快，则说明产生氧气的速率大；冒出的气泡又少又慢，则说明产生氧气的速率小。除了便于估测氧气产生的速率，还可以提高氧气中水蒸气的含量，照顾病人的舒适度。

（同学们纷纷点头）

师：（微笑）大家再想一想，如果这一装置里面不盛放任何液体，那么有什么用途？

生5：老师，我觉得可以用来收集氧气。

师：那你上来简单地为大家演示一下如何收集氧气。

生5：（借助装置进行演示）让氧气从长导管一端进入，将空气从短导管一端"挤"出，这样就可以收集一瓶氧气。

生6：（受启发，马上回答）也可来收集氢气，但是要从短导管一端导入，将空气从长导管一端排出。

师：（赞赏地点头）你们说得都对。收集密度比空气大的气体，要"长进短出"，如图②所示；收集气体的密度比空气小，那么就要"短进长出"，如图③所示。

师：既然大家谈到了用排空气法收集气体，那么有没有想到其他的用途呢？

生7：（迅速地）老师，也可以利用该装置排水收集气体。

师：那么请你说说你的方案。

生7：（借助装置说明）若装置中装满水，让气体从短导管一端进入，把水从长导管一端排出，这样就可以收集一瓶气体了。

师：（微笑）很棒。大家想一想，生成气体的体积与排出的水的体积有什么关系？

生8：生成气体的体积与排出的水的体积相等。

生9：长导管后面可以放置一个量筒，就可以测出产生气体的体积。

师：（点头）对，不仅可以用排水法收集气体（图④），还可以测量生成气体的体积（图⑤）。现有一个同学在运用图⑤装置测量生成的氧气的体积时，发现测量值与真实值有一定的误差。请同学们分析一下实验产生误差的可能原因。

生10：我认为，右端长导管的水平段残留一些水，使流到量筒里的水变少，所以产生实验误差。

生11：我觉得，可能是装置的气密性较差，导致"挤"入量筒里的水变少，从而产生实验误差。

生12：老师，可能是前面的发生装置中气体的温度还未恢复到室温就立即读数。由于热胀冷缩，导致流到量筒里的水变多，所以产生了实验误差。

生 13：我觉得可能是这位同学读数的方法不规范，从而产生实验误差。

师：（高兴地点头）上述的解释都很合理，说明大家知道⑤装置的用途及实验原理。

师：（若有所思）如果想利用图④装置收集易溶于水的气体，该怎么办？

生 14：运用排浓硫酸的方法收集气体。

生 15：（吃惊状）浓硫酸具有很强的腐蚀性，那样做的话就太危险了。

生 16：那就用排酒精的方法。

生 17：（自信）酒精具有挥发性和易燃性，也太危险。

生 18：这种气体肯定不溶于油中，那就用排食用油的方法。

生 19：用食用油有点太浪费，弄得装置仪器油乎乎的，不易洗涤，操作太麻烦。

师：（鼓励的眼神）你们说的这些方法有的危险，有的不经济实用，还有的操作麻烦。大家以小组讨论的形式，想一想如何利用排水法来收集一瓶易溶于水的气体。

生 20：在水面放一层植物油，这样就可避免气体溶于水。将气体从短导管一端通入，将水从长导管一端"挤"出，这样就可利用排水法来收集一瓶易溶于水的气体。

师：（兴奋地）这个想法非常棒。所以，大家集思广益，一定能够想到好的方案来解决我们碰到的难题的。没想到，一个简单的化学装置竟然有这么多用途！

（师生一起总结出这种装置的洗气除杂、收集气体、检验气体、测量气体体积、估测气体流速、作为安全瓶等一系列的用途）

点评：用一个开放性的实验探究题，引发学生的探索热情，让学生主动参与到化学实验教学的过程中，用主动探索和研究代替原来的被动接受，引导学生的思维向多种方向、多个层次逐步发散，从而找到可行的解决问题的方案。

案例 6（生物）：生物案例 [①]

在课本内容的课堂教学中，同样需要涉及发散性思维的培养，在讲授生物学新知识时，应当给予学生思考的时间以及发言的机会，这需要教师的灵活引导。以下是课堂教学中一个案例的具体情况：

在讲授书本中巴斯德的科学探究过程中，提问：同学们对于生活中的变质饭菜可能有哪些假设，并设计可验证的方案。

学生提出了以下几种方案：

（1）可能是地沟油导致饭菜变质。

提出解决方案：

方案一　两份相同的食材，一份用地沟油，一份用正常食用油看哪一份先变质。

方案二　提出将食物用地沟油浸泡（被其他同学否认，但是笔者认为这样有考虑到隔绝空气，给予了赞赏）。

① 任娜：《初中生物课堂教学中培养学生发散性思维的实践探索》，硕士学位论文，喀什大学，2017，第 16-17 页。

（2）可能是环境过于潮湿。

提出解决方案：

做好的饭菜一份放到干燥桌面上，另一份到放有很多水的桌面上，看哪一份先变质。

（3）可能是高温引起饭菜变质。

提出解决方案：

将饭菜持续煮沸，最终提出生物都会有一个耐热温度。

（4）可能是唾液传播导致食物变质。

提出方案：

取出两份食物，一个戴口罩，一个放些唾液。

（5）可能是细菌复活，引出巴斯德的自然发生说。

（6）可能通过蚊子传播。

提出方案：

将两份饭菜放到有蚊子的地方，一个遮起来，另一份不遮，观察哪一份先变质。

（7）可能是低温对饭菜变质的抑制。

提出方案：

一份饭菜置于常温，另一份放入冰箱，观察哪一份饭菜先变质。

案例 7（地理）：地理案例[①]

将所给予的多种地理事物运用不同的方式和标准或者属性进行分类，尽量找出与某个地理含义有关的一类地理事物。

将所列出的概念进行多种不同的分类：马铃薯、可可、茶、向日葵、香蕉、棉花、无花果、甜菜、橡胶、稻米、梨、油橄榄、苹果、杧果、竹子、油桐、烟草、燕麦、柑橘、咖啡、大豆、春小麦、冬小麦。

第一类是根据作物利用价值划分的作物类型：经济作物和粮食作物。

第二类是根据气候类型划分的作物类型：热带农业、地中海式农业、亚热带季风气候农业、温带大陆农业。

第三类是根据作物生长周期划分的作物类型：草本作物和木本作物。

第四类是根据作物利用价值具体划分的作物类型：油料作物；水果类作物；粮食作物；饮料作物；生产工业原料作物。

第五类是从作物可利用部位或成分划分的作物类型：果实类；茎秆类；叶类；根茎类；汁类；花类。

第六类是从对神经系统作用的角度划分的作物类型：刺激神经类和非刺激神经类。

[①]　李春：《地理教学中发散思维问题的训练设计研究》，硕士学位论文，山东师范大学教育学专业，2012，第 15 页。

案例 8（地理）：地理案例 [①]

人口增长过快带来了一系列的问题，如果人口增长缓慢又会有什么现象出现呢？部分答案如下：

（1）不会出现粮食供给不足的现象。

（2）不会出现饥饿贫困现象。

（3）不会有房屋紧缺、居住困难的现象。

（4）交通四通八达，车祸减少。

（5）不会有就业紧张的问题。

（6）城市空气清新，环境质量变好，不会有森林面积减少、水土流失范围加大、水资源短缺、生物多样性遭到破坏等严重现象的出现。

（7）人们都能享受到教育和培训及医疗保健的机会。

（8）人口的老龄化。

（9）劳动力资源短缺。

（10）兵源不足。

（11）社会经济负担加重。老年人的财政支出会日益增加，给社会带来不利的影响。

（12）影响社会劳动生产率的提高。老年人不适应现代化企业和先进科学技术的要求，也不利于进行职业上和地理上的转移；老年人收入相对较低也会影响消费结构，导致经济的停滞。

（13）老年人本身问题增多。比如，老年人的医疗保健问题、生活保障问题、精神孤独等问题，都会形成各种社会问题。

以上案例是假设让人口缓慢地增长或者负增长，要求学生从相反的方向思考此问题，尽可能多地去发散开它所产生的影响，培养学生的发散思维能力。

---

① 李春：《地理教学中发散思维问题的训练设计研究》，硕士学位论文，山东师范大学教育学专业，2012，第25—26页。

第五章　合作学习模式

一、合作学习模式概述

20 世纪 70 年代初，合作学习模式兴起于美国。由于其能促进小组成员共同承担责任，相互交流，形成更好的人际关系；能促使小组成员对学习任务和他人产生更积极的情感，取得更好的学习效果，因此受到世界各国的重视。2001 年，国务院在《关于基础教育改革与发展的决定》中指出，要"鼓励合作学习，促进学生之间相互交流、共同发展，促进师生教学相长"。合作学习模式是一种以 2 ~ 6 名能力各异的学生组成一个小组，小组全部成员通过互助和合作的方式展开学习活动，从而一起完成小组学习目标的教学模式。

合作学习的主要代表斯莱文教授认为："学生在一起学习，不仅要为自己的学习负责，而且要为他人的学习负责。除了合作活动的观念之外，学生小组学习法还强调小组目标和小组成功的运用。这种成功只有在小组所有成员都学会所学的目标时才能获得。也就是说，在学生小组学习法中，学生的任务不是以小组为单位去做（do）某事，而是去学会（learn）某事。"[①]

著名的心理学家、以色列特拉维夫大学教授莎伦博士是合作学习的重要代表人物。他认为合作学习是组织和促进课堂教学的一系列方法的总称，学生之间在学习过程中的合作则是所有这些方法的基本特征。在课堂上，同伴之间的合作是组织学生在小组活动中实现的，小组通常由 3 ~ 5 人组成。小组充当社会组织单位，学生们在这里通过同伴间的相互作用和交流展开学习，同样也通过个人研究进行学习。[②]

两位著名的合作教育的倡导者戴维·约翰逊（David W. Johnson）和罗杰·约翰逊（Roger T. Johnson）兄弟认为：合作学习就是在教学上运用小组合作的形式，学生共同活动，最大限度地促进小组内成员学习的一种教学组织形式。[③] 他们还把合作课堂和传

---

① R.E. 斯莱文、王坦：《合作学习的研究：国际展望》，《当代教育科学》，1994 年第 1 期。

② S. 沙伦、王坦、高艳：《合作学习论》，《山东教育科研》，1996 年第 5 期。

③ 靳玉乐：《合作学习》，四川教育出版社，2005，第 4-6 页。

统课堂进行了比较，如表 5-1 所示：

表5-1　传统学习小组和合作学习小组的比较[①]

传统学习小组	合作学习小组
低级的相互依赖，成员只对自己负责，关注的只是个人表现	高级的相互依赖，成员对自己和彼此的学习负有责任，关注的是联合表现
只是个人责任	小组和合体的责任同在，成员对自己和他人完成高质量的学习任务负责
很少安排就彼此的学习进行讨论	成员彼此促进，他们一起进行真实的学习并帮助和支持彼此的努力
忽视团队技能，领导者被委任来领导成员参与	强调团队技能，直接教授成员社会技能和期望他们使用这些技能，所有成员共享领导责任
没有针对小组学习质量的整体进程，个体的成绩得到奖励	针对作业质量和成员合作的效率展开小组进程，强调持续的改进

约翰逊兄弟认为下面 5 个成分对于合作学习的成功实施是较为关键的[②]：

第一是积极的相互依赖关系。学生必须真切相信他们是一个休戚与共的团体，必须关心彼此的学习。

第二是大量的、言语性的面对面的互动。学生必须说明、论辩、详细阐释并把他们现在学到的内容和他们以前学到的内容联系起来。

第三是个体责任。组内每个成员都必须明白没有人可以"搭便车"。

第四是社会技能。要使学生能够有效学习，必须教授学生合适的领导、沟通、建立信任和冲突解决等技能。

第五是小组进程。小组必须定期评价他们合作的情况并讨论如何合作可以收到更好的效果。

二、合作学习模式的理论基础

合作学习模式受人本主义心理学的影响，尊重学生在学习中的主体作用，认为学生"合作学习"不仅对学生的学业学习有益处，还对学生获得关键的社会技能和增强班级

---

① 玛丽·艾丽斯·冈特、托马斯·H·艾斯蒂斯、简·斯瓦布：《教学模式》，尹艳秋译，江苏教育出版社，2006，第229-230页。

② 同上书，第230页。

凝聚力有帮助。合作学习模式建立在下面的假设基础之上 ①：

（1）比起个体化且充满竞争的环境，学生在合作型的学习环境中会产生更强烈的动机合力。实际上，凝聚力强的团体运转，比同等数量的个体能达到更高的工作效率。群体内相互依赖的情感使其成员具有更大的活力。

（2）合作小组的成员可以互相学习。比起单独行动，在此种情况下每个成员能发挥更大的作用。

（3）群体成员间的交流互动使认知和社会学习变得更复杂。与独立学习相比，它能提供更多利于学习成绩提高的智力活动。

（4）合作行为能增加成员之间的积极情感，减少疏远感和孤独感，有利于建立稳定的人际关系，并培养对他人的积极态度。

（5）合作增强人的自尊。在合作学习环境中，团体成员不仅能够提高成绩，而且能够得到同伴的尊重与关注。

（6）经历了合作任务的学生在共同创造性的学习能力方面得到提高。换句话说，合作学习的机会越多，学生的获益越大，合作技能也提高得越快。

（7）包括小学生在内的所有学生都能通过训练提高合作学习的能力。

三、合作学习模式的教学目标

合作学习模式是一个多维度的综合性模式，它综合了学术探究、社会整合和过程学习等目标。在传统的课堂里，学生的大多数学习经验只限于听和记笔记；在合作学习课堂里，学生听、写、说、解释、阅读、复述和互动，合作学习的学生比传统课堂上的学生有更多的机会去学习和获得更大的成就。在小组内，学生会主动投入学习中，包括那些平时不怎么喜欢讲话的学生也愿意参与讨论，而不像传统课堂那样，只是信息的被动接受者。合作学习模式是一种既教授知识又兼具社会过程的有效方法，它不仅能培养人际间的温情和相互信任感、对规则和政策的遵守、学生学习中的独立性，还能教会学生对他人的尊重。

四、合作学习模式的教学程序 ②

合作学习模式一般分为六个阶段，具体如表 5-2 所示：

---

① 布鲁斯·乔伊斯、玛莎·韦尔、艾米莉·卡尔霍恩：《教学模式》，兰英译，中国人民大学出版社，2014，第 203 页。

② 同上书，第 212-213 页。

表5-2　合作学习模式的教学程序

第一阶段	第二阶段	第三阶段
学生面对问题情境（有计划的或者无计划的）	学生对情境做出反应	学生分析任务并组织研究（问题的定义、作用、任务等）
第四阶段	第五阶段	第六阶段
独立研究和群体研究	学生分析成果和过程	开始新的活动

（一）学生面对问题情境

教师提供给学生一个感兴趣的问题，这个问题能引起学生个体的反应并激起学生的思考，可以是一个非常直接的问题或者是一个要求全班来解决的问题。比如，"如果美国坚持自己的中立立场，而不进入二战的欧洲战场，结果会是怎样？""白雪公主中的苹果象征着什么？"这个模式避免了那些低水平的、只有简单唯一答案的问题。此阶段，教师提供的问题要适合学生的认知水平，符合学生的能力，处在学生的"最近发展区"最好，问题过难或过易都难以达到预期目标。

（二）学生对情境做出反应

问题情境一旦创设成功，教师可要求学生在一定时间内思考作答。至于学生需思考多长时间，则由教师依据问题的难易程度和学生的知识水平设定。在时间的设定上，教师应随机应变，灵活调整。因为有时教师觉得简单的问题，不一定学生也认为简单。时间设定的长短取决于是否有助于学生写下他们的回答和解决方案。教师还要让学生明白，即使没有正确答案，每个人也都要积极思考，只要能找到在某种程度上有一定道理的答案都是有成效的。这一阶段，教师可把注意力集中到学生对问题反应的差异上，即学生们是站在哪种立场上的？他们观察到了什么？他们有什么感受？他们是如何组织问题的？等等。

（三）学生分析任务并组织研究

基于学生对问题反应的差异，教师可以指导学生阐述问题，并将问题进行分类，在问题确定后，学生分析解决问题需要完成哪些任务，然后依据组内成员的各自能力、特长等进行任务的分工。

（四）独立研究和群体研究

各小组先独立展开研究，过一定时间后，教师再引导各组学生和其他组同学展开讨论，以获得对问题的一致意见。每个学生都有机会尝试其所设想的可能性，这可以引发学生更多地围绕问题而产生谈话，每组学生可以基于他们共同的意见来重新构造问题的答案。与贸然在全班面前说出一个没有经过讨论的答案相比，这种小组的设置对学生个体来说更安全。

（五）学生分析成果和过程

分析成果或展示答案时，学生可以单独陈述，也可以以小组为单位向全班展示。每组学生无论是以图表或图解的形式，还是文字的形式呈现展示他们的答案，都会因为其思想的成果而得到认可。

各个小组分析成果和展示答案这一阶段对学生的发展非常重要，它有助于学生发现解决问题的不同途径，看到不同的学习风格、独具特点的表达方式以及解决问题过程中同学们的努力程度等，而这些都是他们的同龄人所展现的，是课本以及教师那里看不到或听不到的。

（六）开始新的活动

这个过程在遇到另一个新问题或在调查过程中产生另一个新问题时可以自动重复。

五、合作学习模式的实现条件

合作学习模式不仅对学生的学业学习有益处，还能帮助学生获得关键性的社会技能和增强班级凝聚力。它不仅对高年级学生是有效的，对几乎所有年级中的大多数学生都是有效的，因此可以运用于不同年龄段的学生和不同学科。在合作学习模式中，教师是顾问、咨询师和友好的批评者，应尽量少添加自己的意见，确保学生的合作活动在理智、协商的氛围中进行。合作学习模式最关键的是小组合作学习，在此过程中，教师务必做好以下几点：

（1）科学合理地建立合作小组。教师在分组时要秉持"组内异质、组间同质"的分组原则，根据学生的知识水平、特点或特长进行合理调配，达到组内优势互补的效果。同时，每个小组要选出一位小组长，负责组织小组内的学习活动。

（2）明确具体的小组合作学习目标。每一个合作小组都要有明确的学习任务或学习目标，针对学习目标，小组内每一位成员都有特定的组内分工或承担的角色，各司其职。这样组内每个成员才有事可做，有话可说，合作才不会流于形式。

（3）适时引导。在合作学习的过程中，教师要随时观察学生的合作情况，根据学生的实际情况进行指导，对于学生不能解决的问题要及时给予点拨或引导。教师要鼓励学生在合作时大胆表达自己的想法和意见，对于不同于自己的想法，要有理有据地进行辩论，越辩理越明。同时，教师要引导学生倾听他人的发言。有些学生好胜心理强，爱表现，在小组合作中不愿倾听别人的意见，甚至对别人的说法不屑一顾。对此，教师首先要旗帜鲜明地告诉学生：随意打断别人发言或者在别人发言时不认真倾听都是非常不礼貌的行为；其次，在合作学习中，教师可以设计让学生找其他同学发言的重点或者"找荏"的活动，这不仅可培养学生认真倾听的习惯，还可引导学生学会从别人的发言中收集信息，获得知识。

（4）积极的评价。在合作学习之后，教师可采取让学生总结或提出问题让其他学生回答等手段，以检验学生合作学习的成效。在学生总结或回答问题时，教师要对学生合作学习中的表现、知识掌握的情况以及解决问题能力等多方面给予及时的评价。教师评价的原则是多表扬激励、少责备。另外，每个小组中的成员都是异质个体，不仅各有其特点，而且在能力上可能有一定差距，因此教师要鼓励每个层次的学生都发言，并及时给予不同的、特别的肯定和表扬，让学生体会到学习的快乐。

六、合作学习模式的教学案例

案例 1（语文）："口技"教学片段 [①]

语文课堂中通过小组合作讨论、展示、补充、质疑、总结及反思，提升"听说读写"的能力。最好的教，就是让学生学会学；最好的学，就是让学生给别人讲。小组合作讨论展示补充质疑的过程，培养了学生的语文能力。学生可以围绕问题进行讨论，激活有关的先前知识，让原有知识背景与当前信息生成更多的联系。讨论可以使学生的思维过程表现出来，更可以使学生取长补短、相互借鉴。另外，通过小组合作，学生分别负责某个学习要点，这可以令其变成某个学习要点上的"专家"，通过合作来解决单个学生无法解决的问题，从而增强其学习动机、兴趣和信心。

例如，"口技"一课，展示文中一处小标点的使用。

展示组认为："中间力拉崩倒之声，火爆声，呼呼风声，百千齐作；又夹百千求救声，曳屋许许声，抢夺声，泼水声。"泼水声后面应该用省略号，因为"凡所应有，无所不有"，声音应该是很多的，用省略号似乎更合适。

质疑的同学却认为：古文里从来没有见过省略号，可见古代人没有发明省略号，就像通假字一样，是因为古代没有这些字。

补充的同学说：古文里不仅没有省略号，所有标点符号都没有。中国直到清朝末年，才从国外引进标点符号。我们学的古文，标点符号都是编者加的。

师：事物的正确答案往往不止一个，这里为什么不用省略号，我们今天还不能定论，提出问题比解决问题更重要。这个问题的价值在于启示我们，尽信书则不如无书。

展示开始，补充开始，质疑开始，就是创新的开始，真正的学习也就开始了。

另外，还可以设置"本周质疑明星"或"最佳质疑补充小组"，对同学很具吸引力。

---

① 原淑静：《初中语文小组合作教学模式个案研究》，硕士学位论文，广西师范学院学科教学（语文）专业，2015，第 25—26 页。

案例2（语文）：小组合作的写作教学[①]

作文是语文教学的重要组成部分，作文分值占据语文中考、高考的重中之重。因此，作文教学是语文教学的重头戏。教师一定要重视作文教学，引导学生热爱写作。作文的批改工作一直是语文教师头疼的问题，小组合作的作文教学要贯彻国家教育方针关于作文的政策。最新版《义务教育语文课程标准》指出："重视对作文修改的评价。要考查学生对作文内容、文字表达的修改，也要关注学生修改作文的态度、过程和方法。要引导学生通过自改和互改，取长补短，促进相互了解和合作，共同提高写作水平。"

关于作文的批改，语文教师可以培训小组长，让每组的语文组长批改本组的作文和日记，或者让小组内的同学相互批改。

教师可培训班级内的8个组共16名正副组长，让这16名受培训的学生组成作文日记专家组，这16人先培训讨论作文或日记中写人、写物、写景、写事等怎么写，以及需要注意哪些问题等。在这个过程中，教师要相信学生，因为学生会从这种信任中受到鼓舞，同时学生对教师的"工作"反馈会让教师欣喜不已。作文的合作评改模式，能提升学生的写作和修改能力。

下面是作文修改活动方案：

（1）分组讨论作文，每篇文章分别按照当次的写作训练重点找出得失，写好评语，最后选出小组最佳者。

（2）小组内齐力修改佳作，使之更佳。

（3）每组代表宣读代表作，全班交流。

（4）众评委（全班同学）点评，选出前三名。

（5）选出最佳文采奖、构思奖、立意奖、书写奖等，另根据点评情况选出最佳点评奖、最佳点子奖等。

作文讲评通过小组合作的形式进行，这样既可以使学生充分了解到此类作文容易出现的一些问题及修改的方法，又可以较大范围地让学生佳作在同学中得到展示，促进学生写作的积极性。将评改和修正后的学生作品装订成册，编号，供同学们传阅，利于相互学习，共同进步，也利于比对出每个学生的作文在不同阶段的进步情况。这样一来，作文的身份发生根本变化，不再仅仅是学生独立完成的学习任务，而变身成全班可共享的资源宝库。

相比传统枯燥的作文教学，这样的作文合作课堂充分调动了学生的学习积极性，调动了学生写作思维，大家集思广益，使作文写作水平在相互探讨中共同提高进步。

[①]　原淑静：《初中语文小组合作教学模式个案研究》，硕士学位论文，广西师范学院学科教学（语文）专业，2015，第27-28页。

案例3（英语）：词汇教学（JOIN IN 四年级上册 Unit 1 When is your birthday？第一课时）[①]

（1）课前预习的布置。教师找到与月份相关的简单 chant 让学生在家听熟或跟唱，尝试用自然拼读法对十二个月份的单词进行拼读并完成预习表格，要求家长签字。小学生的自觉性和自学能力都有限，因此还需要家长的监督和配合。表格由家长与学生共同完成（表5-3），能背诵单词，即不需要看着单词也能迅速反应每个月份对应的单词；能熟读，即能够看着单词迅速反应出其发音；能拼读，即能够看着单词按照音节划分用自然拼读法将其正确读出来；能听懂，即能够根据听到的英文单词反应出对应的是几月；最后一栏即学生完成了预习任务但无法达到前面的四个标准。

表5-3 学习进度表

Name：				
月　份	背　诵	熟　读	拼　读	听　懂	完　成
January					
February					
March					
April					
May					
June					
July					
August					
September					
October					
November					
December					
家长签字：					

（2）课中教师讲授新知。教师结合课件等采用多种方式帮助学生掌握十二个月份单词的正确发音。在教授过程中，如有让学生个别回答问题或朗读等环节，则需给该学生

[①] 殷蕾：《合作学习模式在小学英语课堂中的应用探究》，硕士学位论文，华中师范大学学科教学（英语）专业，2016，第20-22页。

对应的小组加分。

（3）小组学习巩固新知。在小组活动之前，需向学生明确合作学习的目标，即能够熟读十二个月份对应的词汇。组内成员互相检查学习结果并完成相应表格（表5-4），要求组内的每个成员都必须检查其他成员的掌握情况，整个过程在组长的指导下进行。这样一来，每个学生都至少能够将这12个单词听3～4遍同时读3～4遍，无论是语言的输出还是输入都可以得到极大的提高。相较于教师抽查，学生在其他小伙伴面前可以更放松；同时，也可以让学习效率得到极大的提高，在同样的时间内，学生操练的时间大大增多。

表5-4　小组学习表格

Group Name：			Name：		
	January	February	March	April	May	June
Name						
	July	August	September	October	November	December
Name						

（4）小组考评。每组随机抽取一到两名成员参与词汇游戏，并将其游戏成绩作为本次小组合作学习的成绩。

课后反思：

小组合作学习拓宽了师生之间、生生之间的交流，特别是更多的生生互动使学生的语用频率提高，学生在一节课中能更多、更自在地使用英语。当然，更多的表现机会也意味着可能会出现更多的错误。因此，在学生活动之前，教师进行词汇朗读十分重要。这种课型的合作学习的开展必须基于课前的预习以及课前预习表格的回收，使教师在设计教学过程时更有重点。比如，May 这种词汇，大多数学生都能熟练掌握就可略讲，而February 这类掌握情况不太好的词汇就需重点教授。另外，通过预习，学生在听课也能带有更强的目的性。

在合作学习开展的过程中，教师需要到各个小组中解答他们提出的问题，调解可能出现的矛盾，鼓励他们互帮互助、共同提高。在每次小组活动任务结束后，及时地进行评估与反馈是十分必要的，特别是对于一些共性的问题，如个别单词发音不准确、语言表述不精准等。这个环节不可或缺，否则一是会影响学生对知识的掌握，特别是对于小学生而言，一旦一个单词的语音掌握得不准确，在后期可能就需要三到四倍的时间来进行纠正，长此以往，就容易导致他们习得错误的语言；二是容易误导学生对合作学习的理解，他们可能会觉得课堂中的这个活动就是大家坐在一起远离教师的监管，这也是不利于他们的学习的。

因此，在各小组开展活动的同时，教师不能置身事外，而是要做有心人，不仅仅要指导学生有序地、高效地进行合作学习的相关活动，更要在这个过程中记下学生的共性错误。在各小组考评时，也可以邀请学生自己做评委。这样一来，不但有教师的点评，也有学生自己的点评，增强了课堂的互动性，使学生能在更加平等的环境中放松自己、轻松学习。

案例4（英语）：故事教学（JOIN IN 四年级下册 Unit 4 My room 第四课时）[①]

（1）课前预习作业的布置。本课时的内容为故事教学，在小学阶段对故事教学的要求是能理解并进一步结合图片复述或表演故事。也就是说，最基本的是理解故事内容。因此，在这一部分预习作业的布置上需要设计问答，以帮助学生掌握故事脉络、知道故事大意。学生在书上故事相应部分画线编号即可，不需要将完整答案抄在预习单上。这样做一方面考虑到四年级学生的英语书写的能力有限；另一方面，可以培养学生边阅读边标记的习惯，为其之后在应试中阅读技巧的培养打下基础。对于成绩较好的学生，可以要求他们能够熟读故事，教师需要通过预习单（表5-5）的反馈了解学生的预习情况及程度，如有不能读出来的图片，可以让学生在预习单上写下相应的图片标号以在课堂上重点、集中地解决共性问题。

表5-5 学生预习单

Name:
Task 1：Listen to the story and answer the questions.
1.How many people are there in the story？ Who are they？ 2.What do Pit and Pat buy？ How much？ 3.What are missing？
Task 2：Listen and repeat. 熟读（　　）　能朗读（　　　） 能读，还有不熟练的地方（　　　）_____ 已听并跟读（　　）
家长签字：

（2）课中教师教授新知。教师结合课件等教授新词并引导学生按故事发展给其分段，设计问答、选择、判断等多种形式的问题，进一步巩固学生对故事的理解。同时，对于大多数学生觉得发音困难的语句要多强调、练习。在教授新知的过程中，也可以根据每组学生的表现情况给每个小组适当地增减分。

（3）小组合作学习以"双簧"的方式表演故事。故事教学最基本的目标是能够理

① 殷蕾：《合作学习模式在小学英语课堂中的应用探究》，硕士学位论文，华中师范大学学科教学（英语）专业，2016，第26-27页。

解故事，进一步的目标才是朗读或表演故事，再加上这个故事中人物数量有限，这一部分合作学习的开展，并不强求每个学生都能够熟练地将故事读出来，而是以"双簧"的形式进行表演。每组中基础不那么好的学生可以只进行故事的表演，他们能在表演的过程中加深对故事本身的印象，从而理解、读懂故事；而剩余的成员则是为他们的表演配音，可以根据自己的实际学习情况，挑选人物来配音。这样一来，整个故事的表演就被分解成了几个部分，大大降低了学生学习和演出的难度，同时每个组员在这个活动中都有事可做，能背则背、能读则读、能演则演。

（4）合作成果的展示。每组分别上台表演故事，邀请学生评委对每组的表演及朗读进行打分，最后以总成绩作为本次合作学习的成绩。

【课后反思】

合作学习是基于某些问题或任务来呈现学习目标，并通过集体的活动与智慧完成这项目标。因此，教学成功与否取决于合作任务的布置是否得当。合作任务是为教学目标服务的，我们在设计活动时，应紧扣教学目标，并根据学生的实际情况与水平来调整教学目标。在实际的操作中，不能以一个教学目标来统筹所有的学生，教学目标的设置也应该是有层次的，争取做到有针对性、有差异性。就像在本节故事教学中，对于基础较差的学生来说，只要理解故事就行了，能够跟读甚至朗读就更好，不能强求所有的学生都能熟读，这样反而会增加他们的畏难情绪，使他们丧失对英语学习的兴趣。在本节课中，就算不能熟练地朗读课文，学生也能以表演的形式参与课堂教学，他们的参与也会为小组最终的成绩贡献力量，这样他们才会有内在的驱动力主动地学习。同时，这种教学方法也使英语学习脱离了口头的学习，让学生全身心参与其中，增加了趣味性，这对学生情感态度的培养也至关重要。

案例5（政治）"世界文化的多样性"合作学习模式的教学过程设计 [①]

此教学主要采用了合作学习的方法。在四个模块的教学活动中，根据教学内容的难易设计有不同程度的合作学习。

【课前准备】

本节课知识的理论性不强，没有很难理解的知识点，强调知识的丰富性、互补性。鉴于此，将四位学生划为一组，在分组的过程中要特别注意小组成员的异质性。

选取一个你感兴趣的民族（国内、国外都可以），介绍一下它的文化特色，可以从饮食、服饰、体育、语言文字、宗教信仰、风俗习惯、民族节日等方面任选一个角度。

设计意图：激发学生学习文化多样性的兴趣，提高学生搜集并整理资料的能力。

【教师活动】

播放 2016 年里约热内卢申奥宣传片（2016 年第 31 届奥运会在巴西的里约热内卢举行。宣传片中介绍里约热内卢这座城市的地理位置以及各种运动项目的举行地点，短

---

① 张婷：《高中〈思想政治〉合作学习模式教学设计研究》，硕士学位论文，山东师范大学学科教学（思政）专业，2016，第24-32页。

片中穿插介绍里约的文化特色）。

【问题设置】

观看短片，找出你看到的文化元素（以小组为单位，抢答，看哪个小组找得多）。

设计意图：通过寻找短片中的文化元素，导入本节课要学习的内容。小到一个城市，大到一个民族，都有其自己的文化特色，正是一个个具有特色的文化因素构成了丰富多彩、异彩纷呈的世界文化。学生观看短片一方面感受世界文化的多样性，另一方面锻炼其观察发现能力。在这一部分，小组成员之间不用讨论，但问题回答以小组为单位，目的是激发学生的积极性，调动课堂气氛，增强团体意识。

【学生活动预设】

学生找出的文化元素可能包括各类体育项目、建筑、服饰、舞蹈、科技等文化因素。

【教师引导】

正是这些富有特色的文化元素让这个城市与众不同。短片只是给我们呈现了里约热内卢这座城市一部分文化元素，还有很多没有呈现出来。不论一个城市，还是一个民族，或是一个国家，都通过各种各样的文化元素向我们传递着属于其自身的文化气息。这些文化元素可以是语言文字、宗教信仰、体育运动、民族服饰、地方美食、风土人情等。它们是世界文化的一部分，世界文化更是丰富多彩。这节课我们一块来学习——世界文化的多样性。

小组合作，探求新知（约 15 分钟）。

（1）异彩纷呈，交相辉映。

活动一：整体感知。

【教师活动】

请学生说一说自己感兴趣的民族文化特色。（学生课前准备的内容）

【学生活动】

学生畅谈自己查阅的文化特色。（可能是民族节日、宗教信仰、风俗习惯、地方美食、文化遗产等，要求每个学生的回答不超过两分钟。）

【教师总结引导】

每个民族和国家都有自己辉煌灿烂的文明。刚才同学们提到的各个民族的文化特色给我们打开了一扇扇不同世界的大门，我们正是通过这些民族文化来了解这个民族，这些民族文化不仅是本民族的标志和骄傲，更是世界的宝贵财富。

设计意图：学生在搜集资料的过程中会面临很多选择，也会了解很多关于这个民族的文化特色，最后选取一个自己最感兴趣的内容讲述给其他学生。这个搜集资料、选择资料的过程本身就是一个自我学习的过程。让学生给其他学生介绍可以锻炼学生的语言组织能力，同时其他学生对从自己同学那里听来的知识印象会更加深刻。

活动二：民族节日。

【教师活动】

国务院已将元旦、春节、清明节、劳动节、端午节、中秋节、国庆节规定为法定节假日。由此可见，我国是非常重视传统节日的。同样，圣诞节在西方也非常受重视。请结合课本第 29 页虚框部分以小组为单位比较春节与圣诞节的异同（可以从时间、由来、习俗等方面比较），并分析民族节日中包含的文化元素，以及我们要庆祝民族节日的理由。

【小组合作探讨】

小组成员在讨论初期往往不能迅速进入状态，为了避免学生合作学习状态不佳或者利用讨论时间闲聊，教师要融入其中，营造一种浓厚的学习氛围，调动学生学习的积极性。讨论时间设定在 7 分钟左右。

【学生预设活动】

小组成员回答两种民族节日的异同点，并分析民族节日中包含的文化元素，以及庆祝民族节日的原因，小组之间互相补充。

【教师活动】

教师多媒体展示两种节日的异同，并总结民族节日中包含的文化元素，由此引出民族节日的含义——民族节日蕴含着民族生活中的风土人情、宗教信仰和道德伦理等文化因素，是一个民族历史文化的长期积淀。然后总结庆祝民族节日的原因——庆祝民族节日是民族文化的集中展示，是民族情感的集中表达。

设计意图：这一部分主要通过小组合作学习探究民族文化的主要表现形式之一——民族节日。通过比较春节与圣诞节的异同，引出民族节日的含义以及庆祝民族节日的原因。

这部分内容贴近学生生活实际，适合合作学习的模式，学生可以结合自己的经验讲述自己对民族节日的了解，这个过程是学生将生活经验上升为理论知识的过程。由于这部分内容不难理解，学生结合生活实际稍加提炼便可以总结出来，因而时间控制在 10 分钟之内。

活动三：文化遗产。

【教师活动】

（多媒体展示材料）

材料一：济南历来有"泉城"的美誉，因为特殊的地形地质结构，形成了众多泉水，在海内外城市中罕见。2006 年 6 月，济南市决定将济南泉水申报自然与文化双遗产。可是济南申遗之路非常漫长，到 2009 年，济南名泉才进入《中国国家自然遗产、国家自然与文化双遗产预备名录》，成为我国第一个以泉水为主题的申遗项目。2013 年，济南整合趵突泉、大明湖、五龙潭、护城河组建天下第一泉景区，被列为全国 5A 级景区。2015 年，济南名泉列入预备名录，济南名泉需要从预备名录中脱颖而出，被中国选中并推荐上去，成为世界遗产预备名单中的一员，之后再由联合国教科文组织进行考察，在表决通过后，才能成为货真价实的世界遗产。

材料二：时至今日，济南不少泉水面临污染、填埋等保护不力的状况。泉水被污染，泉池、护栏被破坏的情况也时有发生。此外，虽然趵突泉已经连续十几年喷涌，但喷涌的质量却是参差不齐，而黑虎泉、百脉泉等大泉也直接出现了断流现象。

【问题设置】

小组讨论：申遗之路如此艰难，为什么济南市还执意要申遗？

请你为济南泉水申遗之路出谋划策。

【学生预设活动】

学生讨论，然后回答问题。

【教师活动】

（教师根据学生回答进行总结。）济南的泉文化是济南最宝贵的文化遗产和财富。泉水和文化是济南的主旋律，是济南的象征。济南的泉水承载着济南的历史和文化，它已经成为济南人的一部分，是济南的根，是济南的魂。研究济南历史必定要研究济南的泉水文化，它是济南人共同的精神财富。这也是济南要申请文化遗产的原因。对于一个城市来说，文化遗产是其文化成就的重要标志；对于一个国家来讲，它就成为一个国家和民族历史文化的重要标志；对于世界文化遗产来讲，它不仅对于研究人类文明的严谨具有重要意义，对于展现世界文化的多样性也具有独特作用。它们是人类共同的文化财富。

设计意图：材料选取济南泉水申遗之路，一方面贴近学生生活，使学生有话可说；另一方面，济南泉水作为济南人的骄傲近年来污染严重，断流现象也时常出现，可以激发学生对家乡的热爱。第一个问题的主要意图是引导学生挖掘文化遗产的地位和作用这一知识点，第二个问题是为了提高学生分析材料、联系实际的能力。

（2）透视文化多样性。

【教师活动】

世界文化具有多样性的特征，主要是指民族文化的多样性。人们的居住环境不同，不同的气候、地形和水源条件决定了不同的人口规模、生产活动，这些会影响人们的人生态度、生活习俗等各个方面，逐渐形成了各具特色的传统文化。就世界范围而言，就形成了地域文化。从上一个板块我们可以看出，文化的表现形式多种多样，可以是语言文字、建筑、宗教信仰、风俗习惯、民族服饰、思想理论等各个方面。可见，文化多样性是人类社会的基本特征，也是人类文明进步的重要动力。

活动四：民歌透析。

教师多媒体播放俄罗斯民歌与非洲民歌。学生结合教材第31页虚框部分分析。

【学生活动预设】

表现在民歌中的文化多样性，不仅仅是内容、曲调方面的差异，还有民族性格、风土人情的差异。学生能通过服饰、饮食的例子分析出民族性格、生活风尚、观念意识等的多样性。

学生阅读教材第 31 页，思考三个问题：

什么是文化多样性？

文化多样性的意义是什么？

为什么说文化既是民族的又是世界的？

【教师总结】

从同学们的精彩分析可以看出，不同民族都有自己的民族文化。文化是民族的，不同民族文化之间存在差异，那它们之间有没有共性呢？文化产生于人类的社会实践，人类的社会实践具有共性和普遍规律，所以各民族的文化也有共性和普遍规律，即文化既是民族的又是世界的。比如，很多同学喜欢看美剧，虽然语言、思维观念不尽相同，但是我们依旧能看懂；我们听的歌有汉语的、英语的、韩语的、日语的，虽然听不懂歌词，但是可以听懂歌曲表达出来的情绪。

板书：文化是民族的又是世界的。

【教师过渡】

信息的迅速发展加快了文化交流的速度，不同民族文化之间相互交融、相互冲撞，在这种情况下，我们应该怎样对待文化多样性呢？

板书：对待文化多样性的态度。

合作探究，深化新知（约 15 分钟）。

（3）尊重文化多样性。

活动五：奥运会会徽。

多媒体展示材料（第 32 页合作探究三届奥运会会徽展示图）。

采用小组合作的方式，在此过程中，积极鼓励每位学生表达自己的看法、观点。小组在讨论完毕回答问题的时候，不能限定在小组内某一个同学身上，要尽量让更多的学生有发言的机会。

问题：

通过观察，你能解释历届奥运会会徽上的文化含义吗？

奥林匹克运动会为什么能得到其他国家的认可？

从奥运会会徽的设计分析尊重文化多样性的价值。

【学生讨论情况】

学生能解释奥运会会徽设计的含义；能分析出奥运会会徽之所以得到其他国家的认可并走向世界，是因为其文化得到了其他民族的认可；能分析出尊重文化多样性的价值。

【教师总结过渡】

奥运会会徽的设计只是一个很小的方面，神话传说、诗歌艺术、哲学思想都体现了文化的多样性，之所以能流传至今成为经典被人传颂，离不开文化之间的相互尊重。对于一个民族来说，民族文化是这个民族的智慧结晶，起到维护民族生活、凝聚民族力量的作用；对于世界文化来说，每个民族的文化是世界文化的重要组成部分，只有民族文化之间互相尊重、求同存异，才能保持世界文化的繁荣。尊重文化多样性必须遵循各民族文化一律平等的原则。

设计意图：对待文化多样性的态度是本节课的重点。很多学生都对运动项目感兴趣，以奥运会会徽为案例，可以激发学生的学习兴趣，锻炼学生的观察、口述能力。同时，透过奥运会会徽的设计可以发现其背后所隐藏的含义，有利于锻炼学生透过现象看本质的能力。采取合作探究的方式，小组内成员互相表达自己的看法观点，本身也是尊重别人的过程。

集体践行，体验新知（约 5 分钟）。

活动六：世界遗产青年保护者形象。

【教师活动】

（多媒体介绍世界遗产青年保卫形象背景资料）

"帕特里莫尼托"在挪威卑尔根举办的"第一届世界遗产青年专题研讨会"中诞生，是由一群西班牙学生设计创造的。"帕特里莫尼托"在西班牙语中是"小遗产"的意思，这一形象的设置目的就是要保护人类面临失传的古老民族文化。这一活动表明，尊重文化多样性不但是口头上的承认，而且要采取实际行动进行保护。作为青年，应该为文化遗产贡献自己的力量。

开展"济南文化遗产保护"调查活动的主要目的是培养学生保护民族文化遗产的意识，使其了解保护文化遗产的方法措施。调查的题目可以由学生自己确定，确定的范围可以是自然遗产、文化遗产或者具有双重性质的遗产。可以先由学生自己提出，然后小组内进行讨论决定一个确实可行的题目。确定题目之后，小组讨论制定活动方案。可以通过网上查阅资料、外出调查、实地调查、电话访谈、资料信息调查、统计分析等多种方法获取资料。调查结束后，小组内整理调查结果，并公布在班里，供大家浏览。

【回忆总结，知识构建】

请同学来总结本节课的知识框架。

设计意图：学生自己总结知识点既是强化回忆的过程，又是查缺补漏的过程。

【体验践行，学以致用】

课后作业：小组展示调查结果。

设计意图：理论知识只有通过实践才能内化成自己的知识。开展济南文化遗产的调查活动，一方面可以加强学生对本节课的理解，另一方面可以提高学生的合作技能，培养合作观念。实地调查可以提高学生的社会实践能力，进行文化遗产的调查可以增强学生的民族意识与爱国情怀。

案例 6（地理）：人教版必修二第五章第一节"交通运输方式和布局"教学[①]

【课前准备】

（1）制定教学目标。

知识与技能目标：列举五种交通运输方式并比较其优缺点；结合实际情况，对交通运输方式进行合理选择，并说出其发展方向；结合案例，说明交通运输方式的重要性，并分析影响交通运输线布局的因素。

过程与方法目标：通过呈现图文资料，学生讨论交流，比较五种交通运输方式的优缺点并对其做出合理选择；通过呈现"南昆铁路建设"的案例，引导学生探究、分析影响交通运输线布局的因素。

情感态度与价值观目标：分析影响南昆铁路建设、布局的因素，使学生树立用发展的观点看问题的意识，增强民族自信心。

（2）制定小组合作目标。

上述教学目标即为小组合作学习的学术性目标，还需制定人际技能目标，其根据各个小组的实际情况由学生自行拟定。例如，有的小组在本次地理合作学习中制定的目标是"互帮互助，集思广益，推荐组内最内向的同学作为小组汇报员"。

（3）设计地理问题。记忆性问题：①现代社会有哪些主要的交通运输方式？②可从哪些角度去比较不同交通运输方式的优缺点？③哪些基本要素组成了不同形式和层次的交通运输网？④交通运输布局主要受哪些因素的影响？

理解性问题：①这五种主要的交通运输方式各自的优缺点或主要特征有哪些？举例说明。②现代交通运输呈现出怎样的发展趋势？主要意义有哪些？

分析性问题：①铁路线修建的区位因素有哪些？②公路选线的区位因素有哪些？③优良港口（码头）建设的区位因素有哪些？④主要有哪些因素影响汽车站和火车站选址？⑤建设航空港的区位因素有哪些？

[①] 王新香：《问题驱动下合作学习模式在地理教学中的实验研究》，硕士学位论文，华中师范大学学科教学（地理）专业，2017，第 33-37 页。

【课堂活动】

按表 5-6 进行教学。

表5-6　实验班教学过程

环节	教师活动	学生活动	设计意图
问题导学	【自我介绍】介绍自己的姓名、学校、年龄、籍贯等 【设问】有同学去过我的家乡江西吗？你们是怎么去的？假如国庆计划去江西庐山旅游，说说你能想出几种出行方式 【板书】根据学生回答进行板书（火车、汽车等）	认识新来的老师，结合实际生活，思考老师的问题 回答：火车、汽车、轮船、飞机	贴近生活，激发学生学习兴趣，连续提问，启发学生思维
承转	今天我们要学习的就是与我们的生活息息相关的交通，请翻到书本第78页 【强调】交通工具与交通运输方式概念区分 【板书】写出交通工具——对应的交通运输方式 【设问】现代社会，主要有哪些交通运输方式呢 【归纳】（铁路、公路、水路、航空、管道）运输	学生辨别交通工具与交通运输方式两个不同概念	为新知识学习做铺垫
问题独学	【播放视频】播放《主要交通运输方式》微课视频，提示学生在观看视频时注意五大主要交通方式的优缺点以及比较 【投影】展示五个生活实例 【设问】结合生活实例，说说这些运输方式的优、缺点分别是什么 【小结】教师小结"交通运输方式之最"，补充解释"连续性"与"灵活性"含义 【播放视频】播放《高铁的前世今生》动画视频 【设问】观看视频、图片，请学生说一说现代交通运输发展的趋势 【引入新知】不同运输方式各有长处和不足，由此形成了多种形式和不同层次的交通运输网，以充分发挥各交通运输方式的优势。那么同学们知道一些交通运输线如铁路、公路等是如何布局的吗？其影响因素又是什么呢 【投影】"南昆铁路"案例 【设问】结合书本案例内容，请学生尝试分析南昆铁路修建的主要区位因素	运用教师展示的生活实例分析比较五种交通运输方式的特点 完成导学案中五种交通运输方式的排序 学生回答：高速化、大型化、专业化、网络化等 先了解交通运输网的基本组成要素——"点"（车站、港口、航空港等）、"线"——（铁路线、公路线等），而后结合教材内容思考影响南昆铁路修建的主要区位因素	精心制作的微课视频能激发学生的学习兴趣，培养学生获取地理信息的能力 以书本上"南昆铁路的建设"为案例，引导学生独立思考、自主分析影响交通运输布局的主要因素，为接下来的合作学习奠定基础

续 表

环 节	教师活动	学生活动	设计意图
承转	通过刚才同学们的思考，已经知道了交通运输线和点的布局都要受到经济、社会、自然和技术等因素的影响和制约 【设问】虽然交通线和站点的布局都是受上述几大因素的影响，但是各个因素所占的比重也是一样的吗？影响其布局的主导因素都是同一种吗？这需要我们因地制宜，具体问题具体分析	自我小结影响交通运输布局的共同因素，同时明确不同交通运输在不同地区影响其布局的主导因素各有不同	树立具体问题具体分析的观念，进一步了解地理学科"整体性"和"地域性"之间的关系
问题互学	【投影】展示小组合作学习"问题" （1）铁路修建的区位因素有哪些？——以京九铁路线为例 （2）公路选线的区位因素有哪些？——以川藏公路为例 （3）优良港口（码头）建设的区位因素有哪些？——以上海港为例 （4）主要有哪些因素影响汽车站和火车站选址？——以汉口火车站为例 （5）建设航空港的区位因素有哪些？——以天河机场为例 【分发材料】将京九铁路线、川藏公路线、上海港、汉口火车站以及天河机场等相关学习材料分发至各组 【指导分工】指导小组尽快确认记录员、检查员和汇报员的人选 【监控调节】教师在各个小组间来回巡视，密切关注各个小组交流讨论的情况，了解其问题解决的进度，及时指出不积极不参与的现象或在问题讨论中出现的偏差 【组织交流】各个小组讨论完毕之后，教师组织各个小组依次上台展示汇报本组的学习成果。每个小组汇报完毕之后，教师随机抽取其他小组的学生对该小组的汇报内容进行评价，之后教师再进行点评	每个小组根据课前本组搜集的相关信息认领对应的"问题"，全班五个小组每个小组一个"问题" 组内分工互助，共同探讨，确认记录员、检查员和汇报员。记录员如实记录组内成员的发言内容，检查员督促每位成员积极参与，汇报员准备展示小组的合作学习成果。每位成员都要参与材料的分析和问题的思考 每个小组的汇报员依次上台汇报展示本组的学习成果。其他学生认真聆听，也可对本组的汇报成果进行补充，从优点和不足两方面进行评价	明确合作学习解决的问题 组内分工，责任到人，防止个别学生出现不思考"搭便车"的现象 组与组之间共同交流，成果共享，拓宽思路，提高学习效率

续 表

环 节	教师活动	学生活动	设计意图
总结	【总结】教师根据刚才各个小组的汇报内容，依次总结影响铁路线、公路线、港口（码头）、车站和航空港的具体的区位因素以及它们之间的主要区别 【评价】再次回顾本课学习内容与学生表现情况，指导学生填写"合作学习评价表"，进行综合性评价	与教师一起总结本节课的知识要点，完成知识框架图，建构知识体系，完善知识网络 认真填写"问题驱动下合作学习评价表"，进行个人自评和组内互评	建构学生的知识体系，强调本节课的重难点内容。进行综合性立体化评价，为下次更好地开展合作学习提供指导

课堂教学活动结束之后，教师收集学生填写的评价量表，进行多角度的综合分析，同时督促学生对自己在小组合作学习中的行为表现进行反思。

案例 7（高中生物）：第 5 章 基因突变及其他变异第 2 节 染色体变异①

【教材分析】

本节内容选自高中生物必修二第 5 章第 2 节，本节内容包括染色体结构和数目变异以及低温诱导染色体数目变化的实验。课本从生活实例无籽西瓜的形成开始，将与生活密切相关的问题引入教材内容的学习。文本开始的第一段话，不仅区分了基因突变和染色体变异两种变异类型，而且直接呈现出染色体变异的两种类型。接下来，以猫叫综合征为例说明了人类一些遗传病是由染色体结构变异引起的，再通过 4 个示意图直观形象地说明染色体结构变异的类型。染色体数目变异的内容所占篇幅较多。对于染色体组的概念，课本不仅用了文字描述，同时增加了果蝇的染色体图片，更具体直观。同时，教材在对染色体数目变异的内容的讲解中，应用了大量的生活实例，还在文字右侧信息栏中增加了相关信息内容。

本节内容与前面学习的有丝分裂、减数分裂和受精作用等知识相关联，前面学习的同源染色体等概念，对本节理解染色体组有一定的帮助。本节内容也可为以后学习生物进化等知识做好铺垫。同时，本节知识与生产、生活和人类的健康知识相关，对学生有着相当大的吸引力。

【学情分析】

高二年级的学生已经学过染色体、同源染色体等概念，为学好染色体组等新概念奠定了基础。学生对生产生活中涉及的生物学现象很感兴趣，但是他们还不能掌握生物学在生产生活中应用的原理，因此以学生的生活经验来建构新知识是很有必要的。染色体组的概念较为抽象，虽然学生具有一定的抽象思维能力，但是对于学生来说，要真正学

---

① 郭青：《高中生物合作学习教学模式的实践研究》，硕士学位论文，云南师范大学学科教学（生物）专业，2018，第 71-77 页。

懂还是有一定难度的，教师应该由易到难地引导学生进行合作学习。

【教学目标】

（1）能运用物质观，解释染色体变异现象。

（2）能运用归纳的方法概括出判断染色体组的方法。

（3）关注染色体变异原理在农业生产上的应用价值和对人类未来发展的影响。

【教学重、难点】

教学重点：染色体数目的变异。

教学难点：染色体组的概念；二倍体、多倍体和单倍体的概念。

【教具】

教学资料、PPT 课件。

【教学过程】

教师由易到难地引导学生进行合作学习。

教学过程如表 5-7 所示。

表5-7　本节课教学过程

	教师活动	学生活动	设计意图
情景导入	教师展示："无籽西瓜"图片 教师提问：你吃过无籽西瓜吗？你知道它是怎样形成的吗 教师讲解：前面已经学习过染色体上某一个位点上基因的改变，即基因突变，这种改变是在光学显微镜下无法直接观察到的。而染色体的变异是可以在显微镜下观察到的，包括染色体结构的改变、染色体数目的增减等	学生推测：与染色体的变异有关	从生活实际出发，激发学生的学习兴趣，而不是要求学生能完整地回答出此问题
小组合作学习	展示任务： （1）染色体结构变异的主要类型有哪些？列举实例 （2）列举染色体数目变异的类型。如何判断细胞中有几个染色体组 （3）什么是二倍体、多倍体？人工诱导多倍体的方法有哪些 （4）什么是单倍体？单倍体育种的常用思路是怎样的 （5）培育无籽西瓜形成的过程是什么 教师介入小组倾听小组成员讲解情况，监督组长安排好小组工作；观察大家的学习情况以及使用合作技能情况；为有疑问的同学进行解答并对小组学习过程做出评价	小组合作学习： 进行小组活动。学生依次从资料一到资料五进行相互讲解指导学习 学生在小组中相互学习 组长带领全组有序学习 计时员严格记录控制每部分内容的学习时间；调控员做好纪律监督；记录员记录学习中不能解决的问题	进行小组合作学习，让学生在互教互习中发现问题，相互解决问题

续 表

	教师活动	学生活动	设计意图
任务一：染色体结构的变异	教师讲解：你们知道由染色体结构改变引起的人类疾病吗？染色体的结构变异类型有哪些？并举出常见例子。随机抽学生展示讲解染色体变异类型 教师讲解：染色体结构的改变，都会使排列在染色体上的基因数目或排列顺序发生改变，从而导致性状的变异。大多数染色体结构的变异是不利的	学生讲解，并举出相应的实例	培养学生识图和总结的能力
任务二：染色体组的概念	教师讲解：在某些特定的条件下，生物体的染色体数目也会发生改变，可以分成两类，指出分别是哪两类 教师展示：果蝇的染色体照片 教师提问： （1）果蝇体细胞中有几条染色体，几对常染色体 （2）果蝇体细胞中有几对同源染色体 （3）果蝇精子中有哪几条染色体？这些染色体在形态、大小和功能上有什么特点？这些染色体之间是什么关系？它们是否携带着控制生物生长发育的全部遗传信息 引导归纳染色体组的概念 教师提问：如何判断染色体组？随机抽取同学展示判断染色体组的方法（教师评论） 练习题：教师展示练习题，随机请学生回答并讲解做题思路	全部学生回答 请学生联系已有知识抢答 总结出染色体组的概念。学生展示自己判断染色体组的方法 其他同学纠正和补充 学生完成练习	培养学生自主获取知识的能力 通过学生自己总结判断染色体组的方法，使学生更容易理解应用
任务三：二倍体及多体	教师讲解：人类还有一些高等植物都是二倍体。什么是二倍体？什么是多倍体 教师讲解：多倍体比二倍体茎秆粗壮、果实和种子大。但多倍体生长发育延迟，结实率低 教师提问：人工诱导多倍体的方法有哪些？最常用而且最有效的方法是什么？原理是什么 随机抽取同学展示讲解人工诱导多倍体的方法（教师评论）	全班阅读课本二倍体和多倍体的概念； 学生展示讲解人工诱导多倍体的方法及原理； 其他同学纠正和补充	增强对概念的记忆

续　表

	教师活动	学生活动	设计意图
任务四：单倍体	教师讲解：蜜蜂中的雄蜂是单倍体。那么，什么是单倍体呢 引导学生比较二倍体、多倍体和单倍体，理解其概念 教师提问：单倍体育种的常用思路是怎样的？随机抽取同学展示单倍体育种步骤（展示单倍体育种遗传图） 教师强调：单倍体与多倍体的区别在于单倍体由配子发育而来 教师讲解：利用单倍体育种，可以明显缩短育种年限	要求全班阅读单倍体的概念； 找出二倍体、多倍体和单倍体概念的关键字； 学生展示讲解单倍体育种的过程	让学生理解区分二倍体、多倍体和单倍体的概念
任务五：无籽西瓜的形成	教师提问：为什么以一定浓度的秋水仙素滴在二倍体西瓜幼苗的芽尖？随机抽取同学展示讲解无籽西瓜的培育过程 教师提问：三倍体西瓜为什么没有种子？真的一颗都没有吗	学生展示讲解 学生回答	用生活实例来检查学生的学习效果，让学生能将知识学以致用
小结	教师引导学生列表比较两种育种方式的原理、操作方法和优缺点 抽取学生展示整理成果，并带领学生小结	学生自己整理	帮助学生整理学习成果，巩固
反思	教师安排小组对小组表现进行反思，并根据课堂中小组表现进行总结，指出不足，提出改进建议	小组自评和互评，反思组内小组学习情况，对不足之处提出改进对策	自我反思总结，小组总结，改进不足
板书设计	第2节 染色体变异 一、染色体的变异类型：染色体结构的变异、染色体数目的变异 二、多倍体在育种中的应用 三、单倍体在育种中的应用 四、无籽西瓜的培育过程		

【教学反思】

（1）设计意图。本节课根据前几次实施的效果改进后进行设计，目的在于提高学生的合作技能和学习效果。在课前预习中，大多数学生对染色体组这个概念以及如何判断染色体组理解得不是很到位，从预习反馈上可以看出学生在本节课中学习的难点是染色体组这个概念，因此课堂上笔者从果蝇的染色体慢慢引导学生理解，同时用人的双手为学生举例，希望能一步步引导学生归纳出染色体组的概念，再让学生展示自己找到的判断染色体组的方法，由同学们相互补充完善这个方法。本组学习时间细分到每一个部分，让学生合作更高效。

（2）实施过程。

本节课的成功之处如下：

利用学生预习反馈确定教学难点。首先，笔者利用课本、教师用书、网络课程资源结合学生预习情况进行备课。根据学生预习情况，可以确定本次课的教学难点为染色体组的判断。其次，编制学习材料，本次课学习资料的编制是教师共同讨论完成的，资料上增加了图片，便于学生对染色体组这个概念的学习。最后，完成并分析课后习题。

学生合作技能有所提升。在小组讨论过程中，笔者发现很多小组的同学会对别人的讲解点头示意。可以看出同学们越来越习惯使用合作技能，学生之间探讨氛围更浓了；很多同学敢于提出质疑，有的小组对一个问题总结了多种解决的办法；学习困难的学生更主动了；有几名基础薄弱的同学能多次向组内的同学请教。

展示中学生讲解得更全面，方法总结更多样。在展示环节中，笔者让学生展示了染色体结构变异的类型，展示这个部分的是一个女生，这是合作学习以来她第二次进行展示。从她的展示结果看，言语表达比之前更简练，重点也更突出，她能利用教师的课件把这部分内容讲解清楚。本节课重点展示的是染色体组这部分的知识。笔者抽取了班上成绩最好的同学进行展示，该同学思路清晰有条理。该同学主要展示了她是如何判断染色体组的，她归纳了3种判断染色体组的方法，在讲解每一种方法的时候都能为同学们举一个相应的例子。她讲解得很到位，每一种方法能结合例题讲解得非常好，但是笔者觉得她对如何判断有几个染色体组的实质讲解得还不够清楚。于是笔者又深入提问："你觉得一个染色体组有什么特点？"她回答："一个染色体组中都是非同源染色体，一个染色体组携带着控制生物生长发育的全部遗传信息。"通过提问，让学生能从本质上认识染色体组，再进行判断。最后展示的是一个男生，他是第一次进行展示，他为大家讲解了无籽西瓜的培养过程。从讲解过程看，他没有表现得害羞，讲解过程很有教师的风范，声音洪亮，言语简练并且能抓住重点，逻辑思路清晰。从讲解结果来看，他能准确无误地讲解每一个涉及的问题。

教师加入习题考查学生学习效果。学生讲解染色体结构的变异类型，笔者用了一道习题来考查全班同学的学习成果，大家都进行了抢答，大多数同学能准确解释每个选项考查的知识点。染色体组的展示探讨后，笔者应用习题检查学生对染色体组的学习效果，大多数学生都能准确判断出染色体组数目，并说出每个染色体组中含有的染色体数目。

本节课的不足之处如下：

笔者观察发现，个别学生在其他同学讲解时，忙于记笔记而忽视了别人的讲解过程。

本节课的改进设计如下：

将个人总结汇报环节改成个人总结环节，让学生有更多的时间进行总结，总结得出的结果课后交给教师检查。本次课无论是教学效果还是学生展示的过程，都是相当令笔者满意的。本次课基本达到合作学习预期的效果，在后面的合作学习实践中，笔者会应用多次改进后的合作学习模式不断进行实践。

第六章　非指导性教学模式

一、非指导性教学模式概述

非指导性教学模式由美国心理学家、人本主义心理学的主要代表人物之一的卡尔·罗杰斯（Carl Ransom Rogers）提出，它形成于 20 世纪 40 年代，完善于 20 世纪 60 年代。在此之前，罗杰斯主要从事对病人的心理咨询和临床治疗工作。在长期的工作实践中，罗杰斯发现传统的以医生为中心的指导性治疗方法没有什么效果，或者说收效甚微，因而探索提出了与之相反的以病人为中心的非指导性治疗理论，效果显著。之后，他将这种非指导性方法应用于教学中，从而正式创立了非指导性教学模式。

1969 年，罗杰斯出版了《学习的自由》一书。在书中，他全面批判了美国当时的教育制度，提出了全新的人本主义教学观，即以学生为中心的非指导性教学。非指导性教学注重教学活动中学生的情感和个性的发展，强调学生有足够的自由做自己喜欢的活动，在学习中学生各有各的目标，教学必须以学生为中心。特别值得注意的是，非指导性教学模式并不是说教师不用指导，而是强调教师指导形式的变化，即不能采用传统教师指令或命令式的指导，而是间接的、非命令式的指导。它主要强调的是教师在教学活动中的促进和催化作用。非指导性教学模式认为，教师在教学活动中的主要任务是建立一个积极、接纳、有帮助的学习环境，从而促进学生的自我指导。

罗杰斯相信积极的人际关系能促进人的成长，因此教学应当建立在人际关系而不是其他物质概念的基础上。[①] 在非指导性教学模式中，师生之间某些品质和态度的关系是促进学生学习的关键，教师要把学生当作有自身价值的、鲜活的、独立的个体，而予以充分的尊重、理解和信任，师生之间是开放的、融洽的、相互关心的和支持的关系。他主张教师以"学习促进者"的身份参与课堂，是学生学习的激励者、咨询者和合作者，而不是课堂教学的控制者。教师要帮助学生安排适宜的学习活动与材料；帮助学生发现学习东西的个人意义；维持有利于学习过程的教学气氛以及帮助学生清晰地知道自己究

---

① 布鲁斯·乔伊斯、玛莎·韦尔、艾米莉·卡尔霍恩：《教学模式》，兰英译，中国人民大学出版社，2014，第 246 页。

竟想要什么。总之，教师要为学生提供各种学习资源和情感疏导，在学生有需要时，参与他们的讨论、探索，成为学生有效学习、达成自我实现的得力助手。

可见，罗杰斯的非指导性教学模式中的"非指导"不是不指导，而是指导的一种特殊形式。它强调的是教师指导的非命令性、间接性和非指示性，几乎不使用教师直接告诉、简单命令或详细指示等方式。它体现的是教师教学的一种教学态度、一种思想或一种策略。

二、非指导性教学模式的理论基础

非指导性教学模式以罗杰斯的人本主义心理学为理论基础。罗杰斯认为，我们接触的人，是自主的和对自己的行为负责的自由人，非指导性教学模式的理论假设即学生对他们自己的学习承担责任。罗杰斯的理论基础如下：

（1）人具有一种先天的优良潜能，教育的作用在于使这种先天潜能得以实现。

（2）教学应当在一个自由、愉快而安全的环境里进行，充分尊重学习者的需要和尊严，使之达到自我实现，成为一个完整的人。

（3）人的心理过程是一个有机的整体，其中的情感活动左右着精神世界的全部。教学应当是一个师生不断交流情感的过程，也是一个学生认知和创造力不断发展的过程。

非指导性教学以罗杰斯本人对教学活动的独特理解为认识背景。以下几个观点，比较完整地体现了他对教学的认识：

（1）我们不能直接去教其他人，我们只能促进他的学习。

（2）一个人仅仅只能有效地学习那些他感到与自我结构的维系和提高息息相关的事情。

（3）经验，如若被同化，将包括自我组织的变更，这种经验常常通过象征性的拒绝或歪曲遭致抵制。

（4）最有效地促进有意义学习的教育情景是这样一种情景，在其间，对学习者自我的威胁被减至最低限度并且促进其对经验范围的不同知觉。

三、非指导性教学模式的教学目标

非指导性教学模式的教学目标在于促进学生的学习，促进学生的"自我实现"。罗杰斯认为，真正意义上的人是"完整的人"，其基本特征是"躯体、心智、感情、精神和心理力量融贯一体"。他憧憬的教育理想是培养"完整的人"，这种人是"对变化毫无畏惧的、灵活的和适应的人，学会怎样学习并且因此能不断学习的人"。因此，罗杰斯认为真正有效的教育必须能帮助学生发展积极的自我意识，促进学生个人潜力的充分发挥，从而完成"自我实现"。罗杰斯的"自我实现"教育目的观远远超越了单纯的知识传授和智力培养，而是关注人的情感、精神和价值观等各方面的全面发展。

非指导性教学模式尊重人的个性，旨在发展人的潜能，强调认知与情感的统一，折射出罗杰斯人本主义的思想光华。在罗杰斯看来，现代社会中受过教育的人应是"学会了如何学习、如何适应和如何变化的人"。非指导性教学模式倡导学生"学会学习"和创造性学习，鼓励学生自我评价。因此，在非指导性教学中，学习目标的制定、方式方法的选择、过程体验和效果评价，都应由学生的经验、需要、兴趣等决定。学生不再是被动的知识接收器，而是能动的潜力开发器，由原来的被塑造者变成自我成功的实现者。

四、非指导性教学模式的教学程序[①]

尽管非指导性教学模式策略灵活而又不可预知，但是罗杰斯指出，非指导性教学模式还是有一定顺序的。非指导性教学模式一般可分为五个阶段：第一阶段，确定有帮助的情境；第二阶段，探索问题；第三阶段，发展洞察力；第四阶段，计划和决策；第五阶段，整合。具体如表6-1所示：

表6-1　非指导性教学模式的教学程序

第一阶段：确定有帮助的情境	第二阶段：探索问题
学生面对问题情境（有计划的或者无计划的）	鼓励学生揭示问题，教师接受并澄清情感
第三阶段：发展洞察力	**第四阶段：计划和决策**
学生讨论问题 教师支持学生	学生作出初步的决定 教师澄清可能的决定
第五阶段：整合	**交谈以外的行动**
学生提高了认识并产生更加积极的行动 教师很支持	学生开始积极的行动

（一）确定有帮助的情境

这一阶段一般发生在问题的初始阶段。此阶段，为创设有帮助的问题情境，教师可以先跟学生交流。交流的内容主要是让学生知道他们可以自由地表达情感，就谈话主题达成共识，初步陈述问题。如果要维持师生间的咨询关系，就要进行谈论并明确谈话的

[①]　布鲁斯·乔伊斯、玛莎·韦尔、艾米莉·卡尔霍恩：《教学模式》，兰英译，中国人民大学出版社，2014，第250页。

有关程序。有时需要形成某种建构或说明，哪怕只是偶尔进行总结，重新明确问题并反映学生所取得的进步。当然，这些建构和说明要根据交谈类型、具体问题和不同的学生而设定。随着行为问题情景的变化，师生之间签订的协商性学习合约也会不同。

（二）探索问题

鼓励学生表达自己的情感，无论是积极还是消极的，教师接纳和帮助学生澄清情感，陈述并探究面临的问题。

（三）发展洞察力

此阶段，教师应启发学生从多角度、多方面观察问题、分析问题，并在这个过程中发表自己的看法。让学生从刚才的经历中看到新的因果关系，觉察到新的意义，并且理解他们先前行为的意义，从而逐步培养学生的洞察力。大多数情况下，学生会在探究问题本身和形成对自己情感的新认识两者间做出选择。这两种活动对于学生的进步都是必需的。只讨论问题而不探究情感本身意味着对学生发展的忽视。

（四）计划和决策

学生对有关问题做出计划和决策。在此阶段，教师的任务是让学生清楚有多少种选择，并引导学生做出与自己期望相一致的决策，再引导学生开始积极的行动。

（五）整合

学生汇报他们采取的行动，进一步发展洞察力，并计划在更高整合水平上的积极行动。

非指导性教学模式的五个阶段可以发生在一次或一系列交谈之中。一方面，如果遇到一个有紧急问题的学生主动和教师会面，前四个阶段有可能在一次交谈中全部出现，学生会在此过程中向教师简要报告一下他的行为和看法；另一方面，与协商性学习合约有关的各个阶段有可能会持续一段时间。因此，虽然可能几次交谈都致力于对一个问题的探究，但在每一次的内容中都会涉及某些制订计划、做出决定的问题。

五、非指导性教学模式的实现条件

非指导性教学模式的教学责任由师生共同承担，这与其他许多教学模式都是由教师主动设计和实施各种活动不同。为了有效运用非指导性教学模式，教师必须相信学生能够理解并处理自己的生活。教师要了解学生，尊重学生，帮助学生认识自己的问题、情感以及所应承担的责任，帮助他们设立目标并让他们知道怎样达成目标。在教学中，教师应努力做到以下几点。

（一）努力创造一种接纳的氛围

罗杰斯认为，人际关系是教学中一个非常重要的因素，学生学习的前提是课堂具有良好的心理接受氛围。他指出，教师在教学活动中创造"接纳"的氛围，"将极有可能显示出能对学习数量及其种类的产生具有十分显著的影响"。因此，良好的心理气氛是比教学技能更为重要的教学因素。他认为，良好的师生关系应该具备真实、接受和理解三种品质。"真实"，是指教师要对学生真诚相待，要将自己内心的思想感情真实地向学生流露，这样才会促进师生之间的有益交流；"接受"，是指教师把学生视为具有其自身价值的独立个体而给予充分的尊重，消除师生关系间的不安全感；"理解"，是指带有浓厚感情色彩的移情理解。罗杰斯认为，移情理解与常见的评价理解极不相同，后者所采取的态度是"我理解你错在何处"，而移情理解则是"非判断性的"，指的是教师不对学生的观点、行为做出判断，不做定性评价，而只是表示同情、理解和尊重。罗杰斯之所以如此看重人际关系，就在于他认为只有建立起亲密无间的关系，人们才能面对真实的自己。总之，"非指导性"教学强调的是通过情感领域而不是智力领域来促进学生的发展。

（二）以发展学生个人的和小组的目标为中心而展开

罗杰斯认为，教学活动应围绕学生的目标展开。一般教学总是由"我们今天希望讨论什么或做什么"这一类问题发端，学生个人先提出各种问题，当然这些问题不可能是相同的。不过，教师可引导学生进行讨论，通过讨论，最终形成小组全体成员共同感兴趣的问题，从而确定小组的教学目标。但这一过程的前提是小组成员自己先提出自己的问题，再由教师引导小组成员集体探讨，最终形成集体共同感兴趣的问题，而不是教师机械地灌输形成的问题。这个过程中，教师的任务旨在将学生那些含糊不清的、相互矛盾的个人目标引导到小组的共同目标之中。然后，在教学过程中，教师可提供诸如听录音、阅读书籍、讨论、拜访有关人士等活动，引导小组成员共同参与，促进小组目标的发展。

（三）教师的角色不断变化

教师需要在教学全过程中及时变化自己的角色，如促进者、帮助者、辅助者、合作者和朋友等。在教学初期，教师主要是接受和理解学生所做的各种事情，不能对学生的价值体系有任何侵犯，也即从事一种"情绪镶嵌活动"。当学生理解了这种接受的气氛之后，教师就应该自如地改变自己的角色，让学生更加自由地参加小组活动，发表自己的意见。

在非指导性教学模式中，学生对讨论负有主要责任，教师只是做些非指导性应答以引导或维持讨论。非指导性应答通常是一些简短的答话，这些话不是解释、评价或给予忠告，而是对学生的理解加以反应、澄清、接受或证明，目的在于形成一种让学生愿意表达自己观念的气氛。在这里，学生决定要学习的东西，设置要学习的目标，并选择达到目标的方法，教师只是为他们提供一些材料，并适时、恰当地给予引导，起到画龙点睛、指点迷津的作用。

总之，在非指导性教学模式教学活动中，教师必须坚持教师主导和学生主体的有机结合，坚持指导和非指导的辩证统一，充分发挥教师的主导作用，确立学生的主体地位，从而让教学活动真实有效，使学生能力得到切实发展。

六、非指导性教学模式的教学案例

案例1（语文）："非指导性教学"理念指导下的初中写作教学研究 [①]

本次案例的安排设置最大限度地体现"非指导性教学"中与2011版《义务教育语文课程标准》一致的内在精神，实现学生自我真情实意的表达。

案例：我长大了

——回忆生活经历，抒发真情实感。

【教学目标】

（1）能够把自己经历的事情按事情发生顺序写清楚。

（2）能把重点部分写生动、写具体、写出趣味。

（3）能写出自己的真情。

【教学重点】

抓住重点把事情的过程按先后顺序写清楚、写具体。

【教学过程】

（1）课前积累：补充有关成长的名言、警句。

（2）忆——回忆经历场景，抒发感受真情。

师：同学们，成长离不开我们最亲近的家庭，家庭中有爸爸妈妈的呵护，好多同学也曾在爷爷奶奶的关爱下长大，他们都是你们最亲最爱的人。那现在我来了解一下，在现在的生活中，你们都和谁在一起生活相处呢？

师：与他们在一起，有时也难免有点烦，但如果有一次他们恰巧都不在家，你们的心情会怎么样呢？

学生一种认为爸爸妈妈在家好，一种认为爸爸妈妈在家不好。（教师做好板书记录）

师：谁能举一个例子，具体说说自己的心情呢？

学生大都只能说出一些浅层模糊的感受，缺乏具体实例分析原因，大致总结为学生普遍抱怨家长管教限制自由，没有自我表达及舒展的空间，以及抱怨妈妈总是很唠叨，爸爸总是工作很忙交流很少，爷爷奶奶不能理解自己的兴趣爱好等。

---

① 姜明：《"非指导性教学"理念指导下的初中写作教学研究》，硕士学位论文，河北师范大学教育学专业，2016，第27–30页。

学生发言完毕，教师从中举出一个例子，及时引导学生把生活中相处的事件叙述清楚，然后有逻辑地表达自己的感受和看法。（板书事情起因—发展—结果）再找一些学生来回答。

师：每个同学的成长经历不同，真实的感受也各异。现在让我们闭上眼睛认真回忆，当最爱的家人不在身边时，你的行为与感受是什么样的呢？（播放一段轻音乐——《母亲的爱》）

（3）说——拓展思路，吐露真情。

活动一：小组交流。

要求：叙述事件条理清楚，表达完整，交流真情实感。（学生小组交流，教师巡视，参与交流）

活动二：集体交流。

老师小结：通过同学们刚刚的讨论交流，老师觉得你们都把对生活最真实的感受表达出来了，并且能有自己成长的感悟，老师很欣慰，能感受到你们已经悄悄在成长了。

（4）写——引导习作，抒发真情。

师：那么我们该怎样写好这次习作呢？首先要选择感受最深的事，能说明自己长大了的事，其次要把这件事情的经过写具体，尤其是当时自己是怎么想的、怎么做的。

给学生3分钟的时间让学生梳理写作思路，可以大致列出提纲。

开始写作。

（5）品——评析习作，交流真情。

活动三：小组评析。

重点是赏析习作是否表达出真情实感，认真评析。

活动四：集体评析。

以一篇有代表性的习作《我长大了》供全体同学一起阅读，鼓励同学们踊跃发言说出自己的看法，让同学们在评析之中相互成长。

活动五：小结延伸。

评析后的文章由学生进行针对性的修改，之后将文章在班里进行展示，互相交流，互相学习。

【板书设计】

我长大了

起因：（略）

经过：（详）动作与心理活动

结果：（略）侧面描写、别人夸奖扣题

本节作文课中的特色如下：

（1）减少对学生的束缚，教师指导的重点应是如何开拓学生的写作思路以及如何启发学生自由地表达自己的情感。案例所选学生习作中仍有感情虚空、叙述生涩的情况，通过对案例的具体分析，在写作前的引导交流中认真观察学生的个性及表达意图，营造自由开放多元化的课堂情境氛围。可以适当设置几个思考引题，鼓励学生积极发言，自由表达，引出学生真实的话语流露，鼓励学生在思考之上展开想象的翅膀，也可以让学生直接互相交流且进行观点互评。可以尝试开展辩论赛，让学生体会辩论发言、思想碰撞的乐趣，引导学生像辩论一样去思考及表达。这其中的情感是真实自由的，这样学生会慢慢喜欢上表达自我的情感。

（2）在作文选题及指导学生作文时，要从现实生活入手，让学生写出自己的认识与感受。"一千个读者就有一千个哈姆雷特"，教师不应刻意地规定文章的内容、篇幅、题材，只要主题健康、积极向上，就应该鼓励学生放手去写，使学生的个性得到表达，这样他们才会乐于写作。如果能够激发每一位学生表达自己的生活经验与情感的动力，不但会实现学生的写作能力的个性发展，令人担忧的抄袭行为及千篇一律的写作现状也将得到很大的缓解。

（3）教师让学生先说说自己经历过的那些感受很深的事情，大家发现原来生活中这些再普通不过的事情都可以写在作文中，然后再进行练笔。整堂课均需学生亲自参与，表述自己的经历及想法。教师则更多的是扮演学习的促进者这一角色，教师先让学生举例说明家人不在家时自己的心情及经历，将学生引入本节写作课的主题；再组织学生进行小组讨论及集体评议，使表达自己观点的同学在有自己想法的基础上，充分听取别人的意见；最后，全班同学一起评议，充分调动了整个班级的学习积极性，因为在为别人提意见的同时，提意见的同学本身也会有所收获。这样一来，就达到了促进学生学习和个人潜力充分发挥的目的。

通过本节课的教学，笔者进一步认识到想要促进学生学习，教师就要在教学过程中扮演好"促进者"的角色，教学中教师不能再是单方面地灌输学生教材上的知识及写作技巧，而应该真正赢得学生的共鸣，走进学生的内心，引导其自发地组织、调动需要的素材及知识等（往往是学生自己有心地查询、挖掘的东西），这样才会对他们的写作产生更为重要的影响。

案例 2（历史）："非指导性"教学在高中历史课堂中的运用[①]

"非指导性"教学的具体运用是体现在教学步骤中的，包括师生在课前需要做的准备工作，在课堂教学中的具体运用，以及在课后反思中的具体运用。下面将结合具体的教学案例运用到课堂实践中，以期取得一定的教学效果。

【课前准备工作】

"非指导性"教学实施需要师生在课前做好各自的准备，教师可以根据教学任务具体安排教学内容，预设课堂活动，学生也要根据教师的布置做好课前准备。也就是说，课前准备并不只是教师的准备，学生也应积极参与其中。

[①] 赵丹：《"非指导性"教学在高中历史课堂中的运用》，硕士学位论文，杭州师范大学学科教学（历史）专业，2017，第23-31页。

（1）教师的课前准备。作为一名历史教师，课前准备工作的充分与否将关系到整个课堂的教学效果的成败。教师在课前备课时，必须先研读课程标准的具体内容，理顺教材脉络，完善教学内容和课堂活动设计。

例如，在讲解"古代中国的商业经济"这一课时，首先需要理解这节课主要讲的是中国古代的经济的发展，需要明确中国古代的历史分期主要是从远古到明清时期商业的发展变化。其次需要分析教材内容。再次需要对所教学生的学情进行分析。联系本单元的内容，结合学生的亲身经历，将本节课的思路设计如下：谁到哪里用什么交换商品？由此引出影响商业发展的因素包括商人、交通、市场、货币、商品等。围绕这个思路，将学习与学生的生活相联系，更能引发学生的兴趣，激发他们的探究精神。

教学是一门极富创造性的艺术，而呈现一堂优秀历史课则需要将内容与形式相结合。在课堂教学中，教师需要通过自己的课前设计激起学生求知的欲望，激发他们探索思考，使其在学习中得到艺术性的享受。这就要求历史教师在课前不仅能把握讲课的技巧，还能对教学环节做到艺术性的处理。

（2）学生的课前准备。学生具有自我发展的潜能，而这种潜能是与生俱来的，并且是逐步提高的。在"非指导性"教学中，要发挥学生的主体作用，这就需要学生在学习中拥有学习的主动权与自主权。例如，在讲解"美国 1787 年宪法"这一课时，要求学生在课前利用网络等资源找到当时的美国总统奥巴马在国会发表的国情咨文的视频。通过这个视频资料，学生就能对美国三权分立的具体表现有一个基本了解。根据视频的内容，学生也产生了新的疑问：美国是在怎样的背景下产生三权分立的政治原则的？这三者之间又是如何相互制约与平衡的？

学生在课前收集一些与课堂教学有关的资料，根据搜集的资料提出自己的疑虑，然后在课堂上展开讨论解答。由学生在课前围绕将要学习的内容做些准备，使学生在课堂的学习中更有目的性，在学习中也更主动。师生根据自己不同的角色共同进行自己的课前准备，教师对本节课做整体上的把握，学生在上课前收集关于课堂内容的资料，然后在课堂上发表自己的观点，从中确定本节课学习的主要内容，真正做到师生共同学习、共同进步。

【课中应用】

在运用"非指导性"教学的具体实践中，课前需要师生的共同准备，而在课中具体设计运用时则需要按照教学步骤逐步设计，这样才能既保证教学任务的完成，又使学生学有所得。

（1）新课导入。在开始上课前，大多数学生的注意力难以快速地转入学习中，所以课前需要进行新课导入，以吸引学生的注意力。课前导入的方法有很多，在"非指导性"的课堂中，主要可以采用以下方法：

①运用歌曲导入。这种方法能够渲染课堂气氛，在课前播放与上课内容相关的歌曲能够引起学生的好奇心理，自然就能激起学生的兴趣。例如，在讲解"'一国两制'的伟大构想及其实践"这节课内容时，因其内容主要包括"一国两制"理论提出的过程及

其在香港、澳门回归问题上的实践，在课前就可以播放《七子之歌·澳门》，在吸引学生注意力的同时培养学生的爱国情操。歌词如下：你可知"MACAU"不是我真姓？我离开你太久了，母亲！但是他们掳去的是我的肉体，你依然保管我内心的灵魂。那三百年来梦寐不忘的生母啊！请叫儿的乳名，叫我一声"澳门"！母亲！我要回来，母亲！

②播放视频资料导入。现在网络资源极其丰富，从中能找很多历史题材的视频资料，如《大国崛起》《复兴之路》这些纪录片在历史课中经常会被运用到；关于中华人民共和国成立的电影有《开国大典》，关于中国共产党的电影有《建党伟业》等。采用视频导入新课，能够给学生视觉上的感受，激发他们的学习兴趣。

例如，在进行"毛泽东思想的形成与发展"这节课的导入时，就可以播放《开国大典》中的一段视频，从而引出本课题，进一步引导学生思考改变了中国命运的毛泽东思想是如何形成和发展起来的。

③展示图画导入。这是一种常用的导入方法。例如，在讲必修三"神权下的自我"这节课时，就可以导入"教皇雕像""圣母圣子像"等图片，通过对图片中人物形象的比较，使学生自然而然地进入学习的氛围，跟随教师的引导展开本节课的学习。

④分析史料导入。教师在上课前引入一些与本节课内容相关的学术界的观点，引导学生从中分析获取信息，激发他们的思考，从而顺利导入新课。例如，在讲解"一代雄狮拿破仑"时，先展示给学生不同派别对拿破仑的一系列评价，如有人称他是继亚历山大、恺撒以后最伟大的人物、世纪的巨人、法国革命的体现者、历史上最惊人的奇才之一，也有人骂他为匪徒、暴君、篡位者、法国革命的扼杀者，从中引导学生思考拿破仑都做了哪些事情使人们会对他产生这样的评价，进而进入本节课的学习。

⑤讲述故事导入。例如，在讲"古代中国的商业经济"这节课时，课前让学生搜集关于商业方面的历史小故事，并请部分学生上台展示。例如，有位学生讲述了春秋战国时期的"自相矛盾"和"郑人买履"的两则寓言故事，进而引出本课的主题，然后引导学生思考与商业有关的因素，进入本节课的学习。

（2）明确教学目标。在开始讲授新课前，学生应先了解本课的教学目标，对本课的内容做到心中有数，在展开学习时才不至于偏离学习目标。例如，在导入"美国1787年宪法"之后，不是直接展开本节课的学习，而是先展示给学生关于本节课的课标要求，即说出美国1787年宪法的主要内容和联邦制的权力结构，比较美国共和制与英国君主立宪制的异同。因为浙江省的高中生还有学考的要求，所以在上课前还要使学生了解本节课的学考要求。本节课的学考要求有两方面的内容：一是美国1787年宪法的主要内容、特点及其作用；二是比较美国共和制与英国君主立宪制的异同。从中我们可以发现，本节课的课标要求和学考要求的内容是大致相同的，所以可以引导学生在本节课中将二者合并在一起进行学习。学生在明确教学目标之后，在课堂的学习中将会有目的性，有学习的着重点，而不至于偏离本节课内容的学习。

（3）指出重难点。在明确分析本节课的教学目标之后，学生基本上对本节课的重难点也能有所把握。所以，教师向学生指出本课内容的重难点，可以使学生有目的地参与课堂活动，不仅使学生抓住新课要点，而且能够提高学生课堂学习的效率。例如，上部分我们已经解读完"美国1787年宪法"的教学目标，从中可以确定本节课的重点就是1787年宪法的相关知识点，而难点则是对美国共和制与英国君主立宪制进行异同比较。学生在了解了本节课的重难点后，在课堂上才能有目的地学习，提高学习效率，在课下也能有目的地进行复习。

（4）引导学生分组讨论。在学生了解了本节课的教学目标及重难点之后，教师就可以引导本班学生分成若干组展开讨论。教师应该在备课中设计分组的形式，而不是在课中随意临时安排分组讨论，在进行分组时要充分考虑教学内容和学生的整体情况。

例如，在"古代中国的商业经济"这节课的分组讨论中，在课前就需要先了解学生的兴趣爱好，并根据他们的兴趣来分组，使其在讨论的过程当中更有拓展性，而不是仅仅围绕课本中的内容。

分组的对象是全体学生，在分组时既要关注学生之间的差异，也要使每位学生都能有所收获。例如，在"古代中国的商业经济"这节课中，笔者有目的地把那些性格比较内向且不怎么爱回答问题的学生分到不同的组，尽量让这类同学回答问题，并多鼓励他们发现自身的优点，逐渐帮助他们树立学习的自信心。此外，在进行分组讨论的过程中，教师可以对那些基础薄弱的学生进行适当的辅导和点拨，增强其参与课堂活动的自信心。

（5）指导学生合作探究。"非指导性"教学具有开放性的特点。为了解学生分组探讨的效果，每组可派代表上台展示讨论成果，小组之间可以互相评价补充，在此过程中培养学生的民主合作精神。例如，在讲"古代中国的商业经济"这节课时，根据商业发展的五因素分组，由五个小组代表上台展示。

第一组：商人组。

"商人"名称的起源。

商人的品质：弦高救国。

商帮：晋商和徽商。

第二组：商品组。

展示古代商品种类的发展情况。

第三组：货币组。

展示古代出现过的货币图片、商朝的贝币、秦统一货币、"交子"。

第四组：市场和商业都会组。

市场组展示唐代长安城和北宋东京城的图片。

以表6-2总结古代市场的发展变化：

表6-2　中国古代市场的发展变化

朝　代	市场的发展概况
秦代	商品明码标价
汉代	专门管理机构：长安九市
南北朝	草市形成：设"草市尉"管理
唐代	草市普遍：形成地方商业中心；夜市繁荣
宋代	突破时空限制：形成商业街
明清	商业区繁华

商业都会组展示商业都会图片。

以表 6-3 总结归纳：

表6-3　不同朝代商业都会的表现

朝　代	表　现
战国	出现"市井"的商业区
汉朝	都市商业集中繁荣
王莽执政	长安和"五都"设"五均"官；以"市"为标志的全国商业中心形成
唐朝	长安、洛阳、扬州、湖州、杭州
宋朝	汴京
清朝	苏州、景德镇、盛泽镇、汉口镇、朱仙镇、佛山镇

第五组：交通组。

介绍隋朝大运河、俞大娘商船、陆上丝绸之路和海上丝绸之路。

小组派代表展示结束以后，其他组的成员可以补充他们没提及的内容，也可向发言小组提出自己的疑惑点，请他们解答。在这样的交流中，全班学生的思维活跃起来，课堂的学习氛围也有所加强，大家的学习热情也会被激发出来。

（6）教师总结点评。教师在"非指导性"课堂教学活动结束之后，应对每组的展示进行总结评价，并及时梳理本节的知识点。例如，在"古代中国的商业经济"小组展示完之后，教师要针对每组所展示的内容进行点评，找出其中的亮点，也要指出他们的不足，适时补充他们没有涉及的内容。通过教师的总结点评，学生发现影响商业发展的因素应该还有政策与社会环境因素，因此教师可以就政策与环境因素进行补充。

例如，教师可以从商人的品质、商品的种类、货币种类、市场时空的变化、商业都会的发展、交通方式以及政府政策和商业环境这几个方面进行总结，使学生对古代中国商业的发展有一个整体的认识。同时，要把学生所提到的知识点落实在课本上，而不至于忽略了课本上的知识。总的来说，教师要多鼓励学生，帮助学生发现他们的亮点，体会学习的成就感，使他们更加主动、自主地进行历史学习。

【课后总结反思】

课后总结与反思是课堂教学的重要一环，教师如能善以运用，将会极大地提高自己的教学水平。由于历史知识具有点多、面广、时间长的特点，学生往往难以当堂掌握所学知识，因此在高中历史"非指导性"教学的课堂中，教师需要及时做好总结反思。例如，在"古代中国的商业经济"小组展示完之后，教师可以引导学生一起归纳本课主要内容，在总结到市场的发展与演变时，教师要强调这是本节课的重点内容，不能让学生只关注课堂的讨论，而忽略了知识点的学习。除此以外，教师要指出学生在教学活动中的亮点及需要注意的问题，激励学生参与课堂的教学活动。

"古代中国的商业经济"这节课知识量不大，在理解与把握课标与学考要求的前提下，突出知识与理念，围绕核心知识创设情境进入新课学习，激发学生兴趣，深入浅出，就可收到较好的学习效果。面对新的教学理论，师生会感到陌生，但是我们也应该看到这种教学理论带给我们的好处。

案例3（地理）：地球运动（第一课时）非指导性教学[①]

学生展示：部分学生展示课前在家制作的地球运动示意图（或其他形式）。

自由讨论：教师参与小组间的学生互评，师生共同指出其中部分作品能够准确有效地分析地球的运动，也有些作品并没有准确表达。教师行为以鼓励引导为主。

归纳总结：学生通过讨论，总结出关于地球运动特点的综合意见，教师给予建议，并表达对学生的期望。

案例4（地理）："非指导性教学"培养学生确立课题、实施研究的举例[②]

通过电视、报纸等多种媒体对于发生于日本海域的9.0级地震和由此引发的核泄漏事件的报道，学生认识到自然灾害与防治是对生活有用的地理知识，也是对终身发展有用的知识，于是有共同兴趣的学生组成小组展开讨论。学生通过分析各种图文资料，结合原有地理知识，思考后提出以下多个课题，经过师生讨论后可确立具有较大操作性的作为非指导性地理教学的课题：

（1）日本发生火山、地震及海啸的原因。

（2）日本建筑与地理环境。

（3）核泄漏会影响中国吗？（从洋流、风向方面分析）

---

① 明文兰：《七年级〈地理〉上册（人教版）第一章〈地球和地图〉第二节"地球的运动"第一课时课堂实录》，《中学地理教学参考》2006年第7期。

② 王亚新：《"非指导性教学"理论在高中地理新课程中的应用与实践》，硕士学位论文，南京师范大学学科教学（地理）专业，2011，第35页。

（4）地震、海啸的危害及防御。

案例 5（地理）：非指导性教学中"我国人口分布现状是否合理"的辩论[①]

【课前准备】

学习到人教版必修二关于人口迁移的相关内容时，有些学生认为目前我国人口分布现状合理，有些学生则认为不合理。经师生商讨分成若干小组，确定此次辩论活动主题。学生分组后搜集支持本方观点的资料。

【正方主辩】

提出观点：我国人口分布现状是合理的，从气候、地形等自然条件与交通、经济等社会经济条件说明我国人口分布状况是合理的。

【反方主辩】

提出观点：我国东南沿海的自然资源短缺，水旱灾害频繁，人口过于稠密，城市化过程中还存在种种问题；我国西部地区资源丰富、人口平均密度低。这些都说明我国的人口分布有不合理性。

【正方二辩】

提出观点：列举资料分析我国东部地区与西部地区的自然条件与社会经济条件的差异，提出东南沿海地区自然条件优越、经济发达，本身就可以容纳大量人口；而西部地区如青藏高原、新疆的荒漠地区，自然条件恶劣，人口自然较少。在经历了长期人口迁移后，目前的人口分布状况与环境是相匹配的。

【反方二辩】

借助于环境人口容量定义，提出现在东部地区的人口已经超出环境人口容量，而我国提出的西部大开发政策，恰恰体现了人口分布的不合理性，所以需要通过西部开发促进人口与人才的迁移。

【双方轮流辩论】

双方学生唇枪舌剑，不断展示着自己的观点与搜集的有利于支撑本方观点的资料进行辩论……

【教师】

在整个辩论过程中注意聆听，对明显的错误观点提出意见，对气氛进行实时调控。

【师生评价】

共同评价出最佳辩手与获胜小组。

---

① 王亚新：《"非指导性教学"理论在高中地理新课程中的应用与实践》，硕士学位论文，南京师范大学学科教学（地理）专业，2011，第21-22页。

案例 6（地理）：非指导性教学中关于自然灾害与防治的地理知识竞赛 [①]

【创设辅助情境】

在学习自然灾害与防治的内容时，教师创设当时新闻中特别关注的日本福岛地震情境，提出人类只有充分认识自然灾害的成因、危害，才能有针对性地提出防治措施，进而减少人员与财产的损失。所以，师生达成共识，实施此次知识抢答。

【确定分组】

学生对气象灾害、地质灾害等关注兴趣不同，要根据相同爱好确定分组。

【小组搜集材料】

分小组分别搜集学生感兴趣的与自然灾害相关的知识。

第一小组：搜集到我国大量关于气象灾害的成因与防治的资料。

第二小组：搜集到我国大量关于地质灾害的成因与防治的资料。

第三小组：专门就地理信息技术在灾害中的防治方面搜集了相关资料。

搜集完毕后将有价值的题目公布给学生，给学生充分的准备时间。

【制定规则与标准】

师生讨论抢答中采取何种标准与规则，如参考答案、抢答规则等。

【课堂竞赛】

主持人宣布抢答开始，用多媒体出示题目，学生参与抢答。

【师生评价】

对于小组得分较高的小组给予鼓励，对于个人表现突出的学生给予表彰。

案例 7（物理）：《自制土电话》——"非指导性"理念下的分组实验教学案例 [②]

【学习目标】

（1）能成功制作土电话。

（2）能利用自制土电话说明一些物理问题。

（3）能同他人展示自己的成果。

（4）能在制作过程中提高发现问题、解决问题的能力，提高与人合作的意识，掌握与人沟通的技巧。

（5）能在合作中实现自我。

【教学过程】

（1）创设情境。宇航员在太空中无法像在地球一样面对面地交流。早期没有电话时，人和人之间的交流也不方便，两人间隔一定距离后双方就无法正常交流。

（2）提出问题。学习了声音的产生与传播后，你能否制作一种简单电话，可以让一定短距离的两人简单交流？

---

① 王亚新：《"非指导性教学"理论在高中地理新课程中的应用与实践》，硕士学位论文，南京师范大学学科教学（地理）专业，2011，第 43 页。

② 李长滨：《自制土电话》，《课外生活》，2016 年第 7 期。

（3）提供资源。一次性纸杯、一次性塑料杯、各种材质不同长度的线等。

（4）共同讨论。根据课本知识和教师提供的资源，学生课后自主学习，小组成员共同讨论设计课题计划，并分析课题的可行性。

（5）决策实施。各组设计完课题后，与教师交流分析课题的可行性，然后按照计划实施操作。

（6）交流与反思。利用一节课的时间组织学生展示成果，借助 PPT 介绍成果的原理、器材、制作过程、可说明的物理问题、创新之处等，并进行现场展示。其他学生可对汇报学生进行现场提问。总体展示结束后，进行课题总结与评价，并要求课后学生针对整个课题研究过程进行反思。

案例分析：在"非指导性"理念下的阶段性学生分组实验教学过程中，学生是教学活动的主体，比常规性学生分组实验更侧重于学生的自主学习，注重学生在更广阔的空间去创作。在讨论制订计划时培养其创新能力和合作能力，在寻找资料解决问题时培养其主动学习能力和终身学习能力，在交流与反思环节中注重汇报，锻炼学生的语言表达能力及总结能力。

案例 8（生物）："非指导性教学"中关于如何培养学生确定选题的研究

通过苏教版七年级上册第二节"生物与环境的关系"学习，学生了解到了生物的生存依赖一定的环境，生物不能离开环境而存在，且实验材料鼠妇也是很容易得到的，于是成立兴趣小组，结合课本所学内容，经过师生讨论后确定以下几个有较大操作性的选题：

（1）在哪些地方可以找到鼠妇？

（2）环境因素对鼠妇有怎样的影响？

（3）有哪些生物的习性和鼠妇是一致的？

在具体实施这些计划时，教师应该针对不同类型的学生研究制订详细的研究计划，通过制订计划的过程让学生对自己所选课题有一个粗略的了解。在计划实施的过程中，倡导学生自主学习，在研究过程中遇到问题时能够向小组中的同伴、书籍报刊和互联网寻求帮助；同时，在研究进行过程中注意学生动手能力的培养。

【案例设计】

影响鼠妇分布的非生物因素。

在学习"生物与环境的关系"时，教师先出示鼠妇的视频，然后抛出问题。

师：你认识它吗？

生：生活在农村的孩子基本都见过该种虫子（俗称西瓜虫）。

师：这种动物学名叫鼠妇，那你们知道影响鼠妇分布的非生物因素有哪些吗？

教师提供学习资料，组织学生一起讨论分析，让学生在讨论的过程中进行自主学习，通过讨论引导学生对所学内容的分析，并最终得出结论。

生：光会影响鼠妇的分布（还有学生回答水分会影响鼠妇分布）。

通过进一步的讨论，大家认为实验材料需要一个带盖子的纸盒子、泥土、适量的水以及一定数量的鼠妇。

【案例分析】

通过探究影响鼠妇分布的非生物因素，培养学生的实验设计能力和小组合作学习能力，在实验的操作过程中，要求学生及时总结实验成果或失败的原因，激发学生学习的积极性和求知欲。

本案例中教师引导学生分析鼠妇的生活环境，让学生联系生活实际进行思考分析和总结，以达到培养学生能力的目的，符合新课改的要求。学生在实验过程中需要注意实验组和对照组的设计。

【活动准备】

教师在上课前准备好相关实验材料，同时要求学生在上课之前能对本节教材内容进行预习。学生要能够根据课本上的资料展开探究合作学习，力图以"任务驱动"的方式来促进自身学习的兴趣。

【教学过程】

在实验操作过程中比较容易出现的问题如下：鼠妇的数量是否放得足够？有没有注意到对照组的设置？

这是学生接触到的第一个探究性实验，在出现问题时要和同学们一起分析造成实验失败的原因，利用所学资料找到解决的办法；教师要适时给予有策略的指导，即"非指导性"的指导，如一半铺泥土一半没铺泥土的这一组，教师要点拨这组实验当中的影响因素有没有考虑周全，从而让学生思考影响因素是什么，有几个，如何设计才能符合生物学对照实验的要求。这种方式可以活跃学生的思维，体现出学生是课堂的主体这一要求。

在课题研究完成之后，教师要加强锻炼学生对研究进行总结的能力。教师引导学生从大量的实验材料中选择重要的部分，并对其进行归纳、分析，最终组成研究结果的一部分。如需对研究结果进行汇报交流，还要对自己的研究结果进行提炼，确保能熟练地和他人进行相互交流。

中学生物"非指导性"教学模式中进行合作学习是必要的，不论是教师和学生之间还是学生和学生之间都需要互相合作，学生之间的合作互动有助于其形成勤于思考、善于提问和乐于接受别人意见的良好习惯。合作学习的开展有助于增强学生相互之间的理解与沟通能力，锻炼了学生处理与他人关系的方法技巧。在进行合作学习的过程之中，同学之间的分工和互助有利于每个个体团队意识的形成和自身责任感的增强，有利于整个班集体的整体进步。

案例9（生物）：细胞核在生物遗传中的重要功能 [①]

【教学目标】

在学生合作学习的过程中培养学生的阅读理解能力、分析问题能力以及对问题的归纳能力。

---

① 王志芳：《非指导性教学法在生物教学中的应用研究》，《新校园（理论版）》，2012年第4期。

【活动准备】

教师要求学生在上课之前对本节教材内容进行预习，教师要能够根据资料设置合理的问题串，以展开学生之间的探究合作学习，要能够促进学生学习的兴趣，指引学生成为学习的中心。

【活动过程】

（1）教师创设问题情境，从学生熟知但未必真正了解的"多莉"的培育入手，引导学生对本节课求知的欲望。

（2）教师提供资料，引导学生进行思考、分析、归纳等活动。在学生以小组为单位进行活动的过程中，教师要对班级进行巡视，对有困难的小组进行指引，对获得一些成就的小组进行表扬、鼓励，对得出结论的小组进行督促，对学生得出的结论进行分析。学生对资料进行分析时，要能获得具体、客观的感受，激起学习兴趣，并能对当前所学知识进行建构。同时，在自主学习的过程中，学生通过对课本中相关资料的阅读，以及互相之间的推理、分析交流得出结论，各种能力都得到了锻炼与培养。这样轻松、和谐的非指导性教学模式，不仅可以锻炼学生收集资料、整理资料和交流资料的能力，还有助于提高学生的阅读理解能力及分析、解决问题的能力。

师：同学们，你们听说过多莉羊吗？你知道它是怎么出生的吗？你能在此图中帮它寻找自己的妈妈吗？（多媒体显示多莉羊的生殖过程）

生：丙羊、提供细胞核的甲羊、乙羊。

师：大家的答案有 3 种，谁的是正确的呢？就让我们一起在今天的学习内容"细胞核在生物遗传中的重要功能"中寻找答案。接下来，让我们重温一下科学家的经典实验。

教师提供经典实验，组织学生共同讨论分析，让学生在积极的讨论中进行自主学习，通过讨论引导学生对所学内容进行分析，并最终得出结论。

资料一：伞藻的嫁接与核移植实验。

组织学生讨论，提出并解决以下问题：

①如果只进行伞藻的嫁接实验，能不能从这个实验中说明伞帽的形成就是细胞中的细胞核作用的结果？

②本实验对生物体的形态进行了建构，那么从这个实验中可以看出它主要与谁有关呢？是遗传的控制中心——细胞核还是细胞的细胞质呢？

教师提醒学生根据两个实验得出自己的结论。

资料二：变形虫的核移植实验

组织学生讨论，提出问题并得出结论：

①这个实验的实验组与对照组分别是什么？

②在实验中取一只变形虫进行实验与取两只变形虫进行实验有哪些不一样呢？

③实验中还对变形虫重新植入一个细胞核，为什么要这样做？

④从这个实验中可以得出哪些结论?

根据各个小组学生的自主学习的情况,结合学生的分析、讨论情况,教师在这个过程中给予学生及时而恰当的评价和引导。

课堂小结:学生讨论自主建构本节内容的框架,教师及时进行评价与指导。最后布置下一节课需要预习的内容,指导学生预习。

【案例分析】

生物学科课程标准明确提出培养学生各方面的能力,如学生的阅读理解能力、分析能力、归纳总结的能力等。要培养学生的这些能力,就要改变传统的教学方式方法,以学生为学习的主体。教师要改变师道尊严的姿态,转变为学生学习的引导者。"非指导性"教学的设计,可以充分锻炼学生的分析能力、阅读能力和归纳总结能力。通过小组合作进行分析、探究、归纳,学生学习的积极性能被很好地激发出来;在整个学习过程中,教师没有给出明确的结论,而是让学生通过相互协作、平等交流等完成学习任务。

整个活动过程中存在合作学习形式,表明在"非指导性"教学模式之下,合作学习亦是必要的。合作不仅有助于学生养成积极思考、善于提问和倾听、接受别人意见的良好习惯,还有助于学生表达自己的想法,增进学生间的理解,可在无形中提高学生处理与他人关系的技能,增强团队合作意识和自身责任感,从而有利于整个班集体的进步。

第七章　直接指导模式

一、直接指导模式概述

直接指导教学模式是指教师先对学生讲解新知识或新概念，然后引导学生通过有组织的练习来清晰自己对新知识的掌握和理解程度的一种教学模式。在学生练习的过程中，教师必须提供及时有效的反馈，以帮助学生弄清自己对新知识的理解程度及错误所在，并以此鼓励学生继续练习。直接指导模式的核心是练习活动。研究发现，有效教学的教师在讲解材料、组织和指导学生练习活动方面对学生的帮助更大，尤其是在练习活动中，教师懂得如何运用有效的反馈性指导技巧。在教师直接指导下的练习能有效提高学生学习的效率，促进学生投入学习。因此，直接指导模式是建立在对高效教学的教师研究基础上的。

直接指导模式最显著的特点是以学习为中心，教师进行高度指导和严格控制，管理时间呈系统化并拥有相对温和的学习氛围，对学生的学习进步有很高的期待。以学习为中心强调的是学习活动，要求学生把完成学习任务置于其他一切教学活动之上，因此不提倡亦不鼓励使用非学习性材料，如玩具、游戏及谜语等；也不重视非学习取向的师生互动，如关于自我的问题或关于个人的讨论。旨在通过教师对学生学习的直接指导，实现学生学习实践的最大化，激发学生的学习动机，帮助学生掌握学习内容和学习技能。

当教师选择并指定学习任务时，当教师在教学过程中承担中心任务并尽量减少学生参与与学习无关的讨论时，教师的指导和控制作用就表现出来了。对学生具有很高期望、关心学生学习进步的教师要求学生学习优秀，并鼓励有助于学习进步的行为。他们对学生学习的数量与质量会有更高的期望。事实上，许多被认为和学生成绩有关的教师行为与学生花在学习任务上的时间和学生在学业上取得的成功密切相关。因此，这些包含直接指导的行为被用来创造一个有组织、有学习取向的学习环境。在这个环境中，学生积极参与教学活动（任务），并且在完成指定任务方面的成功比例相当高（掌握的学习内容达 80% 以上）。

同时，有实质性证据表明，学生的消极情感会阻碍其学习的进步。教师应该创造以学习为中心的氛围，避免批评学生的消极行为。研究显示，接受大量表扬的学生可能会比其他学生获得更多的好处，而且某些表扬的方式可能比其他方式更为有效。总之，直接指导教学模式创设的环境就是一种以学习为中心的环境，一种让学生把大量时间都用于完成学习任务并取得很高成效的环境。这种学习的氛围是积极的，而不是消极的。

二、直接指导模式的理论基础

直接指导模式以训练心理学和行为心理学为理论基础。训练心理学强调教学的设计和教学安排，而行为心理学则致力于研究师生之间的互动，讲究示范、强化、反馈以及循序渐进。训练心理学主要训练人们执行高度准确的复杂行为，这些行为经常需要与他人合作，如潜艇上人员的工作。训练心理学对学习情景的主要贡献是明确任务、分析任务，因此他们提出的教学设计原则的重点是把学习者的表现概念化为目标和任务，再把这些任务分解为更小的组合任务，进而发展为能够确保熟练掌握每个部分的训练活动。最后，对整个学习情景进行有序安排，确保从一种学习到另一种学习之间的转化，完成进行更高级学习的知识准备。

三、直接指导模式的教学目标

直接指导教学模式的教学目标有两个：一是实现学生学习实践的最大化；二是在寻求教学目标的同时，让学生获得独立性的发展。直接指导模式通过调整学习进度或运用学习强化等方法来刺激学生，让其保持学习动机。让学生系统深入地学习内容，然后通过积极反馈和学习成功提高学生的自尊心和学习成就感。直接指导模式所追求的学生形成积极的自我概念被认为是高质量教学所必须达到的，而不是抽象的目标。

四、直接指导模式的教学程序

直接指导模式的教学程序一般分为五个阶段：第一阶段，导向；第二阶段，呈现；第三阶段，组织练习；第四阶段，指导练习；第五阶段，独立练习。

（一）导向

这一阶段主要是建立学习任务框架。教师在新课开始前需对学生进行有组织的导向性指引，向学生传达本节课的学习目标，让学生明确学习任务，建立责任意识。这种导向性的指引可采取多种形式，如通过复习唤起学生对已有知识结构的联系；讨论本节课的学习目标；对教学活动进行简单的指示；告知学生学习将要用到的课程材料和课堂活动或介绍本节课的大致结构和安排等。故而，本阶段大致包括三个步骤：第一，教师向学生说明本次课要达到的学习目标或要达到的技能操作水平；第二，教师简要讲述学习内容以及它与以往知识或经验间的关系；第三，说明课程的进程，包括课程的不同部分以及学生在这些活动中的责任。

（二）呈现

教师对新的概念或技能进行演示性讲解和举例。如果待学习内容是一个新概念，那么教师需重点讲解这个概念的特征、定义及规则，并举例说明；如果学习内容是一项新的技能，那么教师需重点通过示范来让学生明确每一步的技能（常见的错误是教师提供的示范太少）。无论是哪一种学习内容，教师都应声情并茂地传递信息，这将有助于学生在学习初期就有视觉表征作为参考。在这一阶段，教师讲解的质量和效果对学生学习新知识的效果至关重要。为此，教师可采取以下几种方法：用小步骤来呈现材料，以便学生一次就能掌握；提供与学习内容相关的范例；教师示范或口述学习任务；紧扣主题；对难点进行反复讲解。

在教师讲解完、学生练习前，教师需检查一下学生是否已经理解了刚刚所学的知识。比如，学生能回忆起刚才讲过的概念特征吗？能想起刚刚展示过的技能的步骤、顺序及数目吗？教师检查学生理解新知识的程度，就是要求学生回忆或再次确认他们刚刚听过的信息，这些信息都将运用到接下来的有组织的练习中。

（三）组织练习

教师通过详解例子的每个步骤来引导学生。通常学生以小组为单位进行练习。要想做到环环紧扣，使每一个学生都能积极参与，最好的方法就是使用投影仪等设备做练习，确保所有的学生都能看到每一步的步骤。

本阶段，教师的职责就是对学生的反应做出及时有效的反馈，强化学生的正确反应，纠正错误的反应，以及提出学习目标。在做例题时，教师应该采用这种方法，这样学生在半独立练习时，就可以把它作为一种资源拿来使用。因为在学习初期，学生的记忆最容易受错误练习的影响，而错误又会强化错误的信息，所以教师应在学习初期就进行积极有效的反馈。当发现学生的错误回答是由于对材料缺乏理解时，教师应提供暗示或线索，如回顾以前的材料。积极的反馈可以帮助学生弄清他们对新材料的理解程度及其错误所在。因此，反馈要有效就必须是学习性的、纠正性的、表示尊重的，并且是有价值的。

（四）指导练习

教师给学生提供独立练习的机会并给予指导。指导练习能使教师通过学生出现的错误数量和类型来评估学生完成学习任务的能力。在这一阶段中，教师的主要任务是监控学生的学习，并在必要时提供纠正性反馈。

（五）独立练习

当学生在指导练习中达到 85% ～ 90% 的正确率时，便开始进入这一阶段。独立练习的目的就是强化巩固新学的知识以便学生记忆并达到熟练应用的程度。在独立练习阶段，学生在没有帮助的情况下进行练习，而且只有延迟反馈。

教师在这一阶段的任务是保证学生完成独立练习之后马上对其进行检查，对学生回答的正确率是否保持稳定进行评估，并为那些需要纠正的学生提供指导。每次独立练习的时间可以很短，练习的项目也不宜过多。然而，这并不是一劳永逸的。教师应遵循记忆规律，一个月分散安排五六次独立练习以保持学生记忆。

最后三个阶段也可分为一个阶段，即练习阶段。

总之，在直接指导教学模式中，当教师第一次给学生介绍一项新技能或概念时，要一步步引导学生解决问题。在学习的初期，学生的记忆最容易受错误练习的影响，而错误又会强化错误的信息，因此这种前后紧密衔接的方法能确保学生避免在最初的学习阶段出现错误。在有组织的练习之后，学生各自做练习，教师则发挥指导作用，并对学生出现的所有错误提供及时的纠正性反馈，对正确练习予以强化。当学生能准确练习时，就说明他们已做好了独立练习的准备，也就是说，他们能在没有帮助的环境下进行练习。家庭作业就是独立练习的一个例子。实践程序的最后一步是达到掌握所学知识的水平，使学生独立地执行技能且极少出错。

五、直接指导模式的实现条件

直接指导模式在对基本知识和技能的核心课程领域研究中得到了最普遍的应用。它的核心是练习活动，因此这种模式强调六项有效练习的原则：

第一，形成原则。在教师的指导下，学生练习的目的是掌握知识或获得某种学习技巧。

第二，练习阶段时间长短的原则。研究表明，一般而言，一个人对某一项技能练习得越多，忘记它所需要的时间就越长，即高强度、高动机、短时间的练习比低强度、低动机但长时间的练习效果更好。例如，对年龄较小的学生来说，每天或几天安排一次时间较短（5 ～ 10 分钟）的练习比长时间（30 ～ 40 分钟）的练习更有效。年龄稍大的学生可以进行时间稍长一点的练习。但是，对他们来说，许多对其进步进行明确反馈的短时间练习也会达到同样的效果。

第三，需要监控练习的初始阶段。这一阶段的学生需要教师及时的纠正性的反馈，以防错误的练习从一开始就镶嵌在他们的记忆里。除此之外，它可以降低学生对练习的焦虑，因为学生会感到自己是在有及时反馈的情况下进行练习的。除了要在早期发现不正确的操作，对正确操作的强化也很重要。这可以使学生知道结果，从而更快地在新的学习中稳定下来。

第四，关注练习的准确度。即在学生进入下一阶段的练习之前，确保现阶段练习的正确率达到85%～90%。对准确率的关注能让学生感受到成功的喜悦，进而减少错误。

第五，分散练习或在一段时间内进行多项练习。如果24小时内没有强化练习，80%的新知识将被遗忘。如果在一段较长的时间内安排阶段性复习，那么在四五个月内，几乎所有的新知识都能得到保持。教学中常出现这样的错误，即开始一个主题，然后结束这个主题，直到要期末考试时才再去复习这一主题的信息或技能。然而，重要的学习内容需要经常复习。

第六，练习间隔时间可按从短到长的原则。即在学习初期，练习应安排得密集一些；到了独立学习阶段，练习时间间隔可安排得长一些。因此，在学习新知识之后应马上进行练习并频繁地继续练习，直到学生能独立进行练习，而在独立练习时，可以将间隔时间安排得长一些。例如，刚开始可以每1天、2天、6天练习一次，独立学习后就可以每15天练习一次。

六、直接指导模式的教学案例

直接指导模式的练习阶段在某种程度上与我国中小学有教师指导的自习课类似，因此课堂教学案例并不多见，现举一例供参考。

案例："正投影与三视图"教学设计方案[①]

【教学目标】

（1）理解三视图的形成原理，学会画简单的三视图。

（2）培养进行技术交流的能力。

【教学流程】

教学流程图如图7-1所示：

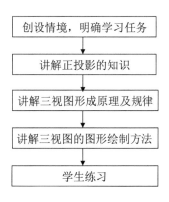

图7-1　教学流程图

---

① 姜松祥：《"正投影与三视图"教学实践探析》，《教育与装备研究》，2019年第1期。

【教学过程】

教学过程如表 7-1 所示。

表7-1 直接指导模式的教学过程

教学环节	教师活动	学生活动	设计意图
创设情境明确学习任务	通过一幅四联漫画引入本节课教学内容：技术图样 告知本节课的教学目标：正投影和三视图的学习，并复习数学课中学过的三视图的知识	听讲，明确本节课的学习目标，回忆之前学习的正投影和三视图的知识	使学生了解本节课的教学目标，复习以唤起学生对已有知识的回忆
讲解正投影的知识 讲解三视图的知识 讲解三视图的绘制方法	通过多媒体课件，讲解正投影的知识 通过多媒体课件，讲解三视图的知识 通过多媒体课件，讲解三视图的绘制方法，并演示三视图的绘制过程	理解正投影的知识、三视图的知识、三视图的绘制方法	在口头讲解的同时提供相应的视觉材料，帮助学生理解正投影的知识、三视图的知识、三视图的绘制方法
学生练习	组织学生练习三视图的绘制方法，即为学生提供自己练习的机会。教师在其中起着直接指导的作用，并对学生的练习进行及时的反馈	进行三视图绘制方法的练习	学生自己进行练习，教师及时提供纠正性的反馈，使学生掌握三视图的绘制方法

【案例分析】

在教学的第一个阶段，教师先通过一幅四联漫画引入教学内容，激发学生对这节课的兴趣。然后，教师告知学生这节课的教学目标，即学习常见的技术图样。最后，教师复习数学课中学过的三视图的知识，唤起学生对三视图的记忆。

在教学的第二阶段，教师先讲解的是正投影及三视图的知识。在口头讲解的同时，教师通过多媒体课件为学生提供相应的视觉材料，更便于学生对教学内容的理解。例如，教师通过教学软件，将三视图的展开步骤制成 Flash 动画，通过控制按键，反复演示三视图展开的动态过程，使学生更加形象地理解三视图是如何形成的。然后，教师讲解的是绘制三视图的技能，将一个物体三视图的绘制分为一个个小步骤，一边讲解一边在黑板上绘制，同时让学生跟着自己的演示一起绘制三视图。这样可以使学生在学习三视图绘制知识的同时，体验三视图的绘制过程，有利于学生真正掌握三视图的绘制技能。

在教学的第三阶段，教师通过多媒体课件，组织学生进行绘制三视图的练习。在学生练习的过程中，教师一边巡视一边对学生进行指导，并对学生的问题做出及时有效的反馈。这样可以及时纠正学生的错误，强化其正确反应。然后，教师请一位同学给其他同学讲解自己绘制三视图的过程，促进学生交流绘制三视图的经验和体会，有利于学生将"文本的绘制三视图技能"转化为"真正的绘制三视图的技能"。

　　"正投影与三视图"这节课的教学目标是使学生理解三视图的形成原理，学会画简单的三视图，属于技术知识的习得，即程序性知识的习得。因此，这节课要求教师在讲解三视图的原理及画法的同时，设置学生练习的环节，促进学生陈述性知识转化为程序性知识。为此，教师采用直接指导模式进行教学，首先明确教学目标，建立学习任务的框架；其次，对正投影、三视图的知识及三视图的绘制方法进行讲解、演示；最后，指导学生进行绘制三视图的练习，并及时对学生的问题进行纠正、反馈，达到了教学目标，取得了较好的教学效果。

第八章　掌握学习模式

一、掌握学习模式概述

掌握学习模式最先由美国教育学家、心理学家本杰明·布卢姆（Benjamin S. Bloom）提出。20 世纪五六十年代，美国教学质量下滑，产生了大批"差生"，布卢姆在美国北卡罗来纳大学教授约翰·卡罗尔（John B. Carroll）"学校学习模式"的基础上，结合自己多年实践经验提出了该教学模式。布卢姆相信，只要教师能改变其教学理念和教学行为，绝大多数学生都有能力学会学校规定的知识和技能。在此认识的基础上，他探索提出了"面向绝大多数学生"的掌握学习理论。

布卢姆发现在学校的学习生活中，学生之间的差异是偶然的、人为的，而不是个体所固有的。学生的差异与学生学习能力的差异不是一回事。学生学习能力的差异只是表现为学习的速度和时间上的不同，但这种差异是可以改变的。学生学习能力的差异只能决定他将要花多少时间才能达到对该内容的掌握标准，而不能决定他学习的好坏。换言之，学习能力强的学生可以在较短的时间内达到对所学知识的掌握标准，而学习能力差的学生则需要花费较长的时间才能达到同样的掌握标准。当学校、教师提供了有利的学习条件时，大多数学生在学习能力、学习速度和进一步学习的动机方面都会变得非常相似。因此，布卢姆认为只要给予学生足够的学习时间，提供更为有效的学习条件（如适当的学校或家庭环境条件或相关的学习经验），并提供适当的教学帮助，几乎所有学生（尤其是能力倾向较差的学生）都可以达到掌握的标准（通常为所掌握知识的80% ～ 90%）。这一点也正是掌握学习模式最重要的价值。

因此，在基于"人人都能学习""所有学生都能学好"的指导思想下，布卢姆把卡罗尔的"学校学习模式"改造成为"掌握学习模式"。掌握学习模式以集体教学（班级授课制）为基础，以充足的学习时间和教师经常与及时的反馈、矫正和个别指导为特点，以期使大多数学生都能达到课程目标所规定的掌握标准。即通过掌握学习，绝大多数学生都能完全掌握教学目标所要求的内容。

在"掌握学习"实施的过程中，布卢姆强调对学生学习过程的诊断，强调教学面向全体学生，强调教学的目的不是要对学生进行分等，而是要了解学生是否已掌握所学内容。与其他个别化教学方法的区别在于，掌握学习的方法一般在课堂情境中应用。

布卢姆的掌握学习模式是在其对现有课堂教学模式的多年研究中产生的，该模式既适合传统群体教学的需要，又照顾到了学生的个体差异。它在大面积提高教学质量方面表现出了优越性，照顾到了大多数学生，尤其是学困生的学习。

二、掌握学习模式的理论基础

掌握学习模式的核心理论以人本主义心理学和人类智力潜能理论为基础，以卡罗尔关于能力倾向意义的观点为依据。传统的看法总把能力倾向当作与学生的成就相关联的个性特征（一个人的能力倾向越强，其学习就会越好）。然而，卡罗尔倾向于把能力看作一个人学习任何给定材料需耗费的时间量，而不是一种掌握这种材料的能力。在卡罗尔的观点里，能力很差的学生在进行特定学习时，只要比能力较强的学生多花一些时间就能掌握要学的东西了。能力倾向还应该显示怎样进行教学，因为如果教学风格适合学习者的能力结构，那么不同能力的学习者的学习效率就会更高。

根据卡罗尔的理论，对于任何给定的目标来说，任何一名特定的学生所达到的学习程度都将是教师所给予的学习时间、学生自身的毅力、教学质量、学生理解教学的能力及其能力倾向的函数。而关于教学安排的问题就是教师如何组织课堂，如何安排学生学习的时间，如何引导学生持之以恒地学习并提供及时有效的帮助等。因此，布卢姆建议教师可以这样操作：

（1）任何一门学科的掌握可以用几种主要目标来定义，这些目标代表一门学科的目标或者单元的目标。

（2）材料可以划分成较小的学习单元，从而组成一套更大的系列，每一个小单元都有它自己的目标，这些目标是较大目标的组成部分或者被认为是要掌握的至关重要的内容。

（3）鉴定学习材料并选择教学策略。

（4）每一个单元都需要有简单的诊断性测验，目的是测量学生在学习进程中的进步（形成性评估），并鉴定每个学生现有的具体问题。

（5）运用测验所获得的材料向学生提供补充性教学资料，以帮助学生解决问题。

布卢姆相信，如果能这样安排教学，教师就可以调整学习时间以适应学生的能力倾向。辅助测验在检测所有学生的进步的同时，可以给能力倾向较差的学生提供更多的时间和更多的反馈。

此外，布卢姆自己创立的"教育目标分类学"及教学评价理论亦是掌握学习模式的理论依据。为帮助教师恰当地安排各类教学内容，为其编制课程提供指导，布卢姆把教育目标分为知识、理解、运用、分析、综合和评价六类。教育目标分类学以具体的行为方式确定不同层次、不同水平的教学目标，为教学活动的实施和评价，以及教学第一线的教师和学生提供了各种具体教学目标的理论框架，对改进教材编写和测验科学性的研究起到了重要作用。布卢姆的教学评价理论把教学评价置于教学过程之中，测定达成教学目标的情况，以便于教师对照教学目标及时做出价值判断，从而有效地进行教学指导和反馈，并根据评价的结果进行纠正性的个别辅导。

三、掌握学习模式的教学目标[①]

掌握学习模式设计的初衷是希望在一个有能力差异的学习集体里，以集体教学为手段，使每一个学生都能达到学校规定的学习水平，既保持传统班级教学的优越性，又解决传统班级所难解决的"差生"问题。这一模式的目标具体如下：

（1）使每个学生按照自己的速度和学习顺序来学习每个单元。

（2）使每个学生对学习的掌握可以发展到能够演示的程度。

（3）发展学生学习中的自我激发和自我指导能力。

（4）通过学习过程培养学生解决问题的能力。

（5）鼓励学生对学习进行自我评估并激发他们的学习动机。

掌握学习模式虽然强调根据学生的实际需要进行个别化教学，但它又不同于个别教学。掌握学习模式以班级为单位实施教学，并不会对现有教学组织结构进行大的变动，而只要求在这种集体教学中辅以某些个别化的教学手段，确保一部分学生能获得更多的学习时间，并能根据自己的需要得到适当的矫正教学或辅导。掌握学习模式既强调群体教学的重要性，又主张根据教学需要进行经常性的个别化教学，它所寻求的是群体教学与个别教学最佳的有机结合，是一种班级群体教学和小组或个别辅导教学交替进行的教学模式。

四、掌握学习模式的教学程序

掌握学习教学模式的教学程序一般分为教学的准备和教学的实施两个阶段。

（一）"掌握学习"教学的准备阶段

1. 为掌握而将教材划分为单元

在实施掌握学习前，教师要在全面深入分析教学目标和内容的基础上，将教材内容划分为一系列、按一定顺序排列的教学单元。

2. 为掌握编制诊断性测验计划

在实施掌握学习教学之前，为了教学更具可操作性和更为有效，教师要编制诊断性

---

① 布鲁斯·乔伊斯、玛莎·韦尔、艾米莉·卡尔霍恩：《教学模式》，兰英译，中国人民大学出版社，2014，第272-273页。

测验计划。诊断性评价是掌握学习模式教学的重要组成部分，是为了使教学更适合学习者的水平和需要。布卢姆认为，在开始掌握学习教学之前，教师应当先编制一个测验，以测试学习者对新的学习任务的先前准备状态。然后，根据教学单元，设计反馈—矫正程序。教师不仅要根据教学单元为每一个学习单元编制一个不评分的、简单的、形成性测验，还要为诊断性测验和每一个形成性测验准备一些相关的矫正性材料。

（二）"掌握学习"教学的实施阶段

1. 为掌握而学

首先，在教学开始前，教师为学生定向，让学生尽可能多地了解掌握学习教学的特色。教师先告诉学生掌握学习与传统课堂的不同之处是它的反馈－矫正性策略，然后向学生介绍掌握学习的一般程序，使学生适应掌握学习的方法。其次，让学生对成绩准则有一定的了解。如果成绩准则是竞争性的，那么学生很可能按照在班级或小组中的位置来判断自己的等级次序。学习中一般性的竞争也许能起到激励的作用，但是一旦竞争性被夸大便会摧毁许多学生的进一步学习与发展。如果成绩准则是非竞争性的，可以让学生明白只要自己适当努力，就可以达到成绩标准，学生只用为掌握而学习。

2. 为掌握而教

教师在正式上课之前，首先要对学生进行诊断性测试，了解学生认知准备状态和情感准备状态情况，然后根据每个学生的不同情况，提供相应的指导和帮助。其次，教师按事先设计的教学单元进行教学，在每一个单元结束后进行相应的形成性测试。一般而言，在掌握学习模式中，教师直接提供正确答案或解答方法，学生自己给自己的测试打分。学生打完分后，教师宣布学生达到掌握的分数（通常是试题数量的 80% ～ 85%），通过举手或其他手段了解达到掌握水平和没有达到掌握水平的学生。最后，对于这些没有达到掌握的学生提供相应的矫正策略（学生小组或导师辅导），再对他们进行另一个平行性测验，直到大部分学生掌握所教内容以后再进行下一单元的教学。如此循环往复，直至全部教材教完。

另外，在实施掌握学习教学的过程中，教师进行的测验方式不同，这都是为了促进学生对知识的掌握而进行的有效评价。教学前的诊断性测试是为了了解学生的先前准备状态，以便使学生更有效地学习新课程；教学中的形成性测试是为了帮助教师及时根据学生的学习情况做出适当的调整，对学生遇到的问题做出及时的反馈和矫正；教学之后的终结性评价是为那些达到标准的学生评定相应的等级。

矫正性措施即对未掌握学习内容的学生进行课外辅导及组织小组学习或个别辅导。当学生用某一种学习方式无法掌握时，可以换用另外的方式进行学习，还可以让学生帮助学生进行学习。经过矫正性教学后，再进行第二次形成性测验，对已达到掌握学习的学生进行表扬。当矫正了多数学生的错误之后，再转入下一单元的教学。

3. 为掌握分等

在学完全部教材的各个单元后，对全班学生进行终结性测验，作为学习结束的全面评定。在进行分等时，特别强调的一点是，对学生成绩的评定依据的是他们在终结性测验中是否达到预先规定的标准，而不是看他们在班级中所处的名次。测验评定分为"已掌握"和"未掌握"两等，或在"未掌握"水平之上再分等，借以表明这些学生的具体成绩水平，表明达到教学目标的具体情况。终结性评定还应作为下一课程教学的诊断性评定，为开始新的掌握学习课程奠定基础。

五、掌握学习模式的实现条件

布卢姆与其研究团队通过实验室研究和课堂内研究证明，经过掌握学习，大部分学得慢的学习者能够达到与学得较快的学习者同样的成绩水平。此外，对于已达到掌握水平的学科的兴趣与态度，学得慢的学习者和学得较快的学习者一样积极。许多国家研究表明，掌握学习模式在各级水平的学科教学中均产生了较好的效果。为有效实施掌握学习模式，达到掌握学习模式的目标，教师需注意以下几点。

（一）对每一个学生都抱有积极的学业期望

"掌握学习"理论主要包括教师"为掌握而教"和学生为"为掌握而学"两方面。布卢姆和助手们通过研究 20 世纪五六十年代美国教学质量下降的原因得出了归因分析，指出导致美国教学质量下降的原因之一就是教师并没有对全体同学给予同样的成功期望。因此，布卢姆强调教师应先树立正确的教学观，即"为学生掌握而教"，教师要对每一个学生都抱有积极的学业期望。

布卢姆指出，学生并非都是以相同的速度掌握知识。因此，教师必须树立正确的学习观，要相信只要改革不当的教学方式，为学生提供充足的学习时间，每个学生都有掌握知识的能力。在实际教学中，学生们常常会受到各种因素的影响，无法达到同时掌握知识的目标，如果教师只按接受能力强、学习速度快的学生的水平进行授课，势必会导致一部分学生成为"学困生"，"学困生"的存在又必然会阻碍素质教育的进程。面对班里学习能力较弱的"学困生"，教师要给予多一点的理解，尽量帮助他们解决在学习上遇到的困难，始终对班级里的每一个学生都抱有积极的期望，给予学生多一点"消化"知识的时间和鼓励，激发学生的学习兴趣，要始终坚信每个学生都有掌握知识的能力。

（二）教学目标明确具体

布卢姆强调，学生具备必要的认知结构是掌握学习的前提。在掌握学习达成度的影响因素中，布卢姆认为学生已有的相关的基础知识（"认知准备状态"）占 50% 的作用。因此，教师一定要做好课前指导，注重对学生先前所学知识的巩固，以提高学生认知的准备水平。他主张将知识分成单元进行学习，这样制定的教学目标明确而又具体，便于落实教学任务，也便于检测学生是否掌握了知识。如果学生没有掌握，也容易找出哪个知识点没有掌握以及如何有针对性地帮助和指导学生等。他强调一定要让学生将一个单元的知识全部掌握后再进行下一单元的学习。教学中小步调的单元学习有利于夯实基础知识，也有利于知识的迁移，教师在教学中不应盲目追求知识的数量而忽略学生实际掌握知识的质量。

（三）提倡集体教学与个别教学有机结合

掌握学习模式以班级授课制为教学组织形式，提倡将集体教学与个别教学有机结合。在掌握学习达成度的影响因素中，布卢姆认为，教学方法的有效性（"教学质量"）占 25% 的作用，学生的学习动机和学习状态（"情感准备状态"）占 25% 的作用。因此，教师不仅要关注学生的认知状态、教学方法的选择，还要关注学生的情感态度，因为积极愉悦的情感对保障学生持续的学习效果有重要价值。针对集体教学的弊端，布卢姆主张在测试结束后对学生开展有针对性的个别辅导。不同的学生对同一内容的掌握需要不同的学习时间，学习方法也有所差异。有的学生 10 分钟就学会了，有的学生则需要 30 分钟，还有的学生可能需要 1 个小时。有的学生喜欢通过听讲学习，有的学生喜欢通过阅读学习，有的学生则喜欢在实践中学习。教学要取得成效，就需要教学过程诸要素如教学方法、教学材料、教学节奏等适应个体学习需要，让每个学生按照自己喜欢的方式和节奏来学习。

（四）经常进行形成性测试与反馈

掌握学习模式的另一关键点就是在学生学习的过程中经常进行诊断、反馈和矫正，让学生在学习的每个环节都能达到掌握水平，以保障学生最终的学习效果。经常进行测试与反馈，对保障学生的学习成效具有重要价值。通过形成性测试，看学生是否掌握了所学内容。如果掌握了，则继续后面的学习；如果没有掌握，就要重点分析是哪一点没有掌握，再进行有针对性的帮助和指导。当然，最好的措施是更换一下教学材料或方法，直到学生学会为止，以此确保学生对每个知识点的掌握程度。

六、掌握学习模式的教学案例

案例 1（音乐）：开启"掌握学习"模式——浅谈普通高中音乐高考生的教学策略①

笔者常年担任音乐教研员工作，曾对多所基层学校的音乐高考教学进行研究和指导，近几年与部分学校老师合作进行实验性的教学实践，尝试采用"掌握学习"的策

---

① 王海洋：《开启"掌握学习"模式——浅谈普通高中音乐高考生的教学策略》，《课程教育研究》，2014 年第 36 期。

略，收到了较好的效果。

但是，在教师资源有限的前提下，大规模指导音乐高考生的难度是非常大的；而在学生人数较多的情况下，一个教师单纯采用最常见的小课教学显然也是不堪重负的，但就音乐高考生的教学来讲，把群体教学和个别教学结合起来确实是一种科学的方法。

（1）要重视群体讲授。笔者选择合作实验的学校中，有一个学校的一位年轻老师负责指导 20 多名音乐高考生（基本上都是主试声乐的），由于文化课安排较满，只能利用晚上来讲授音乐专业课。每周两次课，每次课时约 100 分钟。这期间首先进行群体的基础知识讲授，主要讲一些基本乐理知识，进行一些视唱练耳或节奏类的技能训练，同时将声乐教学中"教歌环节"所需注意的一些重点、难点在群体教学中提前解决掉；其次根据情况安排集体练声和具体的声乐教学。群体教学为学员能顺利完成每首曲目提供了保证，这也是比单靠小课讲授更省时省力的地方。对于音乐基础相对弱一些的学生，无论是基础知识的讲解，还是发声方法的训练，群体讲授的内容都不宜太抽象、深奥，而是要精炼、准确、生动，让学生一听就懂，确保基础知识和基本技能在声乐学习中的顺利应用。

（2）要重视个别教学的资料积累。要保证教学目标的实施，就要重视每个学生资料的建立，我们从一开始就为每个学生建立了一本"授课笔记"，并在教学初期就其起点水平一一做了记录，坚持每周记录学员的进度情况和出现的主要问题，以便确定群体教学的内容，并有针对性地安排每人做一些不同的练习。每本授课笔记上有这么几个项目：授课内容；各项得分；检查情况；新授作业；平时成绩。每周翻看这些记录，下一次群体讲授的内容就更有针对性，对每个学员的下一步安排就胸有成竹；每单元或学期结束时再回顾这些记录，就会使全班以及每人下一阶段的任务设计得有理有据；每过一段时间，以这样的记录比较各学员学习初期和现在的差距，自然就可以更加准确地检测教学成果。

（3）要重视形成性评价，强调提优补差。在实施双基和声乐的群体授课后，可通过口头的书面的检测并用分别演唱的方式对学生进行各阶段形成性测验，以评价其对教学内容掌握的广度和对学习水平掌握的深度，具体成绩可参照表8-1加以评估：

表8-1 达成度评价

	内容水平				得 分	达成度 /%
	了解	理解	记忆	应用		
双基内容	10	15	15	10		
专业成绩	10	15	15	10		
得 分	20	30	30	20		

　　根据达成度，可将学生划为达标组（达成度高于 80%）和未达标组（达成度低于 80%），并进行提优补差。

　　提优是指对达标组学生（尤其是优等生）进行超进度、超标准提高，安排他们所需求的教学内容，这样既满足了优生的求知欲望，又为相对较弱的学生树立了追赶的目标，给竞争意识强的学生以一定的刺激。

　　补差可视为补偿性的矫正学习。要先给未达标组的学生一定的补偿学习时间，因为未达标的原因往往是接受能力差、学习速度慢。困难学生不要过多地与同学做横向比较，应不断地和自己进行比较，比较自己每掌握一首新歌所花的时间，比较自己每一阶段的达成度。对于音乐高考生来说，一首新歌犹如一锅饭，"饭量"大的一顿能吃两碗，"饭量"小的每顿只能吃一碗，当"饭量"大（能力强）的学生吃完一锅时，"饭量"小（能力弱）的学生还剩半锅。这时，教师就应予这些学生额外的时间，让其"吃完后半锅"。

　　补差，步子小一点不要紧。我们每次布置给未达标组的作业总比达标组的少，但会严格把好质量关，要求学生真正消化所学内容。矫正补差应采用多种办法，不能简单地重复课堂教学的内容。另外，矫正补差成功的关键是针对性要强，方法要恰当。

　　这就是"掌握学习模式"中群体教学个别化策略的尝试。通过实验，该批学生每学期都能很好地完成教学计划规定的任务。比如，学生小 J 和小 Y 学习能力原来一般，但采用上述矫正办法后，成绩明显提高，后来分别被江苏和浙江省的两所师范院校音乐系录取。本班另两名学员小 Z 和小 M 的学习能力一直很强，中学阶段就曾多次在市级"三独"比赛中获奖，教师采取"提优"措施后，其进步更快，后来两人都顺利地进入上海一所一本院校就读，并都获得了硕士学位。

案例 2（历史）："掌握学习"理论在初三历史单元教学中的应用[①]

　　在具体实施本理论之前，要先把"掌握学习"理论介绍给学生，向学生介绍"掌握学习"的一般程序，使学生明白"掌握学习"的方法。老师要先确定单元的教学目标，再采用班级集体教学的方式教授单元内容。在实施过程中，老师要相信绝大多数学生都能学好历史这门课程，并根据学生的实际情况，制定合理的教学目标，运用科学的教学方法，鼓励学生树立战胜困难的决心。学生也要充分信任老师和自己的同学，遇到困难不逃避。"掌握学习"理论在初三历史单元教学中的具体运用操作流程如下：

【第四单元教学】

　　本单元共五课时的内容：第一课时第 10 课资本主义时代的曙光、第二课时第 11 课英国资产阶级革命、第三课时第 12 课美国的诞生、第四课时第 13 课法国大革命和拿破仑帝国、第五课时第 14 课"蒸汽时代"的到来。在每节课开始之前，老师都应该提前告知学生每课的教学目标，老师以教学目标为指导，学生以教学目标为参照进行教学活动。

---

① 卢莹：《"掌握学习"理论在初三历史单元教学中的应用》，硕士学位论文，河南大学，2017，第 17-26 页。

老师设置好教学目标之后,学生的学习就有了方向性;教学目标具有标准功能,教学目标一旦设定好,就为整个教学活动制定了一个规范的合理的标准,能够使老师和全体学生从目标系统上达到一致性。因此,教学目标的设定要科学、合理并符合学生的学情。

【形成性测验】

在单元教学结束以后,用一节课的时间让学生完成单元形成性测验,试题的编写应紧扣教学目标,以便有效检查学生教学目标的达成效果,通常以通过形成性测验中的80%~90%的题目为达到"掌握"的标准。本次形成性测验将以初三历史第四单元的内容为例,试题按照 7∶2∶1 的比例来出题,容易题占70%,较难题占20%,难题占10%。本次试题类型为选择题和材料分析题,满分为 50 分,测试时间为 35 分钟,采用开卷的形式。根据对初三历史新课标的解读,确定本次形成性测验的试题范围如下:

(1)文艺复兴的背景、主要代表人物及代表作、文艺复兴的性质和意义。

(2)新航路开辟的原因、过程和影响,以及郑和下西洋和欧洲航海家哥伦布等人航海活动的不同。

(3)英国资产阶级革命爆发的原因、导火线——苏格兰人民起义、爆发的标志——资产阶级和新贵族与国王在议会的斗争、"光荣革命"。

(4)《权利法案》的目的、内容、意义。

(5)英国资产阶级革命的意义。

(6)美国独立战争爆发的原因、宣布独立——《独立宣言》发表的意义、进步性。

(7)转折——萨拉托加大捷、结果、美国独立战争胜利的原因。

(8)1787 年宪法——三权分立。

(9)法国大革命爆发的原因、开始的标志——攻占巴士底狱。

(10)《人权宣言》的进步性、阶级性。

(11)法国大革命的特点、意义。

(12)拿破仑帝国及其对内对外的政策、《法典》及其意义。

(13)英国工业革命的起点——棉纺织业珍妮机的发明、瓦特与改良蒸汽机。

(14)史蒂芬孙发明"旅行者号"机车、富尔顿发明汽船、交通工具给人类社会带来的影响、工业革命的影响。

【获得反馈信息】

评卷结束后,对学生的试卷进行系统的分析,从数据中提取有效信息。本次测试满分为 50 分,若要达到 80%~90% 的"掌握"标准的话,两个班的平均分应在 40 分以上,从表 8-2 可以看出:三(一)班对第四单元知识的掌握仅达到 69.8%,三(二)班对第四单元知识的掌握只有 73.2%,35 分以上的同学在全班所占的比重分别为 39.5% 和 63.4%,30~39 分的学生人数所占比重较高,其中 40 分以上的人数仅为全班总人数的 18.4% 和 31.7%。一系列数据表明两个班均没有达到既定的目标(达到 80%~90% 的"掌握"标准)。但是,三(二)班的成绩总体上要优于三(一)班,无论是平均分,还是测试成绩在 35 分以上的学生人数,这两个班都存在一定的差距。

表8-2 不同班级"掌握"标准对比

班 级	平均分	最高分	最低分	< 30 分	30 ~ 34 分	35 ~ 39 分	≥ 40 分
三（一）	34.9	50	16	5	18	8	7
三（二）	36.6	50	24	4	11	13	13

三（二）班虽然比三（一）班的成绩要更优秀些，但是要想 95% 左右的学生都达到既定的水准，还是有很大的难度。在接下来的矫正性教学中，教师要对三（一）班倾注更多的心血，争取通过恰当的矫正性学习，不仅逐步缩小两个班的差距，还使这两个班的成绩水平再进一步提高，达到绝大部分学生能够学会第四单元所教知识的目标。

根据学生答卷情况统计表可知，选择题 5、6、8、11、13、15、17 得分率较低。下面节选错误率较高的几道题目加以分析。

5. 揭开英国资产阶级革命序幕的事件是（ ）

A. 议会的重新召开　　　　B. 查理一世处死

C. 成立护国政府　　　　　D. 颁布《权利法案》

解析：这道题的准确率较低，正确选项为 A，其中错选 B 的同学占到了总人数的 50% 左右，出现错误的原因是学生对英国资产阶级革命的标志事件没有弄明白。回顾"英国资产阶级革命"一课可知："1640 年资产阶级和新贵族与国王在议会中的斗争，导致了革命的爆发。1649 年国王查理一世被推上了断头台，英国成立了共和国。"

6. 下列对《独立宣言》解读有误的是（ ）

A. 宣扬人生而平等　　　　B. 宣告了美国的诞生

C. 美国由此确立了联邦制　　D. 宣言颁布日成为美国国庆日

解析：这道题正确答案为 C，选 A 的占到了 26.3%，选 B 的占到了 2.6%，选 D 的占到了 7.9%。出现错误的原因是没有弄清楚《独立宣言》的内容，并把《独立宣言》和 1787 年宪法的内容弄混。《独立宣言》的内容如下：宣言痛斥了英国国王对殖民地的暴政，宣布一切人生而平等，人们有生存、自由和追求幸福等不可转让的权利。宣言同时宣告北美 13 个殖民地脱离英国独立。美利坚合众国——美国诞生了。

15. 下图中的三股潮流组成了 19 世纪世界历史的基本内容，引发这三股潮流的最主要因素是（ ）

A. 工业革命

B. 新航路的开辟

C．殖民扩张与掠夺

D．经济的全球化

解析：这道题正确答案为 A，三（一）班的正确率为 60.5%，三（二）班的正确率为 43.9%，错选 B、C 的比率较高。本试题侧重对学生解题能力的考查，学生没有弄清楚这三股潮流之间的关系，以及引发这三股潮流的主要因素。19 世纪的欧洲历史深受英国工业革命和法国大革命这两大事件的影响。英国的工业革命开启了工业化的进程，法国大革命则促进了政治民主化的进程。这两大趋势造成了三个进步的历史潮流：自由主义；社会主义；民族主义。自由主义是指资产阶级性质的改革与革命；社会主义是指工人运动与社会主义运动；民族主义是指民族解放运动。

材料分析题是历史考试中最常见的，也是学生最容易失分的地方。材料类型大致分为三种：文字材料；表格材料；图片材料。在做这类题的时候首先要反复阅读理解材料，其次再带着问题反复阅读材料并理解，最后将问题逐个解决。例如试卷第 17 题：

17．（10 分）阅读材料，回答下列问题。

材料一　1640 年，革命开始。1649 年，查理一世被推上断头台。1688 年，宫廷政变，推翻专制统治。1689 年，通过《权利法案》。18 世纪 60 年代，又开始了一场没有你死我活的拼杀，通过和平变革彻底改变人们生产和生活方式的革命。

材料二　1775 年，战争爆发。1776 年，发表《独立宣言》。1777 年，萨拉托加大捷。1783 年，赢得独立。1787 年，制定宪法。

材料三　1789 年，大革命开始，不久颁布了《人权宣言》。1792 年，废除君主制，建立了共和国。1794 年，罗伯斯庇尔等人被送上断头台，革命高潮结束。

（1）根据材料一，指出发生在该国的两场革命的名称。（4 分）

（2）根据材料二，此次战争中最重要的领导人是谁？《独立宣言》与《权利法案》《人权宣言》相比，其显著区别是什么？（2 分）

（3）结合所学知识，谈谈材料三中大革命的原因及意义。（4 分）

解析：（1）通过仔细阅读材料一，学生可以很容易知道这是发生在英国的两场革命。1640 年、查理一世、宫廷政变、《权利法案》这些字眼已经明确告诉我们这是英国资产阶级革命。"18 世纪 60 年代，又开始了一场没有你死我活的拼杀，通过和平变革彻底改变人们生产和生活方式的革命。"很多学生错误地回答成了英国宪章运动，1836—1848 年，英国工人掀起了一场规模宏大、持续时间长久的运动。"这次运动有一个政治纲领《人民宪章》，因此得名为宪章运动。"通过以上阐述可以看出，宪章运动发生在 19 世纪 30 年代到 40 年代，18 世纪 60 年代通过和平变革彻底改变人们生产和生活方式的革命是英国第一次工业革命。回答宪章运动的学生是没有弄清楚事件发生的时间。

解析：（2）《独立宣言》与《权利法案》《人权宣言》相比，其显著区别是什么？很多学生能够熟练地说出《独立宣言》《权利法案》《人权宣言》的主要内容及意义，但是不能通过对比分析指出这三者之间的显著区别。《独立宣言》的内容如下："宣言痛斥了英国国王对殖民地的暴政，宣布一切人生而平等，人们有生存、自由和追求幸福等不可转让的权利。宣言同时宣告北美 13 个殖民地脱离英国独立。美利坚合众国——美国诞生了。"《独立宣言》与《权利法案》《人权宣言》相比，其显著区别是宣布独立，摆脱了英国的殖民统治，而在《权利法案》和《人权宣言》中没有这一内容。

解析：（3）通过《人权宣言》可以得知材料三说的是法国大革命。法国大革命爆发的原因在教材中已被弱化，但从历史事件的完整性以及了解革命领导阶级和主力军的角度考虑，必须梳理清楚此事件，这也是理解全课的关键。革命的爆发实际上是矛盾激化的必然结果，法国大革命是资产阶级、工匠、城市贫民、农民（领导阶级是资产阶级，主力是人民群众）与封建地主阶级（教士、贵族）间矛盾激化的必然结果，其矛盾关系的表达式如下图所示：

由此，可以得出法国大革命爆发的根本原因是封建专制统治严重阻碍了法国资本主义的发展，因为书中没有明确地说明法国大革命爆发的原因，所以部分同学不会回答。法国大革命的意义在书中有明确显示："它是世界近代史上规模最大、最彻底的资产阶级革命，摧毁了法国的封建统治，传播了资产阶级自由民主的进步思想，对世界历史的发展有很大的影响。"

以上是对初三历史第四单元形成性测验试题的部分选择题和材料分析题的分析，可以看出学生对书本知识掌握得不牢固，有些学生掌握了书中的基础知识，但是不会灵活应用，部分学生在记忆知识点时出现了混淆等问题。教师通过分析学生的试卷，找出试题出错的原因，为制定合理的矫正策略提供了依据。

【矫正性教学】

通过对测验结果进行分析，教师找出了学生的困难所在，为学生提供了各种有效的矫正性教学。矫正性教学大约需一到两课时（根据单元教学目标的难易程度，教师可以灵活掌握矫正的时间）。笔者根据开封市某中学初三年级学生的具体情况，总结出以下三种矫正性教学方法。

（1）小组合作研究。

根据教学的需要和学生的实际情况，在课堂上将学生分成小组（每组四或五名学生）。布卢姆认为同伴小组是矫正性教学中最有效的方法。较为理想的做法是"让学生小组定期会面，复查形成性测验的结果，并互相帮助克服测试所遇到的共同困难"。教师在分组的时候要考虑到小组成员之间学习成绩的差异性，目的是让大家坐在一起共同探讨学习过程中的重难点，学生分成小组进行学习，可以共享学习资源，相互之间还能够互相帮助和指导，这也是由竞争学习转化为合作学习的一个重要方式。利用这种学习方式，每个学生都能从中受益，学生在学习过程中遇到的困难都能够在合作学习的过程中化解，小组合作研究的过程为学习能力较强的学生提供了机会，不仅帮助其他同学解决了困难，也加深了自身对已学知识的理解；对于学习能力较弱的学生也是有益的，其可以提出自己在学习过程中遇到的困难，并在其他同学的帮助下加以矫正。

（2）集体性矫正教学。这是针对教学目标达成中存在的共性问题而采取的矫正性教学模式。主要是针对形成性检测试题中得分率较低和学生难以理解的部分进行的。集体性矫正教学与教师在班级所提供的常规教学是一样的，允许和鼓励学生在课堂上大胆地提出自己的困惑。教师应采用与以前教学方式不同的手段进行讲解，利用对比、图表、启发、探究等方法重新解释学生遇到的难题。集体性矫正教学有助于教师对班级的管理，也有助于调动每一位学生学习的积极性，把"要我学"转换成"我要学"。

（3）个别性矫正教学。在矫正性教学中，个别性矫正教学是针对个别学生教学目标达成中存在的问题而采取的措施，主要是对于那些学习能力较弱的学生。布卢姆认为："教师与学习者之间一对一的关系是代价最大的帮助形式，只有在其他可选的程序不起作用时才可采用。"个别性矫正教学的方式也是多种多样的："复习重读"，这种方式有利于学生及时发现以往学习中疏漏的地方，有利于培养学生的自学能力和自控能力；"教师辅导"，主要是针对学习能力较弱的同学，关注的重心应放在每个班的差生身上，这样不仅可以使学生遇到的问题得到解决，也可以使师生分享彼此的体验和情感，师生互教互学，形成一个真正的"学习共同体"。这一举措与新课改提倡的课堂由"专制"走向民主，师生互动，共同发展，一切为了每一位学生的发展的观点也是相一致的。

【矫正性教学中的情感教育】

在进行矫正性教学时，教师也要注意情感教育。作为学生，大家都希望成为同学们学习的好榜样、老师眼中的好学生、家长口中的骄傲。但是，很大一部分学生受到自尊心的约束，在学习中出现了问题首先担心的是同学的嘲笑、老师的批评，所以就会出现不懂装懂的现象，导致问题越积越多，自身越来越不自信，渐渐地心灰意冷，自暴自弃。作为老师，自然都希望自己讲的每一个知识点学生都能够学会，每次测验都能够得到一个满意的成绩。如果学生的成绩出现了问题，老师就会认为自己的辛苦付出得不到相应的回报。师生在这种心理状态下进行矫正性教学的效果往往不能满足要求。大量的科研结果告诉我们，学生智力之间的差异是微乎其微的，但后来很多学生慢慢成了后进生，其中很重要的原因就是情感出现了问题。因此，在矫正性教学中要注意情感教育。

矫正性教学要注重培养学生的自信心和上进心，让学生们相信并运用先进的教育理论和教学方法，绝大部分的学生是可以掌握所学知识的 80% ~ 90% 的。抛弃情感教育而单纯地矫正知识，不仅会使学生反感，而且收效甚微，因为学生的差不是智力因素，而是情感因素。矫正性教学要注意培养学生形成良好的学习方法和学习习惯，很多学生学习不好是因为学习方法不正确，不会合理地安排学习时间，分不清主次，不善于分析归纳等。对存在这些问题的学生，要从思想教育着手，及时指出造成他们学习成绩不好的因素，并引导他们及时改正。老师要相信通过运用适当的矫正性教学手段，绝大部分学生能够完成既定的教学目标，学生也要信任老师和其他同学，相信在他们的帮助下自己能够更上一层楼。在矫正性教学中，学生是学习的主体，老师起到主导的作用，师生之间是一种民主平等的合作关系，主张师生共同学习、相互促进、教学相长，创造一种师生互信的和谐友好的情感氛围。

在矫正性教学过程中，教师既要看到学生的优点，又要发现其不足，鼓励学生扬长避短。很多教师认为批评和惩罚是矫正性教学的重要手段，这其实是一个误区，批评和惩罚只能使学生更加畏惧教师、远离教师。因此，教师要采取正确的措施教育、感化学生，让学生心甘情愿地自主学习，明确自己的角色，理解学习的意义，真正学会学习。初三是个比较敏感的阶段，因为要面临中考，有些学生会表现出焦虑和不安；随着学习难度的增大，还容易出现对前途的迷茫、对父母苦口婆心的反感、对教师批评教育的抵触等情绪，他们渴望被认可、被尊重。教师要运用好情感教育这个手段，与学生坦诚相待，平等对话。教师不仅要做到"传道、授业、解惑"，也要表达对学生的责任与关爱。情感教育是矫正性教学中的重要一环，在矫正知识的同时，要重视学生情感的矫正，进而培养学生健全的人格。

【平行性测验】

矫正性教学结束之后，要及时对学生的矫正效果进行检验。因此，平行性测验的命题不仅要紧扣单元的教学目标，而且要着眼于学生的困难所在。测验结束以后，对学生的测验成绩进行统计分析，如表8-3所示：

表8-3　学生测验成绩分析

班　级	平均分	最高分	最低分	< 30分	30～34分	35～39分	≥ 40分
三（一）	41.71	50	31	0	2	9	27
三（二）	42.44	49	28	1	1	5	34

由表8-3可知，在使用了"掌握学习"理论之后，两个班的学生成绩有了明显提升，平均分均超过了40分，两个班的差距明显缩小，虽然三（一）班的成绩仍不及三（二）班，但通过一系列数据的对比可以看出三（一）班进步幅度最大。从此次测验的结果看，两个班均达到了第四单元80%～90%的"掌握"标准：三（一）班对第四单元知识的掌握接近83.4%，三（二）班对第四单元知识的掌握接近84.9%，两个班35分以上的人数分别为36和39，与形成性测验的成绩相比有了较大的变化。这一系列的数据表明，"掌握学习"理论对于提高学生的历史成绩和历史教学质量是有一定作用的，这里所说的大面积提高学生的历史成绩和历史教学质量并非大面积转化学困生，而是学

困生的转化、中等生的优化、优秀生的拔尖。

【总结评价】

在第四单元教学结束后，教师要进行简单的总结。通过一段时间的矫正学习，绝大部分学生都能够掌握第四单元 80%～90% 的知识，并对达到"掌握"水平的学生给予充分的肯定和鼓励，帮助仍未达到"掌握"水平的学生树立继续学习的信心。通过这一段时间的矫正学习，教师发现历史课堂效率不高，体现在提问时部分学生回答不准确，记忆不熟练，教学环节落实不到位等。因此，教师要不断进行反思，总结得与失，做到因材施教，挖掘每一个学生的潜能，充分相信每一个学生都能学好；学生要善于发现问题、解决问题，继续发扬小组合作的团结精神、互帮互助的友爱精神、不懂就问的求知精神，纠正上课三心二意、注意力不集中、不复习就写作业、做题时毛毛躁躁、学习态度不端正、自主学习的能力较差等问题。

案例 3（化学）：化学式和化合价 [①]

人教版九年级化学上册第四单元课题四是"化学式和化合价"，这部分内容是学习化学的重要工具，虽然有元素符号知识作为基础，但仍是初三化学学习中的知识分化点。化学式、化合价以及根据化学式的相关计算这三个部分的内容具有相关性：通过化合价的学习可以写出物质的化学式，或者通过已知物质的化学式可以求出其中某一种元素的化合价，而某些有关相对分子质量的计算也需要掌握化学式的书写才能做出来。另外，根据所在学校学生整体水平的特点，以及该单元内容的难易程度，将本单元的掌握标准定为 80%，其"掌握学习"教学模式的教案如下。

第一课时　化学式

【教学目标】

（1）知识与技能：了解化学式的含义；掌握单质、氧化物、常见化合物化学式的读法和写法。

（2）过程与方法：让学生学会用化学用语来表达物质组成的方法。

（3）情感态度与价值观：让学生感受化学语言独特的魅力，增强学习化学的兴趣。

【教学重点】

（1）理解化学式的含义。

（2）了解化学符号中有关数字的意义。

【教学难点】

化学式的含义。

【教学过程】

环节一　定向——即教学开始前对学生进行诊断性评价，将掌握学习的知识与技能目标明确告诉学生，并对学生的学习兴趣、信心和学习方法进行一定的启发。

[①] 肖平：《"掌握学习"教学理论在初三化学教学中的应用研究》，硕士学位论文，湖南师范大学，2015，第 27-40 页。

环节二　教授新知。

教学过程如表8-4所示。

表8-4　"化学式"教学过程

教学过程	教师活动	学生活动
创设情境 引入课题	写出下列元素的符号:碳、氢、氧、铁、磷、硫、氮,并试着组合成熟悉的一些物质的符号,比比谁写得最多、最快,从而引出化学式的概念	学生在纸上练习书写,并请两名学生到黑板上书写: H_2、O_2、N_2、C、H_2O、P、Fe、S、SO_2、CO_2,甚至有的学生能写出 H_2O_2、CO、Fe_3O_4
	元素用元素符号来表述,由元素组成的物质可用化学式来表示,通过对以上几种物质的化学式的观察,总结什么是化学式	【回答】用元素符号和数字的组合表述物质组成的式子
讨论交流	（思考）回忆纯净物和混合物的定义,想想每种纯净物组成的化学式可能有几个	猜一猜 想一想 议一议 【回答】只有一个
归纳	通过化学式我们可以得到哪些信息呢? 重点以水的化学式为例 教材第79页图4～图11。讨论得出化学式所表示的意义 【练习】分组讨论以上所写的化学式表示的意义	分组讨论,交流归纳 化学式的意义:包括宏观意义和微观意义 宏观上:①表示一种物质;②表示该物质的元素组成 微观上:①表示该物质的一个分子或原子;②表示物质的分子构成
【练习】	说一说 SO_2 表示的意义	独自思考,请学生回答
讨论	完成教材 第83页"讨论"	同桌讨论,相互订正
思考	化学式前面的数字与化学式中元素符号右下角的数字意义是否相同	【回答】不相同,因为化学式前面的数字表示构成该物质的粒子数,右下角的数字表示一个分子中含该原子的个数
归纳总结	每种纯净物都有固定的组成,也有其固定的化学式,化学式的书写必须根据实验结果确定。不同种类的物质其化学式的书写有什么规律可循呢	讨论,交流

环节三　形成性检测1。

教材第88页第一题和第二题的1、2、3小题。

环节四　反馈。

教师公布答案,学生相互评改,总共8个小题,掌握率定为80%,即答对6个小题的学生就达到了掌握的标准。

环节五　矫正。

对于未达到掌握标准的学生，学生小组利用矫正性资料相互学习，教师个别指导。布置练习册上的相关习题。

【化学式矫正性资料】

（1）化学式的意义如下。

①表示这种物质；②表示这种物质的组成；③表示这种物质的一个分子；④表示这种物质分子的原子构成。

比如，H_2O 的含义有：_____、_____、

_____、_____。

（2）化学式的书写规则如下。

单质：稀有气体、金属和固态非金属直接用元素符号表示

比如：氦气_____　氩气_____　氖气_____　铁_____　汞_____　铜_____

碳_____　硫_____　磷_____

非金属气体用元素符号右下角写上表示分子中所含原子数的数字来表示

比如：氧气_____　氢气_____　氮气_____　氯气_____

化合物：书写时注意当某物质组成元素原子个数比是 1 时，1 可以省略

常见的氧化物的化学式：水_____　二氧化硫_____　四氧化三铁_____　五氧化二磷_____　二氧化碳_____　一氧化碳_____　二氧化锰_____

如果在化学式前面加上数字，就只表示分子的个数。

比如：2CO 表示_____　2 个氧分子_____

环节六　形成性测验 2。

对于未达到掌握标准的学生，课后由学生辅导或单独完成下列习题，然后再反馈看是否达到掌握标准。

三个氮分子：_____　　四个二氧化硫分子：_____

二个钙原子：_____　　一个氦分子：_____

$2H_2$ 表示：_____　　一氧化碳的化学式：_____

N_2O_3 读作：_____　　$3Cl^-$ 表示：_____

对于已经达到掌握标准的学生而言，可以预习化合价的相关知识，并学会利用化合价写化学式的方法。

第二课时　化合价

【教学目标】

（1）知识与技能：熟记常见元素及原子团的书写及其化合价；能利用化学式简单推求化合价，用化合价写出化学式。

（2）过程与方法：通过化合价概念、特点的学习，学生能初步学会运用比较概括的方法。

（3）情感态度与价值观：培养学生善于合作、勤于思考的精神。

【教学重点】

熟记常见元素和原子团的化合价。

【教学难点】

利用化合价书写化学式。

【教学过程】

环节一 定向——教学开始前对学生进行诊断性评价，将掌握学习的目标明确告诉学生，并对学生的学习兴趣、信心和学习方法进行一定的启发。

环节二 教授新知。

教学过程如表8-5所示。

表8-5 "化合价"教学过程

教学过程		教师活动	学生活动
	新课引入	让学生上黑板书写以下物质的化学式：SO_2、CO_2、H_2O_2。提出问题：不同物质的化学式中各原子个数比是否相同	观察得出：物质不同，原子个数比可能不同
	引出概念	不同元素相互结合时，其原子个数比并不都是1：1，如何知道不同元素以什么样的原子个数比相结合呢？引出化合价的概念	思考理解化合价：原子之间相互化合的数目
寻找规律		根据教材第85页表4-2，分析各种常见元素及原子团的化合价情况，寻求记忆化合价的技巧	思考、探讨、交流：化合价有正价和负价；一些元素有多种化合价；总结常见元素和原子团的化合价口诀
		根据化合价概念，思考单质中元素化合价	分析、讨论得出结论：单质中元素化合价为零
		根据 HCl、NaCl、H_2O、Fe_2O_3 等化学式，寻找化合物中正、负化合价的代数和规律	尝试计算，得出：化合物中各元素正、负化合价的代数和为零
		归纳小结：阅读教材第85页的相关内容	理解记忆注意：①化合价标在元素符号的正上方，先写符号，再写数字（1不能省略）；②离子的电荷标在元素符号右上角，先写数字，再写符号（1省略不写）联系：同种元素的化合价和电荷通常数值相等，正负相同，位置不同，写法相反
	过渡设问	学习了化合价对于我们书写化学式有什么作用呢	思考

续 表

教学过程	教师活动	学生活动
例题解析	【例1】：已知铝为 +3 价，氧为 –2 价，写出铝的这种化合物的化学式 归纳最小公倍数法解题的步骤： 写出元素符号；求最小公倍数；算原子个数； 写出化学式；检查是否正确	寻求解题思路和方法
	【例2】：已知镁为 +2 价，氧为 –2 价，写出氧化镁的化学式 归纳十字交叉法解题的步骤： 写出元素符号；标出元素的化合价；交叉价数；约简，写出化学式；检查是否正确	
巩固训练	练习1：已知铜为 +2 价，氢氧根为 –1 价，写出氢氧化铜的化学式 练习2：已知硫酸根为 –2 价，钡为 +2 价，写出硫酸钡的化学式	解答练习，及时交流、小结 注意：原子团作为一个整体，当个数不为 1 时要用括号括起来 规范解题步骤
例题解析	【过渡】已知化合价可以书写化学式，如果已知化学式，又可以反过来求出元素的化合价 【例3】已知氧为 –2 价，计算 CO_2、CO 中碳元素的化合价	寻求解题思路和方法 【总结】依据：化合物中元素正负化合价代数和为零
巩固训练	标出下列加点元素的化合价： S、SO_2、SO_3、H_2SO_4 NO、NO_2、N_2O_5 NaCl、Cl_2、$KClO_3$ Fe_2O_3、$FeSO_4$	解答练习，及时交流、小结

环节三　形成性检测 1。

教材第 86 页"练一练"。以邻座同学为一小组，对相关题目进行练习，并相互订正。

环节四　反馈。

教师公布答案，学生相互评改，总共 10 个小题，掌握率定为 80%，即答对 8 个小题的学生就达到了掌握的标准。

环节五　矫正。

对于未达到掌握标准的学生，学生小组利用矫正性资料相互学习，教师个别指导。布置练习册上的相关习题。

【化合价矫正性资料】

（1）化合价是标在元素符号的_____，符号在_____，数字在_____，数字为 1 时，不能省略。

（2）常见的化合价口诀（在右边用符号表示出来）。

一价_____；_____

二价_____；_____

三_____四_____五_____；_____

二三_____二四_____二四六_____都齐全。_____

_____二价最常见；_____

（3）原子团的化合价口诀。

负一 _____；负二 _____；

负三 _____；正一 _____。

（4）标出下列原子团的化合价。

OH   SO$_4$ CO$_3$ NO$_3$ NH$_4$

（5）写出下列原子团的离子符号。

氢氧根离子_____碳酸根离子_____铵根离子_____

硝酸根离子_____硫酸根离子_____

（6）数字的含义（写出下列符号中数字 2 的含义）。

2H _____   2H$^+$ _____   Mg^{2+} _____

2H$_2$O 前面数字 2 _____下角标数字 2 _____

【总结】十字交叉法书写化学式的步骤：写出元素符号；标出元素的化合价；交叉价数；约简，写出化学式；检查是否正确。

环节六 形成性测验 2。

对于未达到掌握标准的学生，课后由学生辅导或单独完成教材第 89 页第 3～6 小题，然后再反馈看是否达到掌握标准。

对于已经达到掌握标准的学生安排以下难度稍大的题目，以达到培优的目的：

（1）某元素氧化物的化学式为 M$_2$O$_3$（M 无变价），则下列化学式错误的是（　　）

A. MCl$_3$　　　　B. MPO$_4$　　　C. MSO$_4$　　　D. M$_2$（SO$_4$）$_3$

（2）A 元素原子最外层有 6 个电子，B 元素原子最外层有 2 个电子，则 A、B 两种元素构成的化合物的化学式为（　　）

A. AB　　B. AB$_2$　　　C. BA$_3$　　　D. BA

（3）在下列反应中，反应前后所有元素的化合价都不改变的是（　　）

A. $2KMnO_4 == K_2MnO_4 + MnO_2 + O_2 \uparrow$

B. $Ca（OH）_2 + CO_2 == CaCO_3 \downarrow + H_2O$

C. $3Fe + 2O_2 \xrightarrow{\text{点燃}} Fe_3O_4$

D. $4NH_3 + 5O_2 \xrightarrow[\text{高温高压}]{\text{催化剂}} 4NO + 6H_2O$

（4）某物质化学式为 R$_m$（SO$_4$）$_n$，则 R 的化合价为（　　）

A. $2n - m$　　　　B. $+\dfrac{2n}{m}$　　　C. $+\dfrac{2m}{n}$　　　D. $-（m - 2n）$

第三课时   有关相对分子质量的计算

【教学目标】

（1）知识与技能：了解相对分子质量的含义，并能利用相对原子质量计算相对分子质量；能利用相对原子质量进行化学式的相关计算。

（2）过程与方法：通过讨论交流，培养学生利用知识解决实际问题的能力。

（3）情感态度与价值观：引导学生查看某些商品标签或说明书，进行物质的组成和量的计算，使学生感受到生活中处处充满化学，从而激发学生热爱学习、热爱生活的感情。

【教学重点】

会计算相对分子质量、化合物中各元素的质量比、化合物中某元素的质量分数。

【教学难点】

化合物和其中某一元素的质量互求。

【教学过程】

环节一   定向——明确本节课的知识目标。

环节二   教授新知。

教学过程如表 8-6 所示。

表8-6   "有关相对分子质量的计算"教学过程

教学过程	教师活动	学生活动
创设情境 引入新课	阅读"强中钙"说明书，试计算一个成年人按说明书的用量，一天从药片中能获得多少毫克的钙元素	学生思考，提出疑问
复习设疑	使学生了解什么是相对原子质量 （过渡）原子的质量很小，可以用相对原子质量来表示它的质量的相对大小，那么对于由原子构成的分子，我们应该怎样表述它的质量的相对大小呢？引出相对分子质量的概念	思考并口答； 思考后大胆猜想； 相对分子质量：化学式中各原子的相对原子质量的总和
例题解析	【例1】：根据化学式计算纯净物的相对分子质量： ① O_2；② H_2O 【练习】计算 $CaCO_3$、NH_4NO_3 的相对分子质量 讨论：求相对分子质量时，化学式中的括号怎么处理？例如，计算 $Ca(OH)_2$ 的相对分子质量	解：① O_2 的相对分子质量 $=16 \times 2 = 32$；② H_2O 的相对分子质量 $=2 \times 1 + 16 = 18$

教学过程	教师活动	学生活动
互动教学	【例2】：计算化合物中各元素的质量比： ①水中氢、氧元素的质量比；②NH_4NO_3中各元素质量比 【练习】$CO(NH_2)_2$中各元素质量比 小结：元素的质量比等于相对原子质量乘以原子个数之比	
	【例3】：计算化合物中某元素的质量分数： ①求水中氢元素的质量分数；②计算化肥硝酸铵（NH_4NO_3）中氮元素的质量分数 【练习】计算$CaCO_3$中钙元素的质量分数 小结：物质中某元素的质量分数，就是该元素的质量与组成物质的元素总质量之比 注：①一般用百分数表示；②表示100克物质中含某元素的质量	
设疑过渡	（提问） 算出了碳酸钙中钙元素的质量分数能否解出我们课前的问题呢 【例4】：强中钙中每片药重1.25克的钙片中含钙元素多少毫克 【练习】计算150千克化肥硝酸铵NH_4NO_3中氮元素的质量是多少	学生思考，交流 总结：某元素的质量等于物质的总质量乘以该元素的质量分数

环节三　形成性检测1。

教材第89页第7题。再加一问：152克该燃料中含有氮元素的质量为多少？

环节四　反馈。

教师公布答案，学生相互评改，总共4个小题，掌握率定为80%，即答对3个小题的学生就达到了掌握的标准。

环节五　矫正。

对于未达到掌握标准的学生，学生小组利用矫正性资料相互学习，教师个别指导。布置练习册上的相关习题。

【有关化学式计算的矫正性资料】

（1）计算相对分子质量：相对分子质量等于化学式中各原子相对原子质量的总和。

例1.一些零食特别是油炸食品含有致癌物质丙烯酰胺（C_3H_5ON），其相对分子质量为_____。

（2）计算化合物中各元素的质量比：化合物中各元素的质量比，等于化学式中各元素原子的相对原子质量乘以原子个数之比。

例 2. 丙烯酰胺（C_3H_5ON）中碳、氢、氧、氮元素的质量比为 _____。

（3）计算化合物中某元素的质量分数：

$$R \text{ 元素的质量分数} = \frac{R \text{ 的相对原子质量} \times \text{化学式中 R 的原子个数}}{\text{相对分子质量}} \times 100\%。$$

例 3. 丙烯酰胺（C_3H_5ON）中氮元素的质量分数为 _____。

（4）化合物质量与元素质量的互换：化合物中某元素质量 = 化合物质量 × 化合物中该元素的质量分数。

例 4.71 克丙烯酰胺（C_3H_5ON）中含氮元素的质量为 _____。

环节六　形成性测验 2。

对于未达到掌握标准的学生，课后由学生辅导或单独完成下列习题，然后再反馈看是否达到掌握标准。

【练习】

（1）求 H_2SO_4 的相对分子质量。

（2）计算 H_2SO_4 中各元素的质量比。

（3）计算 H_2SO_4 中氢元素质量分数。

（4）98 克 H_2SO_4 中含氧元素多少克？

对于已经达到掌握标准的学生，安排以下一些培优资料，这样分层次的作业更加符合学生的情况，更有利于大面积学生的学习。

【有关化学式计算的培优资料】

化合物中两种元素的质量比也等于两元素相对原子质量之比乘以原子个数比，其关系如下：

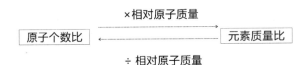

例 1. 由 A、B 两种元素组成的化合物中，A 与 B 的质量比为 3∶1，A 与 B 的相对原子质量比为 12∶1，则能表示此化合物化学式的是（　　）

A. A_3　　B. AB_3　　C. AB_4　　D. A_2B

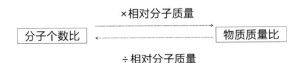

例 2. 相同质量的氢气和氯气中所含的分子个数比为 _____，相同分子个数的氢气和氧气的质量比为 _____。

【练习】

（1）某化合物分子的质量是碳原子质量的 4 倍，则此化合物的相对分子质量为（　　）

A. 12　　B. 3　　　C. 36　　　D. 48

（2）某硝酸铵（NH_4NO_3）样品中混有的氮肥是一种其他氮肥，经分析，样品中氮元素的质量分数为36%，则该样品中可能混有的氮肥是（ ）。

A. NH_4HCO_3 　　B.（NH_4）$_2SO_4$ 　　　C. NH_4Cl 　　　　D. $CO（NH_2）_2$

（3）某金属 M 的氧化物的相对分子质量为 a，对应的氯化物的相对分子质量为 b，该金属的化合价为（ ）。

A. $+\dfrac{2b-a}{55}$ 　　　B. $+\dfrac{2(b-a)}{55}$ 　　　C. $+\dfrac{2a-b}{55}$ 　　　D. $+\dfrac{2(a-b)}{55}$

针对这一学习单元需要掌握的相关知识以及重难点知识，自编两份形成性检测试卷，以此检验学生的掌握程度，并编写了相关的矫正资料，帮助绝大多数学生都能达到掌握的标准。

以上学习单元主要是针对化学用语的学习，大多属于陈述性知识，重在理解性地记忆，如果学生没有达到掌握的标准，课后可通过小组同学之间的相互帮助，实施矫正性方案，并利用一些相关资料进行矫正性学习。但对于一些程序性知识，如有关化学方程式的计算以及有关溶解度曲线题目的解法，对于未达到掌握标准的学生，单纯依靠学生之间的帮助有时不一定能达到满意的学习效果，这时可为未达到掌握标准的学生提供一些矫正性资料，如一些针对性的简短的教学视频，即"微课"。由于时间的限制，采用了网上的一些相关"微课"教学视频，并提供了一些课后导学案，让未达到掌握标准的学生利用这些相关的矫正性资料进行自主学习。随着信息技术的发展，几乎每一个班级都建立了家长 QQ 群（微信群），可将相关的视频及资料发到群里，让家长监督孩子的学习。学习方式的转变，更加激发了学生的学习兴趣，家长的监督又能让学习落到实处，更有利于学生达到掌握的标准。

结　语

　　自 20 世纪 80 年代初美国学者布鲁斯·乔伊斯（Bruce Joyce）和玛莎·韦尔（Marsha Weil）的《教学模式》（*Model of Teaching*）第二版由我国学者介绍进入中国后，一些学者开始探讨教学模式问题或译介国外教学模式。时至今日，教学模式亦是当前我国教学研究领域的一个热点。这些研究呈现两个趋势：一是与教育技术现代化结合，成为教学理论向教学实践转化的技术途径，如尝试建立"人机结合"教学模式，以多媒体技术改造传统教学模式等；二是与学科教学和课程改革结合，形成越来越多的特殊而具体的教学模式，如"互动式"教学模式、类比教学模式、"过程完整化"教学模式、交往教学模式、差异教学模式、相似诱导教学模式、创新性教学模式、"自主·合作·探究"教学模式等。①

　　但在此过程中，一些在世界范围内产生较大影响的、经典的教学模式的研究成果，对我国课堂教学的指导作用并不明显。其原因或可能在于现有研究对教学模式的探讨多基于理论层面，未有相应案例供参照学习借鉴；或可能在于现有介绍国外教学模式的书籍中所列举的案例与我国的学科教学实际不太一致，教师难以将其应用到自己的教学实践中。本书选择并梳理了 20 世纪 50 年代以来对当今影响比较大的八种典型教学模式，探讨了它们的理论基础、教学目标、实施程序和实现的条件等，并将其与我国的学科教学实践结合起来，提供了一系列的教学案例，以期帮助我国广大教师能根据不同的教学实际，恰如其分、得心应手地选择最适合自己的教学模式，并在此基础上创造性地发挥，形成自己独特的教学魅力，提高课堂教学的效率。

　　教学模式是教学的基础，研究、探讨教学模式，促进教学模式的繁荣，将有助于提高我国的教学质量。通过对八种典型教学模式的探讨可以发现，在对教学模式学习和运用的过程中，教师需注意两大方面的问题，具体如下。

---

① 杨小微、张天宝：《教学论》，人民教育出版社，2007，第 371 页。

一、不可陷入"模式化"教学的误区

教学模式是指在一定教学思想或教学理论指导下建立起来的较为稳定的教学活动结构框架和活动程序。教学模式是教学的结构框架，突出了教学模式是从宏观上把握教学活动整体及各要素之间的内部关系和功能；教学模式具有相对稳定的教学活动程序则突出了教学模式的有序性和可操作性。教学模式是教学理论的具体化，同时又直接面向和指导教学实践，具有可操作性，它是教学理论与教学实践之间的桥梁。

在教学模式改革实践中，当一些典型的教学模式被推广后，不少学校和地方开始展开相应的教学模式改革。这种改革通常借助两种方式：一种是从已有的教学实践中提炼出新的比较典型的教学模式；另一种是对被称为"经典"的教学模式进行积极的效仿和借鉴。但需注意，不同的学科、不同的教学内容有不同的目标与教学结构，每一种教学模式都有其特点，在某些方面显示出优越性，但绝没有一种教学模式适用于各种目标。教学内容的差异、教学目标的多样性以及学生个体的多样性，要求选用不同的教学模式。教学过程中，教师需根据具体的教学内容、教学条件或情况灵活调整教学模式，形成适合教学实际的教学模式"变式"，实现对教学模式的改造、超越和创新。

"模式化"教学是对教学模式的错误运用。例如，近年来以提高高考作文分数为目的的作文教学，在高中语文教学中占据重要地位，严重制约了学生的写作想象力和写作热情，使高中作文教学进入了模式化困境。再如，为增强学生在学习过程中的主体地位，大多教师都对自身教学模式做出了相应改进，开始刻意减少教师自身对教学活动的指导和参与，以突出学生的自我学习和自主探究。但如果这种行为针对的教学内容不同，也就不一定能取得正确的效果。

教学是一门艺术，教师教学从无序状态走向有序，建立模式，是教师教学能力的提升；教师教学从有序走向自由，对具体模式进行超越，达到"无模式化"教学，则是教学的最高境界，也是教师教学能力的升华。建立模式，最终是为了摆脱模式，高素质的教师不应受固定教学模式的制约。教师掌握教学的"基本套路"只是一个起点，对新手教师而言尤为重要，但这并不意味着要限制或扼杀教师教学的创造性，更不是要唯模式是从。"无模式化"不是对教学模式的否定，而是对教学模式的重新解读。

二、选择教学模式应考虑部分相关因素

任何一种教学模式都有特定的目标、功能、适用的条件和范围，不存在放之四海而皆准的最优教学模式。因此，我们所要探讨的不是去评定哪一种教学模式最佳，而是哪一种教学模式最适合达到哪种教学目标。总之，应该从千差万别、丰富多彩的教学实际出发选择教学模式。故而，教师在选择教学模式时应综合考虑以下因素。

（一）教学目标

教学目标是教学目的和任务的具体化。对教师来说，每一堂课所要达到的教学目标都可能是不同的，即每一种教学模式都指向特定的目标。例如，同样是培养学生的认知能力，根据布鲁姆的认知教学目标分类也有不同的层次：识记；领会；运用；分析；综合与评价。这就要求教师在选择教学模式之前先明确需达到怎样的教学目标，然后再选择适宜的教学模式。

（二）教学内容的性质

教学模式是为教学内容服务的，每一种模式的设计都是为了帮助师生更好地学习和掌握相应的知识或技能。比如，先行组织者教学模式应用于有关概念内容的学习比较常见，而探究训练模式则要求教学内容本身就具有探究性。因此，对于不同的学科，或相同学科但不同性质的内容，都要求选择与之相应的教学模式。

（三）学生的年龄特点和认知水平

不同的教学模式适用的范围和对象都有所不同，因此在选择教学模式时还应考虑学生的年龄特点和认知发展水平。例如，探究教学模式可适用于各个年龄段的学生，但由于有些探究活动要求学生有一定的知识准备，并掌握初步的思维方法，比较适用于高年级学生，而不太适用于小学低年级的学生。对于较小的学生而言，最好只让他们接触简单的内容，或许更强调发现而不是因果关系。比如，"盒子里面是什么？""这件不同寻常的事是什么？"或者"为什么这只鸡蛋和另一只的滚动不一样？"等这类的问题比较恰当。许多儿童科学读物中都有简单的科学实验，其中大多数都适用于小学生；对于低龄儿童来说，神秘故事和谜语都是非常好的教学材料。

（四）教师的特点

每一位教师都是独特的，只有形成自己独特的教学风格，才能成为有个人独特魅力的好教师。教学模式都是通过教师的选择而得以在课堂中运用的，因此在选择教学模式时，教师一定要考虑到自身的特点。例如，同是语文教师，如果自己是一个富有感染力的人，又具备良好的嗓音和朗读技巧，采用先行组织者（讲授式）教学模式更能发挥教师自身的这一特点；如果教师具有深厚的学识和较强的启发诱导能力，则更适宜采用非指导性教学模式。

（五）教学所具备的物质条件

很多情况下，要想顺利地完成教学任务、实现教学目标，就必须具备一定的物质条件。比如，采用计算机合作学习就必须具备普遍的计算机设备及其网络，采用探究训练教学就必须具备相应的工具、材料等。

（六）教学时间

有的教学模式虽然能较好地达到教学目标，但却需要很多的教学时间。中、小学的教学时间往往都有比较严格的规定，当受到教学时间的限制时，教师就不得不放弃某种教学模式。

总之，优秀的教师在教学中总是能进行有效教学，都能调动学生学习的主动性和积极性。因此，我们在选择教学模式时，都应该从教学的实际需要出发，融会贯通地理解并恰当运用多种教学模式，才能满足教学的复杂性、丰富性和动态性的要求，才能真正提高课堂效率，才能真正促进学生的发展，也才能让教师在不断优秀的路上奔跑着成长。

参考文献

[1] 布鲁斯·乔伊斯，玛莎·韦尔，艾米莉·卡尔霍恩.教学模式 [M].兰英，译.8 版.北京：中国人民大学出版社，2014.

[2] 丁证霖，赵中建，乔晓冬，等.当代西方教学模式 [M].太原：山西教育出版社，1991.

[3] 布鲁斯·乔伊斯，玛莎·韦尔，艾米莉·卡尔霍恩.教学模式 [M].尹艳秋，译.4 版.南京：江苏教育出版社，2006.

[4] 奥苏贝尔.教育心理学：认知观点 [M].余星南，译.北京：人民教育出版社，1994.

[5] 夸美纽斯.大教学论 [M].傅任敢，译.北京：人民教育出版社，1957.

[6] 赫尔巴特.普通教育学 [M].李其龙，译.北京：人民教育出版社，2015.

[7] 杜威.民主主义与教育 [M].王承绪，译.北京：人民教育出版社，2010.

[8] 曹一鸣.中国数学课堂教学模式及其发展研究 [M].北京：北京师范大学出版社，2007.

[9] 高文.现代教学的模式化研究 [M].济南：山东教育出版社，2000.

[10] 陈心五.中小学课堂教学策略 [M].北京：人民教育出版社，2000.

[11] 黄甫全，王本陆.现代教学论学程（修订版）[M].北京：教育科学出版社，2003.

[12] 中央教育科学研究所比较教育研究室.简明国际教育百科全书·教学下 [M].北京：教育科学出版社，1990.

[13] 《教育学原理》编写组.教育学原理 [M].北京：高等教育出版社，2019.

[14] 靳玉乐.合作学习 [M].成都：四川教育出版社，2005.

[15] 巨瑛梅，刘旭东.当代国外教学理论 [M].北京：教育科学出版社，2004.

[16] 李秉德.教学论 [M].北京：人民教育出版社，2001.

[17] 罗明东，陈瑶，牛亚凡，等.现代教师教育模式新探索 [M].北京：科学出版社，2008.

[18] 倪牟双，陈杰.案例解读高校课堂教学模式 [M].北京：中国轻工业出版社，2015.

[19] 瞿葆奎.教育学文集·教学（上）[M].北京：人民教育出版社，1998.

[20] 邵瑞珍.教育心理学 [M].上海：上海教育出版社，2002.

[21] 施良方，崔允漷.教学理论——课堂教学的原理、策略与研究 [M].上海：华东师范大学出版社，1999.

[22]　孙自强，王标 . 国外经典教学模式论 [M]. 北京：科学出版社，2017.

[23]　王策三 . 教学论稿 [M]. 北京：人民教育出版社，2005.

[24]　王允庆，孙宏安 . 教学策略设计 [M]. 北京：科学出版社，2018.

[25]　吴文侃 . 当代国外教学论流派 [M]. 福州：福建教育出版社，1991.

[26]　徐学福 . 探究学习教学模式 [M]. 北京：人民出版社，2018.

[27]　杨小微，张天宝 . 教学论 [M]. 北京：人民教育出版社，2007.

[28]　查有梁 . 课堂模式论 [M]. 桂林：广西师范大学出版社，2001.

[29]　张华 . 课程与教学论 [M]. 上海：上海教育出版社，2000.

[30]　钟海青 . 教学模式的选择与运用 [M]. 北京：北京师范大学出版社，2006.

[31]　周军 . 教学策略 [M]. 2 版 . 北京：教育科学出版社，2007.

[32]　夏征农 . 辞海（缩印版）[Z]. 上海：上海辞书出版社，2002.

[33]　中国社会科学院语言研究所词典编辑室 . 现代汉语词典 [Z]. 7 版 . 北京：商务印书馆，
　　　2016.

[34]　S. 沙伦，王坦，高艳 . 合作学习论 [J]. 山东教育科研，1996（5）：45.

[35]　R.E. 斯莱文，王坦 . 合作学习的研究：国际展望 [J]. 山东教育科研，1994（1）：5.

[36]　陈赟 . 基于对"平行四边形性质与判定复习"的课堂设计与思考 [J].（初中版）中学数学，
　　　2012（4）：23-24.

[37]　高雪 . "先行组织者"策略在初三化学教学实践中的应用 [J]. 化学教与学，2018（12）：
　　　79-81.

[38]　辜胜阻 . 变革传统教学模式的实践探索 [J]. 教育研究，2003（8）：85-86.

[39]　和学新 . 教学策略的概念、结构及其运用 [J]. 教育研究，2000（12）：54-58.

[40]　黄文俊 . "先行组织者"教学策略下的高中物理教学案例研究 [J]. 物理教师，2016（4）：
　　　13-17.

[41]　梁惠燕 . 教学策略本质新探 [J]. 教育导刊，2004（1）：7-10.

[42]　刘长军 . 基于自主学习的高中语文探究式教学研究 [J]. 语文教学通讯，2018（12）：39-
　　　41.

[43]　吕渭源 . 教学模式·教学个性·教学艺术 [J]. 中国教育学刊，2000（1）：4.

[44]　钱利锋 . 塔巴模式在生物教学中的运用 [J]. 中学生物学，2013（1）：21-23.

[45]　时俊卿 . 教学策略——当今教学改革的新热点 [J]. 教育·管理·社会，1995（1）：34-39.

[46]　苏源红 . 先行组织者策略在高中生物学概念教学中的应用 [J]. 生物学教学，2015，40（4）：
　　　24-25.

[47]　孙洁 . 例谈初中生物探究性学习的非典型性模式 [J]. 中学生物学，2013（5）：59-61.

[48]　王海洋 . 开启"掌握学习"模式——浅谈普通高中音乐高考生的教学策略 [J]. 课程教育研究，

2014（36）：185-186.

[49]　王文萍.探究模式在英语报刊阅读选修课教学中的实践探索 [J].英语教师，2016，16（16）：142-144.

[50]　谢登峰，唐剑岚.运用"先行组织者"策略提效数学解题的教学 [J].中学数学月刊，2016（2）：15-16.

[51]　徐宏伟.国外教学创新思维模式探讨 [J].经济师，2008（6）：15-16.

[52]　杨国志.政治课中归纳思维能力的培养模式 [J].思想政治课教学，2013（8）：40-41.

[53]　杨丽平.层进式探究模式在高二文言文教学中的应用策略刍议 [J].现代语文，2013（4）：36-37.

[54]　尹庆华.读前战略埋伏 导后组织先行——先行组织者技术在名著读前导教学汇总的运用 [J].中学语文教学参考，2019（7）：6.

[55]　赵中建.资料：教学模式种种（一）[J].华东师范大学学报（教育科学版），1986（6）：1-2.

[56]　蔡睿.高中语文指导性教学的理论与实践研究 [D].桂林：广西师范大学，2016.

[57]　曹志强.探究性学习在高中数学课堂教学中的实验研究 [D].昆明：云南师范大学，2009.

[58]　陈勇."非指导性"教学在初中生物教学中的应用研究 [D].徐州：江苏师范大学，2016.

[59]　董琳."非指导性"理念下初中物理分组实验教学的实践研究 [D].上海：上海师范大学，2019.

[60]　郭青.高中生物合作学习教学模式的实践研究 [D].昆明：云南师范大学，2018.

[61]　姜明."非指导性教学"理念指导下的初中写作教学研究 [D].石家庄：河北师范大学，2016.

[62]　李春.地理教学中发散思维问题的训练设计研究 [D].济南：山东师范大学，2012.

[63]　刘晗.发散思维在话题作文教学中的运用 [D].济南：山东师范大学，2011.

[64]　卢莹."掌握学习"理论在初三历史单元教学中的应用 [D].开封：河南大学，2017.

[65]　明樟树.初中物理合作探究教学模式的研究 [D].赣州：赣南师范大学，2017.

[66]　任娜.初中生物课堂教学中培养学生发散性思维的实践探索 [D].喀什：喀什大学，2017.

[67]　任晓敏.新课标下的高中数学课堂常见模式探究 [D].武汉：华中师范大学，2017.

[68]　沙莉.初中物理探究教学中归纳思维能力的培养研究 [D].苏州：苏州大学，2007.

[69]　施莉莉.小学高年级"非指示性"阅读教学设计研究——以《珍珠鸟》为例 [D].扬州：扬州大学，2016.

[70]　陶媛媛."非指导性"理念下高中作文教学研究 [D].石家庄：河北师范大学，2016.

[71]　田森.基于小组合作探究模式的化学学案设计研究 [D].济南：山东师范大学，2012.

[72]　王新香.问题驱动下合作学习模式在地理教学中的实验研究 [D].武汉：华中师范大学，2017.

[73]　吴盼 . 初中化学课堂中进行发散思维训练的初步研究 [D]. 贵阳：贵州师范大学，2016.

[74]　王亚新 . "非指导性教学"理论在高中地理新课程中的应用与实践 [D]. 南京：南京师范大学，2011.

[75]　肖平 . "掌握学习"教学理论在初三化学教学中的应用研究 [D]. 长沙：湖南师范大学，2015.

[76]　殷蕾 . 合作学习模式在小学英语课堂中的应用探究 [D]. 武汉：华中师范大学，2016.

[77]　原淑静 . 初中语文小组合作教学模式个案研究 [D]. 南宁：广西师范学院，2015.

[78]　张诚 . 基于发散思维的小学数学教学设计研究 [D]. 聊城：聊城大学，2019.

[79]　张婷 . 高中《思想政治》合作学习模式教学设计研究 [D]. 济南：山东师范大学，2016.

[80]　赵丹 . "非指导性"教学在高中历史课堂中的运用 [D]. 杭州：杭州师范大学，2017.

[81]　赵曦 . 通用技术课程教学模式的研究 [D] . 北京：首都师范大学，2009.

后　记

　　为促进师范生教师职业能力的提升，推进师范专业建设与认证，推动教师教育学科的发展，提高教师育人的质量，湖北第二师范学院教育科学学院、教师教育学院联合组织相关专业教师精心编写了一套"教师职业能力训练系列丛书"。丛书由湖北第二师范学院教育科学学院院长张红梅教授担任主编，湖北第二师范学院教师教育学院院长刘永存教授、副院长张和平教授担任副主编。

　　本丛书依托湖北省高校人文社会科学重点研究基地——湖北教师教育研究中心开展相关理论研究，依托湖北高校重点实验教学示范中心——教师素质训练中心开展教学应用实践，将理论与实践较好地进行了融合和优化。本丛书可以作为师范专业本科生、研究生的参考教材，也可以作为教师职后培训和在职教师专业发展的参考书。

　　本丛书的出版得到了湖北教师教育研究中心的经费资助，得到了吉林大学出版社的专业支持，在此一并表示感谢！

丛书编写组

2022 年 5 月于中国光谷